The Personality Brokers

莫薇・安姆瑞——著
Merve Emre
駱香潔——譯

獻給我的母親

目次

前言　工欲善其事，必先利其「詞」……………11

在人格心理學的歷史上，凱薩琳與伊莎貝爾率先察覺大眾渴望以簡單的答案，來解決自我認知的問題。她們從未受過正式的心理學或精神醫學訓練，但相信自己能夠克服自身的業餘身分，創造一套描述自我的詞彙。我看過很多人堅信人格類型能夠理解我們是誰：我們為什麼選擇現在的工作、為什麼愛我們愛的那些人、為什麼做出明顯矛盾的各種行為。這本書想釐清這種堅定不移的信念究竟從何而來，我在調查過程經歷了不少阻礙：檔案消失、錄音內容被刪、調閱資格申請被拒……，但仍希望試著以批評卻不失公平且不帶個人情感的方式，寫出一個融合各方意見的故事。

第一篇

1　嬰幼兒培訓宇宙實驗室……………29

一九〇〇年代，許多人格行為學理論是由生育年齡的女性所發展，而非男性科學家，早期的人格入門書都是母親寫給母親看的，那是「母親」這個概念的巨變年代。失去兩個孩子後的凱薩琳，決意要成為專職母親的領袖，於是把自家客廳隔成「嬰幼兒培訓宇宙實驗室」，以女兒伊莎貝爾的人格作為自己的「教育實驗」，後來更進一步在鄰居與朋友的孩子身上做實驗。每個月她都會寄問卷給實驗對象的母親們，評估教養方式如何影響孩子的人格，幾十年後的MBTI也是從這份問卷發展出來的。

2　女人的本分…………55

新婚的伊莎貝爾住進了丈夫軍旅訓練營附近的寄宿公寓。若從歷史的角度來看，ＭＢＴＩ測驗的起源，或許可以追溯到一九一八年夏天在這間公寓發生的事。這段期間，伊莎貝爾不斷尋找符合自己需求及渴望的工作，並體悟出人們應該能找出聰明的分工方式，讓每個人覓得適合自己的工作；於是「找到適合的工作」也將成為ＭＢＴＩ測驗的宗旨。另一方面，凱薩琳讀到了關於榮格的文章，她認為榮格的人格類型理論，或許能使她原本慢慢死去的專業化與救贖計畫重獲新生……

3　認識自己…………75

整整五年，凱薩琳的時間幾乎都花在詳讀《榮格人格類型》，榮格彷彿成了她「個人的上帝」。她也承續榮格的理論，發展出了以二乘二表格呈現的「人格顏料盒」，這是世上第一個、也是最簡單的人格類型表，後來ＭＢＴＩ著名的四乘四表格便是以之為基礎。凱薩琳把認識自己描述成一場可輕鬆完成、甚至好玩的自我發現之旅；她撰文向大眾述說，發掘自己的人格不需要科學實驗，也不需要嚴肅的自我反省，而是一種最有趣的技能，並且幾乎人人學得會。

4　成功的姿態…………101

二十世紀初，心理學家大多嚴格區分「個性」與「人格」。個性意指穩定、統一的內在自我，人格則是內在自我隨著社會情境改變的表現方式。此時，伊莎貝爾以人格類型引導寫作方向，寫出了暢銷小說，後來她也鼓勵人們在發掘自己的ＭＢＴＩ時，做類似的角色創作練習。ＭＢＴＩ教導人們用一套新鮮、自由、真實的用語，描述自己的

人生故事。後來，凱薩琳放棄了創作，重新投入最初選擇的專業：好太太。她認為「家庭的類型學實驗室」角色互動的情況，比小說裡的更加生動、緊迫；最熟悉的家人私密的內在世界，是榮格理論最佳的試驗場。

一九二〇、三〇年代，許多分析精神學家對分析夢境很有興趣，凱薩琳也不例外，她利用索引卡設計了一套科學分析方式。而她也想跟某些名人一樣，成為自封的榮格心理分析師。於是她把嬰幼兒培訓宇宙實驗室變成心理分析機構，並命名為「造物主宇宙實驗室」，這段期間的各項經驗累積，後續都在設計MBTI測驗時發揮了功用。然而為了防止違反道德，美國心理學會譴責了業餘心理學，而她向榮格求教的信件，換來的只是榮格譴責她進行干涉。一九三五年，凱薩琳決定把兩間宇宙實驗室都給結束掉……

第二篇

《榮格人格類型》用簡易的詞彙，清楚說明了人與人之間的異同，哈佛心理學診所主任莫雷也因這本書動搖了行醫的自信，改以心理分析為畢生職志；他學會細緻地描繪人類靈魂的樣貌，利用人格類型與類型的組合，創造出動人而複雜的角色。他與克莉絲汀娜攜手建立了新學科——人格學，定義就是「人類的科學原理」。而凱薩琳則終於在正在設計問卷的伊莎貝爾陪同下，見到了榮格。此前互無知聞的莫雷、凱薩琳、伊莎貝爾即將相遇，他們各自的任務也將產生交集，引領人格測驗走入現代。

7 人格類型與政治……171

莫雷與凱薩琳把人格類型推向政治領域的嘗試，都是由希特勒下手。凱薩琳在未發表的論文中，以榮格心理學分析希特勒的人格類型。而一直希望對戰事幫上忙的莫雷，則接受戰略情報局的請託，整理了希特勒的人格類型報告。科學可以拆除任何戲劇化包裝，莫雷相信這是「人類的科學原理」能做到的，只是這份人格學的嘗試，猜錯了結局。另一方面，榮格的理論對伊莎貝爾來說是把實用的工具，她設計了一個人格測驗的原型——「表格A」，能把天資不同的人跟各種專業做出配對。

8 綿羊與山羊……193

美國東岸的人格測驗龍頭是合益顧問公司，他們認為聘用、解雇與晉升的決策存有明顯的隨機性，於是著手開發白領階級的職場性向測驗，以求量化員工的表現、智力與人格，為他們找到最適合自身綜合條件的工作。伊莎貝爾在自薦信中自敘對於「把人分門別類的方法」感到興趣，此法能夠「把工作的人放在適當的職位」。於是伊莎貝爾與合益合作了正式出版的問卷「表格C」。而第一個購買的單位並非大型商業公司，而是戰情局，用以根據人格特質為特工與祕密任務配對。起始就懷抱著商業企圖心的凱薩琳，算是邁出了第一步。

9 完美間諜……219

費爾法克斯有座美麗莊園，外界總以為是官方精神療養院，然而實際上是美國第一個祕密特工的人格評估中心：S站的總部。S站要做的是確保任務不會被指派給不適任的人。在這裡，受測者能夠讓人辨識身分的每樣東西都會遭到抹消；而於此結

合布里格斯－邁爾斯人格類型指標的即興「劇場」情境測試，比起米爾格拉姆透過師生角色扮演，關於「服從權威」與「個人良知」的衝突實驗，又或是金巴多在史丹佛監獄的獄卒、囚犯角色扮演實驗，可都要早上許多。

10 人民的資本主義……243

證券經紀告訴客戶「艾森豪牛市」即將到來，親商的這位總統當選人曾說到「人民資本主義」會興起，並預告工業生產的獲利將分出部分給員工，人人都可以是資本家。人民的資本主義成為美國特色，人們想去哪裡工作、投資、創業都可以。一九五六年有多達六成的美國企業使用人格測驗，不只用來篩選潛在員工，也用來確定員工都心滿意足並相信工作本身的好處。人格測驗代表的是新興的白領工作文化。而伊莎貝爾的業務範圍從測驗轉變成諮商，似乎也是可以預見的。

11 家庭派對測驗……267

曾在戰情局的S站為間諜任務服務的麥金儂，成了人格評估與研究中心的主任，他有自信比過去更清楚地看見人格測驗的未來。有些人對現實擁有獨特想像，旁人無法模仿，他想探索這些人的內心深處，於是提出了「生活評估」的計畫。他邀請學者、作家、畫家、建築師與企業主管等，前往舊金山灣區合宿共度連假，在這段時間進行一連串的人格評估、治療課程與友誼賽，「試著」找出哪些人格特質才能成功並快樂地適應現代工業社會。他還為他稱為「週末派對」的這棟屋子取了個俏皮的綽號：「金魚缸」。

12 那個討厭的女人……299

喬恩西是教育測驗服務社創辦人兼社長，他是開啟美國大規模認知測驗時代的重要人物。喬恩西有心把大規模人格測驗變成工具，用以補充認知測驗。同時，他卻擔心發展中的人格研究領域，將分裂成眾多小圈圈「派系」；為了對抗智慧分散，他在社內建置了人格研究中心，也開始與伊莎貝爾合作。這段期間，MBTI不只更改了原先的名稱，還進行了一連串的檢驗與改善，以符合科學效度。而伊莎貝爾這位被行家們蔑視的業餘者，帶著這套人格類型的半神話詞彙，也與專業人士在形式化詞彙與統計方法上產生了激烈碰撞。

第三篇

13 生與死的共時性……333

「共時性」是榮格用以解釋「有意義的巧合」的詞語。在壽險公司人事部擔任分析師的瑪麗，因為工作對人格研究產生了興趣，並投身心理學領域，「共時性」讓她遇上了伊莎貝爾。她促成了MBTI測驗最終的成功出版，並將MBTI推波助瀾成一種全球現象。她們共同創立的「心理學人格類型應用中心CAPT」，保存著MBTI一切重要的文獻。伊莎貝爾人生中最後一段發熱發光的歲月，都用於努力保存與母親的共同作品，而這位伊莎貝爾「親愛的冒險夥伴」，肯定是心理學人格類型應用的重要人物。

14 百萬分之一……357

每年有超過兩百萬人做人格測驗，MBTI是全球最受歡迎的；然而，與MBTI

邂逅的人，了解伊莎貝爾、凱薩琳或ＭＢＴＩ起源的極少。透過自我管理與商業心理學日趨普及，ＭＢＴＩ的擴散途徑林林總總、令人眼花撩亂，影響範圍愈來愈大的同時，也稀釋了伊莎貝爾的本意，導致人格評估比過去更容易遭受批評。時代與環境的演進，使得人格類型成了一種最佳的行銷技巧，人們自身也成了商品。隨著ＭＢＴＩ驚人地成長，它被草率利用的風險也愈來愈高；人格類型是否會淪為資本主義時代末期愚蠢、膚淺的文化產物之一呢？

每隔一段時間，人格類型指標就會受到質疑與批評，論者總說這種工具不可靠，或說內容籠統、人人都能對號入座等等。然而由於完全不相信人格類型，他們解釋不了為何人格類型會對受測者產生驚人的影響。這個世界已與凱薩琳所處年代大不相同，但是藉由人格類型詞彙在自我發現與自我創造之間建立的連結，至今仍未消失；無論目的是什麼，自我覺察仍舊是珍貴的心理學貢獻。儘管效度與信度受質疑，儘管起源與用途遭批評，現下ＭＢＴＩ仍以強大的自我技術之姿，持續運作著。

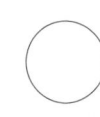

前言：工欲善其事，必先利其「詞」

Introduction: Speaking Type

MBTI測驗（Myers-Briggs Type Indicator）是當今全球最流行的人格量表。調查MBTI測驗的歷史，可能會使你陷入輕度妄想症。檔案突然消失。錄音帶內容遭刪除。有人開始監視你。

二〇一五年秋天，我挺著七個月的孕肚，在位於新澤西州普林斯頓的美國教育測驗服務社（ETS，Educational Testing Service）翻查檔案。大家都知道，ETS是學業性向測驗（SAT）的長期出版單位。但它也是第一家出版MBTI測驗的出版商，更在一九六〇年代率先嘗試為MBTI測驗確立科學效度。幾個月前，我寫了一篇文章探究MBTI測驗的起源，引發不少爭議。看來我的名號比我本人早一步抵達ETS，他們的人早有準備，事先抽走了某個檔案夾——裡面存放著ETS寫給MBTI測驗的發明人伊莎貝爾·布里格斯·邁爾斯（Isabel Briggs Myers）的信件。我請工作人員提供信件，他們交頭接耳並短暫諮詢律師後，檔案保管員告訴我這些信件含有「敏感資訊」，無法提供。那天稍晚，我拜訪ETS時（我後來才知道）負責監視我的一名年輕男員工發了一則推特：「上班中，任務是跟監一名孕婦。」這名監視者若非內心充滿掙扎，就是跟監能力不佳。他後來又發了一則推文，轉貼我那篇文章的連結，還標註我。他的發文寫道：「今天我監視的孕婦寫的文章，厲害。」

其實，在我研究人格測驗的過程中，這種情況可謂常態。寫這本書的那幾年，祕密、謊言和各種官僚手段我都碰過，有些手段既明目張膽又令人作嘔。二〇一三年初，我開始研究伊莎貝爾．布里格斯．邁爾斯的生平與事蹟。世人對她所知甚少，只知道她生於一八九七年，死於一九八〇年，以及在母親凱薩琳．庫克．布里格斯（Katharine Cook Briggs）的協助下，於有生之年的某個時候發明了人格類型指標。伊莎貝爾死後，她兒子把她的個人文件捐給距離心理學人格類型應用中心（CAPT，Center for Applications of Psychological Type）僅僅五分鐘車程的佛羅里達大學。CAPT是伊莎貝爾過世前協助成立的非營利研究機構，但現在專門保護MBTI測驗的營業祕密與發明人的遺物。照理說，她的文件是羅里達大學的財產，理應對大眾開放，實際上卻需要獲得CAPT許可才能借閱。我向CAPT申請過兩次許可，全被一名親切的圖書館館員語帶抱歉地提醒，我一定不會獲得許可的。「他們非常保護伊莎貝爾的形象，」他提醒我。為了不讓外人仔細檢視她的人生，他們曾經不擇手段。至於她的形象為什麼需要保護，當時我並不明白。

我提出申請九個月後，CAPT要求我證明我是認真想了解MBTI測驗，所以必須參加一個「培訓課程」：為期四天、學費將近兩千美元的MBTI認證課程，上課地點在曼哈頓東五十九街的猶太聯合會（United Jewish Federation）大樓。老師是一位五十來歲、既時髦又自信的女士，名叫派翠莎（Patricia）。她保證一定會讓我和另外二十五位學員「把人格類型說得琅琅上口」——這是派翠莎的原話，意思是我們很快就能把「使用人格類型詞彙」當成全世界最自然的一件事。「今天只是第一步！」我們魚貫進入教室時她說。「你們可以把這個課程當成沉浸式語言課程。」

我在培訓課程中觀察到各式各樣的人與各種指示，當中最令我驚訝的，莫過於派翠莎堅持：要能「把人格類型說得琅琅上口」，取決於為門外漢說明MBTI測驗時遣詞用字的功力。派翠莎說，想要說明人格類型，首先得背熟人格類型的歷史。一九四〇年代、二次大戰邁入尾聲的那幾年，凱薩琳·庫克·布里格斯與伊莎貝爾·布里格斯·邁爾斯這對母女設計了一份很長、也很別出心裁的問卷，把人類的日常行為區分為四大類：「外向」（extraversion）與「內向」（introversion）、「實感」（sensing）與「直覺」（intuition）、「思考」（thinking）與「情感」（feeling），以及「決斷」（judging）與「感知」（perceiving）。派翠莎說，這些類別簡單易懂，也容易引起大眾共鳴。「你比較喜歡關注外在世界，還是自己的內在世界？這是外向（E）和內向（I）的區別，」她展示第一張投影片時說道。她點開第二張投影片。「你比較注重你接收到的基本資訊，還是喜歡自己詮釋並賦予意義？這是實感（S）和直覺（N）的區別。」第三張：「做決定時，你會先考慮邏輯與連貫性，還是先考慮人的差異跟特殊情況？這是思考（T）與情感（F）的區別。」最後一張：「與外在世界應對時，你喜歡做出明確決斷，還是對新資訊與各種選擇抱持開放態度？這是決斷（J）與感知（P）的區別。」

這份問卷有九十三道題目，答題結果能夠判斷一個人的人格：四組字母構成的十六種排列組合中，有一種反映出真正的你。伊莎貝爾很喜歡說，這是你「脫了鞋的自我」。講師說，這份測驗與這套人格分類法（E/I、S/N、T/F、J/P）奠基於榮格（Carl Gustav Jung）的作品。榮格是二十世紀極具影響力的人格心理學家，曾於一九二一年出版著作《榮格人格類型》（*Psychological Types*）。我們只要知道「榮格」這個名字就夠了，無須深入探究。「榮格是個備受尊崇的名字，超響亮，」派翠莎說。「不知道榮格是誰也沒關係，只要記住這名字就好。他的名字讓MBTI深具說服力。」

說明人格類型的第二個原則，是絕對、絕對不可以說人格類型指標是一種「測驗」。派翠莎說它是「自我評估工具」，也是一種「指標」。「大家很愛用『測驗』這個詞，但其實它是一種基於測驗結果分析出人格的指標。」雖然這解釋聽起來像廢話，但派翠莎向我們保證絕非如此。MBTI測驗跟SAT之類的標準化測驗不同，標準化測驗要求應試者選出正確答案，但MBTI測驗的答案沒有對錯，而是在兩種偏好中選擇一個：「閒暇時閱讀，你喜歡（a）奇特或有創意的文字，還是（b）直白的作者？」「如果你是老師，你喜歡教（a）實作課程，還是（b）理論課程？」標準化測驗的分數愈高，意味著表現愈好。但MBTI不一樣，因為人格類型沒有好壞之分。美國的傳統心理學測驗又臭又長，而且通常是用來辨識正常人、精神官能症患者（neurotics）、精神病患者（psychotics）與社會病態者（sociopaths）。但MBTI的十六種人格類型不分好壞，各有優缺點，也各自在世界上擁有特殊位置。

說明人格類型的最後一個原則，我認為是所有原則中最重要、卻也最令人不安的：你必須把人格想像成天生的特質，一輩子固定不變，就像眼睛是藍色或生來慣用左手。「你必須相信人格類型絕對不會改變，」派翠莎這樣要求我們，還要我們跟著她複述：「人格類型不會變！人格類型不會變！」「我們會把這句話烙印在你的大腦裡，」她語氣堅定地說。「人格類型的理論基礎，證明這四個字母能代表你與生俱來的人格。如果有人說『我的人格類型變了』，他們肯定是錯的。」她堅稱人只有一個基本自我，而這四個英文字母能具體呈現基本自我的情緒與祕密。當前的大眾文化充滿飲食、運動與旅行風潮，以及認為心理治療和冥想都能改變自我的樂觀主義，因此在我聽來，派翠莎的說法與時代嚴重脫節。可是另一方面，這種虛構想像有一種難以抗拒的魅力。那是一種自我感覺良好的美妙，一種希望之光。只要學會說明人格類型，就能把混亂又複雜的人生壓縮成簡潔的故事，我們不但能透過這個故事，了解現在和過去的自己，也能向別人清楚說明。人格類型藉由它最客觀超然又簡單明瞭的形式，告訴人們他們是什麼個性。人格類型問：「你是誰？」派翠莎說：「我是ENTJ。」坐在我旁邊的女學員輕聲說：「我是ISFP。」還有比這更清楚明瞭的用語嗎？誰會不願意相信這套指標？

以上就是第一天的課程。接下來的那個星期很忙，有各種指導課程與考試，以及團體練習與遊戲。課程結束前的高潮，是兩名當天早上才由加州森尼維爾（Sunnyvale）飛抵紐約的高級主管對學員大力推銷一番。森尼維爾是諮詢心理學家出版社（CPP，Consulting Psychologists Press）的所在地，目前MBTI測驗就是由CPP負責出版。兩名主管鼓勵我們利用認證資格多多購買MBTI產品，並且盡量找時間多多參加工作坊。最後有個類似結業典禮的儀式，他們發給學員每人一張口袋大小的證書與一枚電鍍金屬別針，上面刻有「MBTI認證」字樣（MBTI Certified）。

課程結束後，CAPT的聯絡人通知我：鑑於我在認證課程的表現，他們決定還是不讓我進入伊莎貝爾的檔案庫。我要對方說明為什麼他們這樣決定，但都沒有收到任何回音。對方這樣迴避反倒令我懷疑，CAPT最害怕回答的問題應該是：他們到底在隱瞞什麼？

❖ ❖ ❖

沒想到，他們隱瞞的事情還挺多的。但是MBTI測驗最有趣的祕密，會讓對人格測驗存疑的人跌破眼鏡。眾所周知，MBTI測驗缺乏科學實證，它的理論基礎沒有臨床心理學證據，它是一家高獲利全球企業的旗艦商品，這家公司靠工業心理學與自我照顧之間的模糊地帶獲利。此外，批判類型學思維的人還嚴厲指控人格評估「消除了個體性」，這個說法引述自社會理論家希爾多・阿多諾（Theodor Adorno）[1]。跟許多撰文質疑的評論家一樣，阿多諾認為人格類型是一種相當陰險的花招。它說服人類相信自己既完整又卓越。但為了達到這個目的，它把人類行為簡化成一組靜態的、生來便已決定的特質。這些特質大多符合大型機關團體的利益，方便他們利用人格評估來合理化自己的作業方式。到了二十世紀末，已有許多企業依據人格類型，來招聘、解雇和晉升員工，例如標準石油公司（Standard Oil）與通用電氣公司（General Electric）。名校依據人格類型來招收學生，例如斯沃斯莫爾學院（Swarthmore College）與布林莫爾學院（Bryn Mawr College）。教會依據人格類型任命牧師。政府單位依據人格類型任命公務員。在人格類型的原則底下，由於人們被當成無情社會中可以取代甚或拋棄的零件，他們被貼上標籤，個體性遭到抹滅。簡言之，人格類型是極為粗暴卻也偽裝得很好的工具，就像披著羊皮的狼。

這些質疑都不是第一次出現。沒有人能解釋，為什麼有這麼多人明明知道這些質疑，卻還前仆後繼地相信人格類型，甚至帶著宗教般的狂熱捍衛它，認為人格類型神聖不可侵犯。幾乎每一家世界五百大企業與美國大專院校，以及社區活動中心、教會、伴侶渡假村、美國陸軍、海軍、中情局等單位，都使用人格類型測驗，每年受測者多達兩百萬人。「MBTI測驗就好像我的信仰。」這句話經常在認證課程中出現，就是我參加的那種培訓課程。「它幫助我找到自己。」「它改變了我的人生。」「我不再是過去那個人。」我看過很多人堅信人格類型能夠理解我們是誰：我們為什麼選擇現在的工作、為什麼愛我們愛的那些人、為什麼做出明顯矛盾的各種行為。儘管人格類型堂而皇之地將人分門別類，並且成為職場、學校、教會、政府機構、甚至將家庭官僚階級合理化的依據，這套系統依然屹立不搖。這本書想釐清這種堅定不移的信念究竟從何而來。在這個謎團的核心，有幾個關於人類存在的基本問題：什麼是人格？人格從何而來？我們為什麼熱中於將人格分類？當然，還有那個最宏大的問題：我是誰？

雖然在人格心理學的歷史上，凱薩琳和女兒伊莎貝爾不是唯一提出這些問題的人，但她們率先察覺到大眾極度渴望用簡單、自我肯定的答案，來解決自我認知問題。她們是自豪的妻子、母親兼家庭主婦，從未受過正式的心理學或精神醫學訓練，但她們相信自己能創造一套描述自我的詞彙。這套詞彙不帶批判與惡意，也不像（她們認為的）專業醫生那樣冰冷而淡漠。她們的第一批受試者是她們最愛的人：丈夫跟孩子；她們的第一間辦公室就是自己的家。她們確實借用了榮格的類型名稱，但她們與榮格的關係存有爭議。有時候雙方互相景仰，有時候卻執迷到危險的地步，甚至涉及到性。無論碰到多少障礙或失望，她們都堅信能夠克服自己的業餘身分，只要秉持著頑強甚至令人極度反感的奉獻精神，就算做這件事會眾叛親離、喪失理智，她們也要堅守信念。她們的人生與自己這項發明完全重合，以致當人格類型走出家庭、廣為流傳之後，這兩個發明人反而黯然失色。就像大家都知道「科學怪人」，卻不記得是誰創造了這個怪物。

我在拼湊凱薩琳與伊莎貝爾獨特而令人著迷的生平時，發現她們的人生故事能夠間接回答我的疑問：為什麼我們要帶著強烈的使命感，把人格類型說得琅琅上口？借用法國哲學家傅柯（Michel Foucault）的話來說，人格類型是「一種展現自我的現代技術」，換句話說，是個致力於自我發現與自我照顧的個人詢問系統。了解人格類型，才能開始詳細討論和思考自己是誰。在這個自我理解的論述中，「外向」與「內向」、「思考」與「情感」等字眼建立起一套共同詞彙，幫助你反思並接受自己（真正的自己）和他人。在陌生人與朋友之間，家裡與職場中，以及我在紐約參加的認證課程課堂上，這套辭彙都備受崇敬。大眾文化裡處處有它的蹤跡：勵志書籍、線上小測驗、小說、電視節目，就連一些約會網站都會請使用者註明，自己想找的對象是「浪漫的ENFJ」還是「理性的

INTP」。它在純粹而富開創性的個人主義，以及隸屬於某個超越個人的社會階級所產生的歸屬感之間，取得微妙的平衡。這群人說著同一套描述自我的詞彙，只要聽到四個英文字母的縮寫，大家立刻明白對方在說什麼。

既然是一種展現自我的技術，人格類型（使用的）詞彙不只消除了個體，也解放了個體。這些新詞彙帶著強大的自我意識，使得個人在擺脫傳統與慣性後，開始將自己視為自身命運的主宰者兼仲裁者，由此去認識自己（的人格）。可以說，人格類型只是換個方式複誦一些古老箴言，像是：德爾菲的阿波羅神廟入口所刻的「認識自己」（γνῶθι σεαυτόν），聖奧古斯丁的懺悔（「回到你自己；真實存於內在」〔Return to yourself; truth dwells in the inner man〕），莎士比亞的名句（「誠實待己」〔To thine own self be true〕），以及黑格爾的哲學沉思（「自我意識是真理之源」〔Self-consciousness is the fount of truth〕）。只不過人格類型擄獲大眾想像力的規模前所未見、令人驚嘆。人格類型產業的利益高達二十億美元、遍及二十六個國家，譯成二十幾種語言，包括南非荷蘭語跟粵語。從墨爾本的牧師、東京的工人，到布宜諾斯艾利斯的心理分析師，人格類型強調的重點都是：唯有透過真正認識自己，才能真的做到掌控自己。把人格類型說得琅琅上口，為的是利用人格類型讓眾人培養出自省的精神——在以往，有許多人只能由宗教組織與宗教權威提供這種對內的省視。

從古希臘人到傅柯，如果藉由認識自己來做到掌控自己一直是西方哲學的核心，那麼這一點在凱薩琳與伊莎貝爾的傳記裡可說展露無遺。在動盪的二十世紀，這對白手起家的母女努力過著有意義、有創意、自主的人生。她們都是為人妻、為人母，也是不得志的創作人，這一點並非巧合。無獨有偶，我在寫這本書的過程中碰過不少自豪的「人格類型觀察家」(type watcher)，也都和她們處境相似。男性在發掘自我的道路上享有先天優勢，尤其是凱薩琳跟伊莎貝爾那個年代的男性：接受高等教育和求職一路順暢，無須承擔家務跟育兒的責任，參與社會與政治事務時都享有寬容對待。女性則經常被要求把他人的需求放在自己的需求之上，與自我及自我需求有關的想法通常得祕密進行或被迫妥協。凱薩琳工作的年代是二十世紀上半葉，人格類型的神祕力量深深吸引著她。人格類型給她探索心靈的機會，而且不只是探索她自己的心靈，還有孩子的心靈。這使他們更加貼近上帝，以及她心目中上帝在人間的代言人：榮格。伊莎貝爾是小說家，她在二戰結束後承接母親的使命，對人格類型的現代化應用充滿興趣：它似乎提供一個極度理性卻又啟發人心的系統，可以用來管理社會上各種截然不同的領域，從她自己的四人小家庭，到全國上下的勞動力。在人格類型的發展過程中，神祕與現代、心靈與世俗的融合，描繪出一種榮格稱之為「更完美的男性類型」假象：男性的自我認識直接滿足社會與社會制度的目的[2]。

為了追求更完美的男性（或女性）類型，人格評估以驚人且出乎意料和令人不安的方式發展，大大超出凱薩琳與伊莎貝爾的意料。它跟二十世紀最有名的人格學理論家與治療師擦出火花，包括哈佛心理學診所（Harvard Psychological Clinic）的主任亨利．莫雷（Henry Murray）、美國人格顧問先驅艾德華．諾索普．海伊（Edward Northup Hay）、美國軍方心理學家兼人格評估研究所創辦人唐諾．麥金儂（Donald MacKinnon），以及美國教育測驗服務社的創辦人兼首任社長亨利．喬恩西（Henry Chauncey）。它感動了長期遭心理學遺忘的女性，她們把人格測驗視為個人獲得力量的機會。它鞏固了某種資本主義文化，用（伊莎貝爾常掛在嘴邊的）「做適合自己的工作」這樣的話鼓勵大家賣力工作，蠶食鯨吞人類的心理健康。它提倡許多與種族、性別、階級和社會完整性有關的虛假而危險的觀念，這些觀念一直以來都持續激發可怕的偏見與歧視。

人格類型在二戰期間漸漸擴散全美，從東岸的企業會議室到西岸的地方社區，都受其影響。這本書將跟著人格類型的腳步，從凱薩琳跟伊莎貝爾的家出發，走進各大現代機構：軍方、企業、大學、醫院。人格類型先在這些機構裡吸引一批忠誠聽眾，接著在一九八〇和一九九〇年代爆紅，「MBTI」這個縮寫已經完全看不出是凱薩琳與伊莎貝爾的發明，開始吸引邪教般的狂熱信徒。這本書不只是傳記，也不只是哲學上的調查，更是為了說明這兩位女性不為人知的非凡人生，如何為人格類型成為大眾文化現象鋪路。唯有把人格類型的私人歷程與公開歷程放在一起檢視，才有機會了解人格評估為什麼（還有以什麼形式）風靡至今。

❖ ❖ ❖

我承認，在寫這本書的過程中，我曾經多次想把它寫成一個女權主義獲得勝利的故事。我對人格類型和它的信眾向來抱持懷疑，但我兒子剛出生時，我的態度一度軟化。第一個原因是我更能同理凱薩琳與伊莎貝爾了。畢竟，她們都是為人妻、為人母，也都渴望把家務勞動變成有創意的自我實現——她們想把自己的家變成能夠肯定勞務付出的地方，而不是像精神科診間或科學實驗室那樣冷冰冰的場所。我到那時候才理解她們的衝動，至今依然如此。可是我訪談的對象（多數是女性，但也有男性）告訴我，人格類型如何拯救了他們的人生。人格類型幫助他們逃離沒有未來的工作與不幸福的婚姻，跟父母、孩子和解，讓他們有勇氣接受自己與自己對未來的渴望，找到新的可能性。他們幾乎全都承認人格類型使很多人產生類似的解脫感，但這種感受非常強烈，也很真實。儘管我在寫書的過程中，發掘人格類型啟人疑竇、甚至剝削的歷史，也發現我很難把這些人的故事跟這樣的歷史當成兩回事，但我依然想公正處理這些個人感受到的精神超越。我想用批判卻不失公平，最重要的是不帶個人情感的方式，寫出一個融合各方意見的故事。我不想被動搖。

但是，我想公正對待調查對象的想法，漸漸轉變成一種更私密、更急切的心情。我看著兒子成長，看著他發出各種笑聲，看著他玩耍；我看著他開始表達自己渴望某些東西勝過其他東西：某個玩具、一本書、一個房間。我親眼目睹他的渴望變成要求，而且要求愈來愈強烈，最後固化成個人偏好。簡言之，我看見他的人格漸漸成形——也有可能是漸漸「浮現」，我無法分辨。在觀察兒子成長的過程中，我發現自己腦海中湧現的那些詞彙，正是我在寫這本書時發誓一定要保持距離的詞彙。這些詞彙在將近一百年前俘虜了我的調查對象，而且從未釋放他們。「他是外向類型，」某天我自言自語道，儘管我不相信這句話，或至少不完全相信，但我不想糾正自己，也不想收回這句話。

我把這件事告訴老公，他說我認為凱薩琳與伊莎貝爾的人格類型有個最大的問題，但我自己投入調查時也犯了相同的毛病：我認為接觸到人格類型的人對它要不就是全然懷疑，要不就是全然相信，而且兩者都絕對不會改變。但是人類比我所想的更加多元。當我們感到困惑迷惘，訴諸人格類型有助於肯定我們對自己、對我們所愛之人的了解。但有時候我們會想捍衛自己的個體性，對抗人格類型的侵犯，堅守獨一無二且無法壓抑的特質——也就是那些讓人我有別，讓你之所以是你、我之所以是我的個人特質。我著手與收尾這本書時，剛好都面臨了人生的重大轉變。我的第二個兒子也快出生了。有些時候，雖然有違我過去的判斷，我還是會帶著我曾經以為自己絕對不會有的信念感，用凱薩琳跟伊莎貝爾用過的詞彙去思考、去說話。因此，這本書是為人格類型的懷疑者、信徒，還有不懷疑也不相信的人而寫。也就是說，這本書是為你而寫——每一個無法歸類也不該被歸類的你。

註釋

1 Theodor Adorno, *The Authoritarian Personality* (New York: The American Jewish Committee, 1950), 747.

2 Carl Jung, *Psychological Types* (Princeton: Princeton University Press, 1971), 83.

第一篇

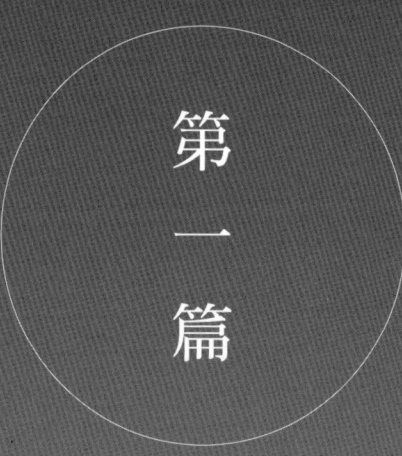

1

嬰幼兒培訓宇宙實驗室
The Cosmic Laboratory of Baby Training

凱薩琳・伊莉莎白・庫克是MBTI測驗的共同發明人，雖然她在美國的科學重鎮長大，卻向來對科學式思考沒有什麼耐心。一八七五年一月三日，凱薩琳出生於密西根州的東蘭欣（East Lansing）。這裡有美國中西部最優質的農地，也是密西根農業學院（Michigan Agricultural College）的所在地，這所學校是美國最早的贈地大學之一*。凱薩琳的父親亞伯特・庫克（Albert J. Cook）是知名動物學家兼昆蟲學家，也是接受演化論的教育先驅。演化論是十九世紀頗受詬病的科學理論。亞伯特在生物學課堂上闡述達爾文的天擇說與適者生存理論時，他的同僚（許多是浸禮會教友）都覺得難以置信。亞伯特大部分的晚上都待在家裡陪伴家人，妻子瑪麗（Mary）是虔誠基督徒，兩個孩子分別是凱薩琳與哥哥伯特（Bert）。瑪麗不介意亞伯特傳授演化論，反正任何科學理論都撼動不了她

* 譯註：因為美國國會在一八六二年與一八九〇通過莫里爾法案（Morrill Acts）而獲得國會資助的高等教育機構。（source: wikipedia）

對信仰的虔誠。「她相信世上真的有上帝，就像她的丈夫跟孩子確有其人，」[1] 凱薩琳曾如此回憶母親的精神想像。達爾文的見解是對是錯，對瑪麗來說一點也不重要。就算人類真的經過生物演化，從人科演化成人族又如何？瑪麗相信的是個人的演化，也就是「原始人」與文明人之間的差異。她所謂的「原始人」，是深色皮膚的非西方人；她心目中的演化是人類靈魂的演化，與物種無關[2]。

凱薩琳從小就是個特別喜歡反思的孩子，她對父親的科學觀心存懷疑，反而深受母親的宗教觀影響。她說嚴重近視削弱了自己對外在世界的感受力，所以只好凝視內在。凱薩琳從小到大的造型都差不多：厚厚的眼鏡、辮子頭、害羞到難以察覺的笑容，給人一種侷促不安的印象。每次庫克家邀請客人來家裡吃晚餐，伯特總是眾人的目光焦點，他像一隻聒噪的小猴子；暱稱「小凱」的凱薩琳不太引人注意，她很安靜、常發呆，甚至有點蠢笨。[3] 其實兩個孩子比起來，凱薩琳是比較勤奮的那一個。伯特一八九三年從密西根農業學院畢業後就去了加州，他坦白告訴妹妹，加州的豔陽與乾爽的風讓他什麼都不想做，只想打網球、打獵和追求「西部女郎」。西部女郎是「美麗又必要的可愛存在」，性情跟他「親愛的小凱妹妹」完全不同。凱薩琳則是在學校連跳了幾級，十四歲就跟哥哥一起進了大學。她不是那種會在艷陽下閒晃的人。她回憶小時候：「雖然當時我只是個孩子，卻已經展現出一心一意達成目標的能力。我爸媽對人格心理學一竅不通，只說我有『堅持到底』的個性並為此感到驕傲。」[4]

這種亞伯特跟瑪麗都很欣賞的「堅持到底」，讓凱薩琳剛滿十六歲就在密西根農業學院名列前茅。她說念大學的時候，碰到此生第一次信仰危機。她在日記中傷心地寫下自己覺得「痛苦又煩亂」[5]，因為父母的觀念衝突在大學體制內特別明顯，原因是大學會為了科學研究摒棄宗教的教誨。東岸有許多以訓練宗教領袖為目的而設立的大學，但是密西根不一樣。密西根的老師們致力於現代實驗方法：透過經驗主義學習，把染色的植物與扭動的昆蟲釘在板子上，任由好奇的學生宰割。一八九二年，密西根農業學院的校長在年度報告中寫道：「隨時都能用顯微鏡、解剖刀、鑷子、試管、化學試劑，了解實驗對象的真實樣貌。」[6]這一年，凱薩琳念大三。她在母親瑪麗的宗教薰陶下長大，所以一直對由顯微鏡、解剖刀、鑷子與試管建構的中西部實用主義心存質疑。「我認為科學無法找到靈魂的數據，」[7]她憂心地告訴母親。

為了解決這種是非觀念的衝突，她向學校和教會裡的前輩求教，卻沒有得到滿意的答案。於是，她決定透過禱告尋求解答。她在聖經前梨花帶淚地跪了一整天，與母親的上帝親密對話之後，在日記中寫道：「我們不能期待冰冷又客觀的科學把一切解釋清楚。」[8]物質世界沒有能力處理凱薩琳與母親心目中最嚴重的當代問題。靠父親堅信的演化論、有性生殖或甚至人類的物種生存，無法解決這個問題：「與個人得到救贖有關的、切身的、充滿熱情的、主觀的、宗教的問題」。

一個人必須處理「個人任務」，凱薩琳寫道，「個體渺小的存在，必須用一生的時間把種族全體的冒險重複經歷一次，否則就會下地獄。」她認為培養人格才能得到救贖。[9]她用最古老、最基本的方式定義人格：能用來區別人類不同於動物的特質或思考能力。她認為文明等級不夠的人類是「畜生」。「我們總說人類生而平等，這是一句謊話，」她寫道，「低等人類跟高等動物的相近程度，遠超過高等人類。我們應該認可這個事實。」

雖然聽起來語氣堅定，其實她依然懷疑自己缺乏熱愛生命的能力，認為自己只是「現實」的旁觀者。庫克家的家庭醫師為她建議各式各樣的活動，想幫助她融入現實生活。例如伯特回家時，跟伯特一起打網球；跟父母一起參加在溫暖夏夜舉辦的戶外音樂會；跟鄰居的孩子們一起參加生日派對。但是她認為，這些建議只是徒然浪費時間和體力。她知道如果要在現代世界（一個似乎對靈魂毫無用處的世界）拯救自己的靈魂，她必須加深內在探索，而不是向外在世界求助。因此，她選擇沉溺在幻想和白日夢裡，與身旁起起伏伏的現實生活脫節，經常一個人獨處。

❖ ❖ ❖

然後，她遇見了萊曼・布里格斯（Lyman Briggs）。漸漸地，他們一起沉溺在她的幻想裡。

萊曼・布里格斯是個農家男孩，來自密西根州的亞述（Assyria）。他的先人搭乘命運號（Fortune）抵達普利茅斯巖（Plymouth Rock），命運號是繼五月花號（Mayflower）之後，第二艘在普利茅斯巖靠岸的船。他的童年生活跟許多中西部拓荒者相去不遠。他和兄弟每天都是黎明前就起床餵雞餵豬、撿雞蛋、趕牛、劈柴。做完家裡的雜事之後，步行到數英里之外的地區學校上學（據說這棟校舍是他們的祖父親手建造），然後再去祖父創辦的教會做下午的禱告。萊曼跟凱薩琳不一樣。與其去實驗室，凱薩琳寧願去教堂禱告；萊曼卻覺得跟有形的物質在一起最令他自在，他很喜歡人類為了探索大自然的內部與外部運作機制而設計的各種工具。萊曼十五歲進入密西根農業學院，第一眼看見物理實驗室裡擺滿神奇器械（混濁的燒杯、鍍銀的線圈）的大玻璃箱，就知道自己想要成為科學家。

萊曼是個聰明的學生，人緣很好，五官細緻俊俏，凱薩琳認為他絕對不可能對自己有興趣。一八九三年二月十四日情人節，她收到萊曼字跡工整的四首情詩，心中十分驚訝：「這是一首以愛為題的詩／獻給一位可愛的女同學／帶著堅定的愛下筆／為什麼靈魂將我推向／那隻可愛的小鴿子／親愛的凱薩琳，吾愛。」[10]凱薩琳是全班第一名，萊曼是緊追在後的第二名。兩人交往順利，一畢業就結婚。凱薩琳的父母送給萊曼的結婚禮物是兩百美元，資助他在約翰霍普金斯大學攻讀物理博士。他們並未期待凱薩琳繼續深造，因此沒有留下錢財給她。她只得到一個有著精美雕刻的木箱，裡面裝著毛巾、床單與桌巾，幫助她打點他們位於華盛頓哥倫比亞特區的郊區新家。萊曼一邊上課，一邊在農業部兼差。當時農業部是克里夫蘭總統（Grover Cleveland）任內剛成立的行政機構。凱薩琳離開密西根的廣闊田野，搬到充滿鐵路、巷弄、紀念碑與人群的美國首都時，才只有十八歲。

他們的第一個孩子出生於一八九七年，取名為伊莎貝爾・麥卡維・布里格斯（Isabel McKelvey Briggs），兩人對她都寵愛有加。第二個孩子出生於一八九九年，以外公的名字命名為亞伯特・布里格斯（Albert Briggs）。伊莎貝爾兩歲、亞伯特兩個月大的時候，凱薩琳開始每日記錄孩子的日常活動。她驚訝地發現，還是幼兒的伊莎貝爾已會使用成熟的詞彙，也開始展現出照顧弟弟的責任感。「今天早上我幫弟弟洗完澡，把他放在搖籃裡睡覺。我要去廚房幾分鐘，所以請姊姊待在搖籃旁照顧弟弟，」她在日記中寫道，「我回來時發現弟弟睡得很熟，搖籃裡放滿了枕頭。家裡的枕頭全都在這兒了，每顆枕頭都依照一個兩歲幼兒的最佳判斷，用最有效的方式防止一個兩歲寶寶爬出搖籃。」[11]姊姊是伊莎貝爾的暱稱，這是貴格會教派（Quaker）的傳統，因為孩子們是「基督裡的兄弟姊妹」。凱薩琳覺得姊姊的個性似乎好奇心與創造力特別旺盛。「她的生活裡充滿驚奇，這些驚奇寫成一本講述神祕故事的書，」凱薩琳如此寫道。她觀察女兒跟洋娃娃一起玩，女兒會假裝把水倒進不存在的鍋子裡，想像自己正在煮水煮蛋。洋娃娃吃完之後，她會把剛才特地保留的水煮蛋分給弟弟吃。

某一年她的日記內容突然變少了，因為亞伯特在睡夢中猝死。凱薩琳與萊曼傷心欲絕，伊莎貝爾年紀還太小，不明白家裡為何會籠罩著悲傷。布里格斯家哀悼生命逝去的同時，十九世紀也即將落幕。凱薩琳一方面從自己對女兒的愛裡得到力量，一方面因為失去兒子而憔悴，此時她迎來生命中的第二次信仰危機。「活著值得嗎？」隨著二十五歲的生日漸漸逼近，她開始思索這個問題。「生命有什麼意義？到底為什麼要活著？為什麼要繁衍後代，然後一代又一代，讓悲慘的生命河流在徒勞的掙扎中不斷延續？」[12]

這種面對生存的絕望，似乎只是一種假設。其實不然。兒子的死讓她知道孩子的生命是多麼珍貴。她必須嚴格控制孩子的活動，他們才有機會成長到能夠發展出人格以及獲得救贖的年紀。在死亡的陰影下，她想起過去曾被自己藐視的演化論，還有她在密西根農業學院就讀時，在低等生物身上使用過的科學方法：戳刺與記錄青蛙跟蚯蚓的行為，觀察牠們受到怎樣的刺激會死、怎樣的刺激會活。她想知道，能不能用相同的方法來解決人類的生命問題，包括有形的與心靈上的問題。她能否以日常生活做實驗，為她最愛的人塑造內在與外在世界？她能否把「個人救贖的追求」與「現代世界的理性方法」調和在一起？她能否把自己的家變成一間人格研究實驗室？而且這間自家實驗室還要能夠媲美萊曼在約翰霍普金斯大學的工作坊，或是她父親在密西根農業學院的教室？

她相信自己做得到。一九〇一年她再度產下一子，可惜兒子還沒來得及受洗就過世了。從此之後，她開始積極地以伊莎貝爾（她僅存的子嗣）做為人格實驗對象。這對母女將攜手「撒下種子」[13]（這是凱薩琳後來使用的詞彙），灌溉出二十世紀最奇特的家族事業之一：人格類型事業。

雖然很多人格評估的形式都保有發明者的個人偏好，但MBTI從誕生之初就與發明者的私人生活緊緊相扣在一起。凱薩琳是個母親。身為母親，她相信孩子們需要兩件事才能成為「文明的大人」。她在日記中寫道，這兩件事分別是「順從必要的權威」以及「實現目標的紀律」。她相信文明成年人的特徵是「專業知識」。家長必須引導孩子選擇並熱烈追求特定的工作領域，這不是為了個人的成就感，也不是為了賺大錢，而是為了對社會做出有意義的貢獻，這才是確保得到救贖的善工。她說：「建築師透過打造建物來創造文明，演員與音樂家透過娛樂民眾來創造文明，醫生透過醫治病患來創造文明。」既然身兼妻子與母親的凱薩琳無法專精於某個專業領域，既然她無法直接「創造文明」，那麼，她可以把「做母親」這件事變成所有專業的命脈。她可以幫助孩子們培養心理能力，判斷怎樣的工作最適合他們的個性。

她的付出將造成深遠的影響。半個世紀後，因為深信母親對專業知識的想法不只適用於兒童，也適用於勞工，所以伊莎貝爾使用相同的論調推銷MBTI，她設計了一份問卷做為最早的「人類分類器」。

❖　❖　❖

很少有人意識到，父母會在小孩尚未出世的時候，就開始想像小孩的人格。哪有父母不會把自己的想像與投射，加諸在孩子身上？哪有父母可以真正接受孩子就像一張白紙？這個想法在理論上比實際更容易被接受。二十世紀的行為心理學先驅約翰・華生（John B. Watson）宣稱，嬰兒心智的「無意識原生質」是一種擁有無限可塑性的物質，這個說法激怒了許多父母，也引發教育者的擔憂。「給我一打健康的嬰兒、充足的資訊，讓我在我指定的世界裡把他們撫養長大，」華生在一九二五的著作《行為主義》（*Bhaviorism*）的開頭如此寫道，「我保證我隨便挑一個，都能把他訓練成任何領域的專家：醫生、律師、藝術家、商人，或甚至把他變成乞丐跟小偷。他的天分、愛好、性向、能力、職業或種族，都無關緊要。」[14]華生的「後天戰勝先天」專業化理論一方面給人一種解脫感，另一方面也帶來一種存在恐懼。你的孩子長大後有可能變成任何人？任何模樣都有可能？

後天與先天之爭是個古老的問題，家有幼兒的父母心中的希望與恐懼，都籠罩在它的陰影底下。美國的第一代人格行為學理論之中，有不少都誕生於後天與先天之爭。

一九〇〇年代，有很多人格行為學理論是由生育年齡的女性發展出來的，而不是男性科學家。最早的人格入門書籍都是母親寫給母親看的，那是一個「母親」這個概念正在經歷巨變的年代。維多利亞時期那種溺愛又多愁善感的母親，還有她們懷裡天真無邪的胖嘟嘟嬰兒，都成了過去式。取而代之的是一群專業化的照顧者，也就是把育兒當成職業的媽媽：有系統、充滿理性、勞心勞力，不再只是仰賴無法控制的生理衝動。她們為孩子設計了嚴格的飲食、睡眠與運動時間表。她們為孩子建立紀律，而且會處罰孩子。她們在身為母親的繁瑣工作之中，找到自由與創意的可能性。她們批判嬌生慣養孩子的母親，說這些母親淪為小霸王的奴隸。瑞秋・肯特・費茲（Rachel Kent Fitz）在她一九〇六年的著作《育嬰困境：鍛鍊體格、打造個性》（*Problems of Babyhood: Building a Constitution, Forming a Character*）中寫道：「沒有什麼比看到精神緊繃、體力透支的母親，更令人感到可悲。」[15] 對像她這樣的女人來說，家庭也可以如機構般運作，如同學校、企業、醫院、政府單位一樣。於是，二十世紀的人格研究開始在家庭裡蓬勃發展。

接連失去兩個孩子之後，凱薩琳下定決心要成為二十世紀專業母親的領袖。她把自家客廳隔成「嬰幼兒培訓宇宙實驗室」（cosmic laboratory of baby training），用更嚴格的方式執行上帝的工作。[16] 她先用伊莎貝爾做小型實驗，等到伊莎貝爾年紀太大、不適合做實驗之後，實驗對象就換成鄰居和萊曼朋友的孩子。伊莎貝爾的成熟穩重令他們印象深刻，他們對自己既吵鬧又暴躁的孩子束手無策，樂於尋求凱薩琳的建議。她的實驗對象包括八歲的珍恩（Jane W.）、七歲的艾莉諾（Eleanor G.），還有艾莉諾的兩個妹妹：三歲的洛伊絲（Lois）和兩歲的寶琳（Pauline）。唐諾（Donald A.）、羅傑（Roger P.）與羅伯特（Robert C.）都是兩歲，也都是軍方行政官員的孩子，他們的父母是凱薩琳透過丈夫在政府單位的人脈認識的朋友。此外還有路易斯二世（Louis Jr.），還不到六個月大，連抬頭都還不穩。除了這幾個孩子之外，還有五、六個孩子，他們是凱薩琳的第一批實驗對象，也是為她解除信仰危機的答案。在他們的協助下，凱薩琳的家從私人住所變成半公共空間，她用「最高境界的智力教育」來教導他們。這個詞借自她最喜歡的作家：功利主義哲學家約翰・斯圖亞特・彌爾（John Stuart Mill）。[17] 彌爾本身就是勞心勞力居家培訓下的產物。

跟其他人不同的是，凱薩琳從來不用誇張的方法做實驗。美國早期的兒童研究（有些抱持懷疑態度的人稱之為「兒童心理操弄」〔child psyching〕）充滿極端作法，無論實驗地點是不是在家裡。曾有哈佛大學與史丹佛大學的知名心理學家催眠自己的孩子，然後低聲用拉丁文與古希臘文對孩子說話，試圖把哲學天才的種子撒在他們被催眠的腦海裡。私立學校收取過分高昂的費用，用帕夫洛夫訓練狗狗的方式*為家長們訓練孩子，讓孩子受到鈴聲、哨聲與鑼聲的制約，一聽見這些聲音就立刻循規蹈矩。「我們保證會把你的孩子訓練出可愛的個性！」這是某間學校的廣告詞[18]。寇爾蓋特心理學實驗室（Colgate

Psychological Laboratory）的主任唐諾・賴爾德（Donald A. Laird），曾在布里格斯家每天必看的《週日星報》（*Sunday Star*）上寫過一篇文章，他在文中指出：「不只是心理學家，在其他方面都很聰明的人，只要一被問到如何培養孩子的人格，就會立刻變成大傻瓜。」[19]賴爾德公開對塑造兒童人格嗤之以鼻，他驕傲地接受「現實世界的忽視與打擊」學派。他用自己的兒子為例，說明放任的育兒方式好處多多。「他沒有成為罪犯，心智正常，食慾旺盛，知道下雨時應該待在室內，而且看見女士會脫帽致敬。」

凱薩琳怒氣沖沖剪下賴爾德的這篇文章，賴爾德說父母應該讓孩子自由發展，這個建議令她大為光火。「他以為就情況的本質而言，並非每個孩子都是從出生的那一刻開始就已是一場實驗！」她如此寫道。「彷彿我們為孩子所做的或未做的一切，從餵奶到管教，都不算是一種實驗！每一個家長都不是實驗者，他們的家也不是實驗室！」[20]雖然凱薩琳的家庭實驗室不像她念的大學一樣，有顯微鏡跟植物等設備，卻有明確的實驗目的：觀察什麼樣的成長環境，可以讓她控制她最近才發現自己完全無法掌控的小生命。從伊莎貝爾還只是個幼兒開始，凱薩琳就開始用「不可以！」（No! No!）口令來訓練她。[21]凱薩琳會把鮮豔明亮、吸引注意的物品放在女兒面前，例如玻璃碗或搖曳的火焰，然後在女兒想要伸手觸碰時，反覆地說：「不可以！」如果伊莎貝爾（像大部分的幼兒一樣）跟這些物品靠得太近，或是接近的速度太快，凱薩琳會用力打她的手或屁股來強化效果。訓練完「不可以！」口令之後，接下來是「過來！」（Come here!）、「不能摸！」（Don't touch!）與「摸摸看！」（Just touch!）訓練。這對母女幾乎每天重複這些訓練，全年無休，直到伊莎貝爾滿五歲為止。

伊莎貝爾乖乖聽話的獎勵是聽媽媽說故事。凱薩琳會把家裡的用品變成故事裡的角色，讓它們輕聲細語地告訴伊莎貝爾自己是從哪裡來的。桌椅在遙遠的森林裡生長，最後輾轉來到布里格斯家的廚房。伊莎貝爾腳下的小地毯拆解成絲線，它們是來自遠東的訪客。凱薩琳編造想像中的小貓跟小綿羊，在兩個弟弟過世後陪伴伊莎貝爾。她還會花好幾個小時看伊莎貝爾假裝自己在剪羊毛。伊莎貝爾不小心割到手指時，媽媽為她寫了一個叫做《流血神話》（*The Blood Myth*）的故事，說明血液如何凝結。「神話」源自神話故事。當伊莎貝爾發抖時，《火焰神話》（*The Fire Myth*）會教她人類如何調節體溫。當伊莎貝爾忘了在下雨時進屋避雨，《露珠神話》（*The Dew Myth*）告訴她雨滴為什麼會留在她手上、頭髮上和庭院圍籬角落的蜘蛛網上。「想像是我們最喜歡的遊戲，」凱薩琳寫道。「我們家壁紙上的藤蔓圖案可以生出無限可能。」

＊譯註：俄羅斯生理學家伊凡・帕夫洛夫（Ivan Pavlov），因為消化系統的研究於一九〇四年獲得諾貝爾獎。帕夫洛夫以狗為實驗對象，發現狗在食物送進嘴裡之前就已開始分泌口水，進而建立所謂的條件反射，成為古典制約的理論基礎。（source: wikipedia）

五歲的伊莎貝爾勾著凱薩琳的脖子。一九〇〇年代的母子合照大多是母親凝視孩子的眼睛，或是兩人握著彼此的手。凱薩琳跟伊莎貝爾卻是看著鏡頭。凱薩琳看起來很自豪，伊莎貝爾順從而茫然。

毫無疑問地，伊莎貝爾擁有不平凡的童年。但更不平凡的是，這對母女的關係受到仔細的調整與控制。從一九〇一到一九一〇年，凱薩琳把伊莎貝爾對訓練與故事的反應全都記錄在筆記本裡，標題是《培育順從與好奇心的母親日記》（*The Diary of an Obedience-Curiosity Mother*）。凱薩琳相信，順從與好奇心是大人能灌輸給孩子最重要的特質，只是她從未想到這兩種特質正好完全相反。要求孩子順從權威能使孩子循規蹈矩，卻會抑制孩子的好奇心，也就是那種想要使壞跟玩耍的心情。這兩股力量當然會互相衝突，伊莎貝爾最喜歡的故事書《森林王子》（*The Jungle Book*）裡就常發生這種情況。而碰到這種情況時，凱薩琳也像作者吉卜林（Rudyard Kipling）一樣，她會鼓勵女兒錯誤地挑戰權威。「這些是叢林法則，數量很多，而且效力強大。」[22]這是吉卜林的詩〈叢林法則〉（The Law of the Jungle），凱薩琳會唸給女兒聽。「叢林法則從頭到腳、從裡到外都是同樣一件事：順從！」

凱薩琳要求順從的對象，不只是自己的女兒。她每個月都會寄一份問卷給其他實驗對象的母親，評估自己的教養方式如何影響這些孩子的人格。「任何一個相信並且實踐『順從與好奇心』理念的母親，都可以藉由記錄教養成果，使自己的努力成為珍貴的參考資料。」她如此懇求這些母親。「每一位母親都應該誠實、公正、正確地回報結果，坦誠說出自己哪裡做對了、遇到哪些困難，以及孩子的人格。」[23]她設計的問題大部分都是請受試者從（a）或（b）之中二選一。這是她的第一份必選題問卷。幾十年後以她命名的人格類型指標，也是從這份問卷發展出來的。

1. 他很溫和，還是很熱情？
2. 他很冷靜，還是很衝動？
3. 他擅長觀察與模仿，還是充滿想像力與創造力？
4. 他很害羞或害怕，還是充滿自信？
5. 他很健談，還是很文靜？
6. 他會主動表達情感，還是比較含蓄？
7. 他會勇往直前，還是小心謹慎？
8. 他很調皮，還是很小心？
9. 他有沒有展現出自我意識的傾向？

10. 他很「愛現」嗎？

她無法容忍母親膨脹孩子的自尊心，也無法認同過分強調母愛而不肯打小孩的母親。她會打伊莎貝爾。「沒用的、缺乏權威的母親，」她說，「簡直是個笑話。」[24]有個母親不順從凱薩琳的建議，在兒子戴維（Davy）掙脫她的懷抱、衝到街上時，她拒絕打他的屁股。這位母親憤慨到聲音發抖地說：「我絕對不會對孩子使用肢體暴力。」凱薩琳冷靜且語帶反感地說：「胡說八道。」她告訴這位母親：「剛才你不顧孩子的掙扎尖叫，把他從街上抱起來，就是在對他使用肢體暴力。你每一次幫他洗臉、清鼻涕，或是餵他吃藥，都是一種肢體暴力。對他這個年紀的幼兒來說，打屁股是一種治療。只有透過這種方式，他才能明白非常重要的事實。」[25]

在凱薩琳眼中，像戴維的母親這樣情緒化的女人動不動就隨便讚美孩子，一味討好自己資質平庸或資質低下的孩子，對社會進步造成了阻礙。她認為嬰幼兒訓練的終極目標，是發現情緒與智力發展都落後同齡孩子的「遲緩」兒童，然後幫助他們迎頭趕上。讓「平庸」的孩子變成有高度功能的成年人，讓每個人都能根據自己的人格找到適合的專業領域。否則的話，這些孩子只會變成隨波逐流的成年人。[26]「有許多人活得毫無價值，甚至比毫無價值更糟。他們對人類文明沒有貢獻，他們的存在只會對人類文明造成負擔，」她在《培育順從與好奇心的母親日記》中如此寫道。「這是無可爭議的明確評斷，但是沒人敢說出口。因為我們強烈同情『弱勢』的人，所以這些真相幾乎不能說。感性讓我們厭惡說出真相。」[27]

凱薩琳渴望透過教養兒童來創造完善的社會，這呼應了父親帶給她的演化觀念，只是變得比較黑暗、功利。二十世紀上半葉的幾十年，除了凱薩琳之外，很多人都相信唯有修正下一代的人格，讓最堅強、最適合的人成長茁壯，才能使社會變得更加完善。威廉・格蘭特・海格醫生（William Grant Hague）在一九一四年的暢銷教科書《優生婚：優質生活與優質寶寶指南》（*The Eugenic Marriage: A Personal Guide to the New Science of Better Living and Better Babies*）裡提到：「簡單地說，優生學（eugenics）就是『優質寶寶』。」[28]優質寶寶意味著優質成年人，然後進一步形成優質國家，在快速變遷的世界高人一等。對海格與其他優生學家來說，鼓勵強勢的人格特質、淘汰軟弱的人格特質，是至關重要的生殖理念，也就是透過優育來加速自然選擇。「孩子的人格在懷孕的那一刻」就已決定，海格如此寫道。無論父母「在懷孕的那一刻」把怎樣的「天生人格傳給孩子，這種與生俱來的人格，建構了孩子終身的『可用能力』。」

凱薩琳非常認同海格對優生學的想像。孩子的人格（也就是海格所說的「可用能力」）或許在出生時就已決定，但是這並不代表人格無法透過教養去磨鍊鍛造，並透過這種作法為現代世界減少「原始的平庸」。不過，她對每個人各有特長的想法，也為家長提供了一種他們可以接受的觀念，並藉此培養孩子不同的喜好或能力，而不是試圖去改變孩子。因為做自己不擅長的事，結果被失敗擊垮或主動放棄的孩子，可以在這種觀念裡找到慰藉。每個孩子都有與生俱來的偏好，就像每個孩子「都有左手跟右手，兩隻手他們都會用，但是其中一隻用起來比較習慣，也比較有安全感，」[29]凱薩琳如此寫道（因為受到母親的啟發，伊莎貝爾後來也用左撇與右撇為例，說明人格偏好是天生的，不分優劣）。人各有特長的觀念令父母心安，這也是凱薩琳控制自己偶爾對年幼受試者嚴詞批判的一種方式。

❖ ❖ ❖

伊莎貝爾沒有變成天才，至少母親在評估完她的能力之後，下了這樣的判斷。天才指的是只在特定活動上展現才華，例如幼兒莫札特流暢地彈鋼琴，或是幼兒愛因斯坦寫下字跡歪斜的算式。伊莎貝爾不是天才，卻是個在各方面都能力均等的孩子，她是多才多藝且表現優異的樣本。她兩歲就能以完整句子表達想法，五歲已能閱讀聖經。一九〇七年，滿十歲的伊莎貝爾乞求萊曼為她解釋太陽與行星的物理特性。「我的孩子不是天才，」[30]凱薩琳一再強調。她只是個順從又充滿好奇心的孩子。雖然她不是具備創造力的孩子（她不可能擁有天生不具備的能力），但她是母親理想的實驗成果。

母親命令她嘗試的任何事，她都表現得很好。儘管母親說她的聽力「準確程度普通」，但她仍是鋼琴老師的得意門生[31]。她花大量時間詢問父親他所熱愛的植物和動物，她很喜歡跟父親用「男人之間」的方式討論科學問題，這令父親相當欣喜。十二歲展現速記的高超天分，十三歲學會金屬加工。她靠自學輕鬆學會德語、法語及拉丁語。她的寫作才華讓當地高中的英文老師大感讚嘆，十六歲就已在幾本當地雜誌上刊過六個短篇故事。儘管女兒並未專精於某個特定領域，但凱薩琳不認為這是一種挫敗。她認為這證明了「順從與好奇心」訓練能鍛鍊出孩子的靈活性。「我跟每個曾與伊莎貝爾密切合作過的人一樣，都認為我的女兒非常適合從事跟我一樣的專業，」她在日記中用自豪與欣羨的口吻寫道。「這個孩子一定會變成傑出的家庭主婦！」

伊莎貝爾上不上學全憑凱薩琳的心情。「學校是個方便的工具，她在學校裡學到能夠滿足她自己、老師跟我的東西就夠了，其他的不用多學，」凱薩琳寫道。凱薩琳對進步年代的大眾教育改革心存懷疑，也對快速民主化的公立學校制度摧殘過的「羔羊」沒有信心，所以她把伊莎貝爾留在家裡。除了母親之外，伊莎貝爾幾乎沒有得到其他人的教導，但她似乎表現優異。「我那優秀的原始人學會自己教育自己，把自己變成文明人，」

凱薩琳寫道。伊莎貝爾的非傳統教育方式在鄰居媽媽間傳開，她們既羨慕又崇拜。許多母親開始懇求凱薩琳提供教養建議。

「我想了解你們那位優秀的女兒，」一位女士在沒有事先通知布里格斯一家人的情況下直接登門拜訪。「聽說她每個年級都只讀了兩個月，這是真的嗎？」

「本來關於她的傳聞，我只是半信半疑，直到那天我在電車上見到她，」另一位女士在街上偶遇凱薩琳時如此說道。「我們一路上討論了吉卜林和史考特，現在我是完全相信了。」[32]

伊莎貝爾的名聲很快就由他們居住的社區向外散播。一九一〇年春天，伊莎貝爾再過幾個月就滿十三歲，有天晚上凱薩琳與萊曼邀請了老友雷伊・斯坦納・貝克（Ray Stannard Baker）與妻子潔西（Jessie）來家裡吃晚餐。貝克也是密西根農業學院的畢業生，但是他老早就離開安靜又無菌的實驗室，在新聞調查的最前線苦幹實幹。他是《麥克盧爾》月刊*的新聞編輯，人稱美國最犀利的社會正義鬥士。他是老羅斯福總統（Teddy Roosevelt）口中的「扒糞者」。他剛與另外兩位扒糞者塔貝爾（Ida Tarbell）及史蒂芬斯（Steffens）一起買下《美國雜誌》（*American Magazine*）出版社，這是一本文化與生活類型的刊物，正在積極招募文筆直率的專欄作家。在見過伊莎貝爾、聽過凱薩琳闡述訓練幼兒的見解之後，貝克決定邀請凱薩琳成為雜誌的固定作家。「我想你或許願意提供一些你訓練伊莎貝爾的方法，」他寫信給凱薩琳，「這也許能加深大眾對相關理念的印象。」[33]在兒童研究領域，針對母親的責任與兒童心理學大放厥詞的男性不在少數。這個領域欠缺的（也是貝克知道能夠刺激雜誌銷量的），是一位年輕母親堅定無懼的聲音。

與貝克夫妻共度的那個夜晚為凱薩琳開啟了一扇門，使她成為美國育兒界最受爭議的意見領袖之一。她憑藉寫在日記裡的觀察紀錄，把伊莎貝爾的人格描述為她的「教育實驗」。她坦言「科學真理不能僅靠一次實驗獲得證實，」但是我們能從中「學到很多，並獲得進一步實驗的方向。」[34]秉持著進一步實驗的精神，她在第一篇專欄文章中列出一張清單，告訴讀者把孩子變得既順從又富有好奇心的方法：

1. 態度一致，不厭其煩。
2. 只有一種情況才處罰孩子：不聽話。只有在你面前直接不聽話和發脾氣，才會受到處罰。
3. 只處罰一次。
4. 足夠的處罰。

* 譯註：《麥克盧爾》月刊（*McClure's Magazine*, 1893–1929）是一本美國的畫報月刊，被譽為調查式報導的先驅。（source: Wikipedia）

5. 絕對不要用處罰來威脅或警告孩子。警告孩子，就等於在告訴他不需要順從。
6. 多說無益。
7. 只下值得執行的命令。
8. 用探索跟好玩的事做為獎勵。

在大眾面前曝光永遠是個問題。養兒育女是一個百家爭鳴的議題，凱薩琳的方法雖然沒有催眠或反射訓練那麼偏門，但在那個年代仍算是與眾不同。她記得有個鄰居聽到伊莎貝爾五歲就能朗聲閱讀〈天路歷程〉*，特地跑來提醒她這孩子可能剛進入青春期就會死於腦炎，不然就是隨著年紀增長變得更加神經質、更加愚笨。「你這麼做大錯特錯！」這位鄰居激動地說，「你不該讓她這麼早熟。」（這位女士的女兒叫瑪麗，小學一年級就留級。凱薩琳後來寫過一篇文章叫〈平凡的希爾多與愚蠢的瑪麗〉（Ordinary Theodore and Stupid Mary），這個瑪麗就是她女兒。）凱薩琳為女兒感到擔憂。她怕批評者會刻意來找她優秀的女兒，用誤解跟忌妒衍生出來的輕蔑攻擊她。貝克提議她們母女不妨都使用化名。伊莎貝爾的化名是「蘇珊」（Suzanne），凱薩琳的化名是「蘇珊的母親：伊莉莎白．柴爾德」（Elizabeth Childe），這個名字後來聞名全美。

在接下來的十年內，做為蘇珊的母親讓她淨賺一二三〇美元（這很了不起，因為當時靠寫作賺錢的女性少之又少）。她的文章出現在《美國雜誌》、《女性家庭雜誌》（*Ladies Home Journal*）、《婦女家庭良友》雜誌（*Woman's Home Companion*）以及《展望》雜誌（*The Outlook*）。她的文章產量豐富。《女性家庭雜誌》的編輯愛德華・伯克（Edward Bok）認為《培育順從與好奇心的母親日記》有許多「精彩內容」，美國各大生活雜誌都想摘錄日記裡的文章。這些文章的標題包括：〈母親的絕佳平台〉、〈忙到「無法抽身」的女性〉、〈母親沒說的事〉、〈當我們懲罰孩子時〉、〈為什麼我認為孩子在學校學得太慢〉、〈學童的心理畫面〉。此外，一九一四年十二月，《婦女家庭良友》雜誌的封面故事是〈家庭主婦實況〉。這篇文章懇求讀者明白像凱薩琳這樣的女性，雖然表面上看不出來，其實承擔了大部分的育兒責任：「最重要的那群女性雖然為世界進步付出有價值的努力，卻是沉默的一群，」她如此寫道，「你可以走進任何一間公立學校的某間教室，請老師告訴你哪一個孩子受到良好的照顧，而且既有禮貌又善解人意。只要跟著這個孩子回家，保證會見到一位重要的女性，一位有價值的女性。」[35]

❖ ❖ ❖

* 譯註：〈天路歷程〉（*Pilgrim's Progress*）是一首一六七八年出版的基督教寓言詩，作者是約翰・班揚（John Bunyan）。（source: wikipedia）

她身為母親的重要性何時結束？一九一五年九月，伊莎貝爾到離家一百多英里的賓州史華斯摩學院就學，脫離母親的日常照顧。「我唯一的孩子蘇珊去年九月去念大學，為期十八年的教育實驗，也是我生活中的主要興趣，就此落幕，」[36]伊莉莎白・柴爾德在她公開發表的最後一篇文章中寫道，正式向她做為蘇珊的母親所開創的生活與事業道別。家裡漸漸變得安靜，萊曼從早到晚忙著工作。雖然夫妻之間仍依稀存在著愛，但萊曼對她幾乎毫無要求，她對萊曼更是不求任何回報。「我進入那種典型的人生階段：孩子長大之後不再需要母親，於是母親的人生漸漸崩解。母親必須做出抉擇，是要放手讓孩子脫離童年，還是變成戕害孩子人生的『恐怖媽媽』，」她寫道[37]。她知道哪個才是正確選項，雖然錯誤的選項更加吸引她。

儘管如此，凱薩琳不願放手讓伊莎貝爾獨立並未使她成為「恐怖媽媽」，也沒有因此戕害伊莎貝爾的人生。她的決定比她想像得到的任何個人災難都更加影響深遠。接下來的二十年裡，凱薩琳把女兒從不知情的實驗對象變成忠誠的合作夥伴。在她追求更好、更專業化的社會秩序的過程中，伊莎貝爾成為她親密的盟友。很快地，對伊莎貝爾「放手」似乎是一件不可能的事，尤其是在她們被「ＭＢＴＩ」這個品牌永遠綁在一起之後。

註釋

1 "Why Live? Difficult Days," Folder 38, Box 4330, Katharine Cook Briggs Papers, Michigan State University (MSU) Archives. Hereafter KCB.

2 "What is Moral Character?" Folder 35, Box 4330, KCB.

3 "Katharine Cook Scrapbook," Box 2040H, KCB.

4 "Personal," Folder 20, Box 4331, KCB.

5 "Why Live? Difficult Days."

6 "Annual Report" (State of Michigan: Lansing, 1892).

7 "The Life Line," Folder 29, Box 4331, KCB.

8 "Why Live? Difficult Days."

9 "Up from Barbarism," Folder 34, Box 4330, KCB.

10 "Katharine Cook Scrapbook."

11 "Extracts from the Diary of an Obedience-Curiosity Mother," Folder 17, Box 4330, KCB.

12 "Why Live? Difficult Days."

13 "Personal Evolution—When I was a Child," Folder 9, Box 4329, KCB.

14 John B. Watson, *Behaviorism* (New Brunswick: Transaction Publishers, 1998), 82.

15 Rachel Kent Fitz, *Problems of Babyhood: Building a Constitution, Forming a Character* (New York: Henry Holt & Co., 1906).

16 Katharine Briggs, "Personal Evolution."

17 John Stuart Mill, *Autobiography of John Stuart Mill* (London: Logmans, Green, Reader, and Dyer, 1873).

18 "Children as a Hobby," *Saturday Evening Post*, October 5, 1909.

19 Donald A. Laird, "Debunking Child Psychology," *Sunday Star*, October 20, 1929.

20 "Is Child Study Bunk?" Folder 6, Box 4329, KCB.
21 "An Experiment in Education," Folder 40, Box 4330, KCB.
22 Rudyard Kipling, *The Jungle Book* (New York: The Century Co., 1920).
23 "Pre-School Education Questionnaire," Folder 3, Box 4329, KCB.
24 "Obedience as a Regulator of Mental Tension," Folder 3, Box 4330, KCB.
25 "An Experiment in Education."
26 "Minding the Baby's I.Q.," Folder 3, Box 4329, KCB.
27 "Sentiment vs. Intellect," Folder 13, Box 4330, KCB.
28 William Hague, *The Eugenic Marriage: A Personal Guide to the New Science of Better Living and Better Babies, in Four Volumes* (New York: The Review of Reviews Company, 1914).
29 "Personal Evolution—When I was a Child."
30 "An Experiment in Education."
31 同前。
32 "Teaching Obedience to Babies," Folder 27, Box 4331, KCB.
33 "Publr's. KCB," Folder 25, Box 4331, KCB.
34 "An Experiment in Education."
35 Katharine Cook Briggs, "The Case for the Homemaker," *Woman's Home Companion*, December 1914.
36 "An Experiment in Education."
37 "Personal."

2 女人的本分 Women's Work

根據學校的官方紀錄，伊莎貝爾在史華斯摩學院念一年級時，註冊的名字叫「伊莎貝爾．麥卡維．布里格斯」。而她以第一名的成績畢業時，名字已改為「克萊倫斯．蓋茲．邁爾斯太太」(Mrs. Clarence Gates Myers)。像這樣的情況並不奇怪，當時有很多女性在學校結識未來的丈夫，而且大部分的女性（說是全部也不為過）都會冠夫姓。但是在她脫離母親掌控的那幾年裡，克萊倫斯．蓋茲．邁爾斯先生（朋友都叫他「老大」）不是她唯一的交往對象。那幾年，她試著在童年奇特的教育以及成年後的個人與專業需求之間，找到平衡點。「大學對我們的私人訓練來說，當然是個考驗，」[1]凱薩琳在華盛頓特區的聯合車站，送伊莎貝爾搭火車去史華斯摩學院時如此告訴她。站在月台上的凱薩琳沒有流淚、面無表情，她的臉在揮手道別的人群中時隱時現。

有一段時間，伊莎貝爾相信自己已脫離母親的順從與好奇心訓練。看書不用再被考試，不必再被迫背誦聖經滿足充滿期待的鄰居，不再像個遠離塵世的公主，跟同齡的孩子毫無接觸。當然，還有同齡的男孩。伊莎貝爾一九一五年六月高中畢業，那年夏天，她談了五場戀愛。每一場戀愛都很短暫，所以這五個男孩在她的日記裡只用字母做為代號：「B」、「C」、「F」、「H」、「J」。五個男孩各自代表一種類型。雖然他們都拜倒在她的石榴裙下，但是她坦言這五個男孩，自己「一個都沒辦法」愛上。「F」是虔誠教徒，「B」是英國紳士，「H」喜怒無常，「J」單調乏味，「C」是那種你很喜歡他，但是他更喜歡你的男孩。[2]不對等的感情使她充滿罪惡感，這種罪惡感至少持續到大學開學之前。上了大學之後，新鮮事物跟男友人選多到數不清，於是這五個男孩在她心目中都成了錯誤類型。這是她人生中第一套人格類型系統，用來為那青澀的愛情分門別類。當她回顧這套系統時，已很難想像這五個男孩曾在人生中真實存在。

然而，「老大」的存在卻真切無比。他是來自愛荷華州的農家子弟，在得到史華斯摩學院的獎學金之前，他從沒聽過這所大學。他個子很高，紅頭髮，而且樣子很帥，至少從現存的照片看起來是如此。照片中的他五官很像北歐人，深色的眼睛炯炯有神。伊莎貝爾和他是在大一生與大三生強制參加的聯誼舞會上認識的，若不是這場相遇，那只是個累人的普通夜晚。伊莎貝爾大一，克萊倫斯大三。他邀請她共舞，於是他們一起跳舞，整個晚上膩在一起，直到其他情侶都離開，連樂手都結束演奏之後，才依依不捨道別。伊莎貝爾一回到家，就在日記裡寫下這場邂逅。她在日記裡叫他「邁爾斯」[3]。她先因為邁爾斯人高馬大感謝上帝，他足足有一百九十三公分高。接著她對邁爾斯的高超舞技心懷感恩，最後感謝的則是他的「真實」。「我可以跟他討論真實的事情，而不是聊天說笑，」她寫道。他們會爭論許多事，包括女性是不是天生善變、受感性支配。當時她不知道，在他的家鄉愛荷華州，有個深愛他的女孩，但他已註定要令女孩失望。當時他不知道，接下來這一年，伊莎貝爾的日記裡將寫滿他的名字：老大、老大、老大，寫到日記本沒有空白頁為止。

是什麼讓一個人成為一種類型，例如日記裡的一個字母代號，以及後來的四個字母縮寫？我們為什麼會在筆記本裡寫下某個人的名字，一筆一劃重重刻在書頁上，卻對其他人的名字不屑一顧？這些問題令凱薩琳感到擔心，她在一九一六年的秋天去學校探視伊莎貝爾之後，鄭重告訴女兒她心目中的女婿必須具備「力量」與「自制」，以及堅定的「道德標準」。伊莎貝爾向母親坦承，她喜歡比自己高大強壯的男性，而不是「時時像個溫柔的小男人」。[4]真實的人如何才能符合凱薩琳或伊莎貝爾的籠統描述？在接下來的歲月裡，這對母女將再度思考這個問題，這是人格類型與愛最費解的謎團之一：如何把進出你的世界的每個人約化成具有代表性的類型，而這些類型也能逆向回推出複雜的個人。「類型」與「個人」相輔相成，藉由個人可理解類型，反之亦然。無論何時，一個人都可以在她們面前完整現形，值得擁有名字，也可以約化成一組符號。一九一五年，伊莎貝爾使用的符號是激動急躁的「H」，英國紳士的「B」，宗教虔誠的「F」。後來則是演變成外向的「E」、內向的「I」，思考的「T」，情感的「F」。我們所說的人格，似乎就是在這兩種理解自我與他人的方式之間微妙地振動，難以察覺地來回擺盪之後，才慢慢浮現出來。

「我們不了解人格的複雜、悶燒的強烈情緒、多面向的人格、潛意識的內涵。」這段話出自實用主義哲學家威廉・詹姆斯（William James）的著作：《宗教經驗之種種》（*The Varieties of Religious Experience*）[5]。這是老大跟伊莎貝爾交往之初，他送給她的第一本書。這也是第一本凱薩琳勸女兒不要看的書。在伊莎貝爾離家上大學之前，凱薩琳非常注重她的文學教育。除了《聖經》跟《森林王子》之外，她也允許伊莎貝爾閱讀《海角一樂園》（*The Swiss Family Robinson*）、《艾爾南・柯提斯傳》（*The Life of Hernando Cortes*），以及華盛頓・歐文（Washington Irving）的《見聞札記》（*Sketch Book*）。[6]伊莎貝爾認為《見聞札記》是她看過「最愚蠢的書」。「她十四歲就已知道我所理解的、我能查找到的所有資訊，」凱薩琳在描述自己的兒童教育法時如此寫道。她延伸自己的教育方法，納入比十九世紀的航海與船難更有深度的內容。「我們仔細地討論婚姻、婚姻的可能性與責任。她對於從女性的邏輯觀點來了解男性很有興趣。這個人會成為怎樣的丈夫與父親？她用挑剔的眼光看待男人跟男孩，反而令我感到放心，這好過只用衣著、舞技或是特定的聊天『主題』來判斷異性。我無法想像她愛上一個糟糕的男人。」

伊莎貝爾喜歡的男性是英俊、聰明、富裕、個性開朗，能提供一個舒適的家。她讓母親失望的可能性微乎其微。雖然她確實還是因為身高、舞技與「特定的聊天『主題』」愛上了一個男人，但是對凱薩琳來說，這些事的威脅程度都比不上老大即將用與人格有關的現代文學作品，摧毀她長達十八年的順從與好奇心實驗。從某種意義上來說，一個男人給她女兒看很糟糕的書，能造成的顛覆效果遠勝於糟糕的追求手段。在凱薩琳眼中，威廉．詹姆斯的《宗教經驗之種種》是一本非常要不得的書。詹姆斯對宗教的定義是：「任何人只要自認與他們心目中的神性之間有關聯，他們在獨處時的感受、行為與經驗」[7]就是宗教。詹姆斯認為，藉由自己神祕的內在世界（人格），每個人都能在無須透過宗教機構（例如社區教會）、宗教典籍（例如聖經）或宗教類型（例如聽話的孩子）的情況下，找到自己的宗教經驗。重視獨處與自我理解，以及認為個人主觀意識比社會類型更有價值，都與凱薩琳的觀念大相逕庭。她一直相信人格、專業化與救贖之間息息相關。詹姆斯卻說，人格是宗教經驗的源頭，而非產物。

凱薩琳在她的「嬰幼兒培訓宇宙實驗室」裡給女兒灌輸的觀念與此恰恰相反。順從，尤其是順從父母，是做為基督徒與社會有用成員的基本條件。她搶走伊莎貝爾手中的《宗教經驗之種種》之後，不禁哀嘆：「這裡不再是一個基督教國家。」她以告誡口吻寫道：「拋棄基督教的價值觀，亦即這個古老宗教的本質，我們拋棄的不只是神的父愛，也拋棄了美國式的生活。」[8]重建美國式的生活，意味著在「小我的奇特性與獨特性」以及「大我的心靈與社會秩序」之間找到平衡。

不過，伊莎貝爾偷看這本書的美麗身影清晰可見。她的手指充滿期待滑過剛切開的書頁，撥開落在臉上的紅褐色捲髮，時時注意母親的腳步聲是否愈走愈近。無論伊莎貝爾對《宗教經驗之種種》有何感想，這本書必定是凱薩琳跟老大之間的一大衝突。凱薩琳第一次跟老大碰面時，就責怪他給伊莎貝爾這本書。他語帶怒氣回應未來的岳母，一半輕鬆、一半尖銳地說：「你想把寶貝女兒當成小嬰兒，只讓她接觸天真無邪的書籍，這使我想起自己有次把弟弟鎖在穀倉裡。」他後來也經常用這種口吻跟凱薩琳說話。「我用力關上門，鎖上門鎖，給門框釘上釘子，再滾幾個大木桶擋住門口。當我轉身想要尋找更多東西來阻擋他的時候，卻發現他坐在地上忙著做風箏，對我花費的力氣渾然未覺。」[9]老大告訴凱薩琳，她很快就會從女兒的人生中退位，這個預言令凱薩琳大感震驚，以致於在後來寫給兩個外孫的信中，她刻意不提女兒跟女婿的交往過程。「你們的母親長大之後，離家去念大學。後來爆發了世界大戰，於是她嫁給一位軍人，就是這樣。」[10]她完全略過一九一五到一九二〇年代不愉快的那幾年，直接跳到老大加入美國空軍，伊莎貝爾大學畢業，兩人共組家庭。

凱薩琳的宇宙實驗室被另一種家庭制度取代：婚姻制度。這為她的自製實驗添加了既無法控制也無法平靜接受的變數。她不認同這個男人的想法，但她天真的女兒已受到愛情的不良影響。或許她身為母親的最大考驗不是來自大學，而是來自愛情。像伊莎貝爾跟老大如此不同的兩個人碰在一起，為了共組未來而摧毀過去的自己，會發生什麼事呢？怎麼做才能減少必然會發生的傷害？如果人類可以在專業領域學有專精，那麼在愛情領域肯定也可以。每個人都能在感情裡扮演特定的角色，一邊保有自己的個體性，一邊鞏固婚姻。關鍵是你的結婚對象，必須擁有跟你互補的人格特質，對方的類型必須跟你的互相呼應（交友網站Project Evolove的配對演算法，就是以凱薩琳與伊莎貝爾的人格類型理論為基礎：「ＭＢＴＩ互補的人最速配」）。伊莎貝爾後來告訴凱薩琳，婚姻是「家庭的類型學實驗室」。伊莎貝爾在家裡進行的婚姻實驗，對ＭＢＴＩ測驗的發展至關重要，不亞於凱薩琳的嬰幼兒訓練。而且有時候，賭注甚至更高。

❖ ❖ ❖

伊莎貝爾擺脫母親掌控的那幾年，她的人生經歷了哪些變化？從小到大，這是她第一次想要輕鬆享樂，放下規矩，如同她在戀愛的那個夏天日記裡所寫的：「搗蛋作亂」。[11]當然，她依然深受母親的影響，所以不會真正放縱自己。她仍然勤奮好學，一如母親的訓練，只是偶爾會小小反抗一下。一九一六年她結束大一的課程時，獲得了安森·拉普漢獎學金（Anson Lapham Scholarship）。這筆獎學金有兩百美元，頒給考試成績最優異的學生。她的大一體操競賽成績排名第二，這證明她動作敏捷，擅長跳圈圈和跳馬背翻筋斗，咻一下就穩穩落地。這種動作很不淑女，凱薩琳肯定不贊成。到了大二，她加入史華斯摩喜劇團，並曾經在一個諷刺當地教會食物難吃的喜劇裡演出。她一邊語帶嘲諷地唸出台詞「萵苣祈禱」[*12]，一邊慶幸母親沒有看到她褻瀆上帝的演出。她同情歐洲的共產主義份子（母親肯定會把她送去坐牢）。一九一七年三月俄國革命發生之後，她在五朔節（五月一日）對班上同學發表了演講，題目是：「工業軍備」（Industrial Preparedness）。「為了達到最高效率，」她說，「美國的工業大軍必須有充足的食物與棲身之所，以及適當的工作時間。政府必須保存自然資源與人力資源，尤其應該明白人類在體能上的限制。」[13]身為左派分子的老大面帶笑容，坐在教室一隅聆聽她充滿自信的演講。後來，他陪她參加了這一年的五朔節舞會。他們手牽著手，把對方緊抱在懷中，在紅、橙、藍、綠的彩帶底下翩翩起舞。

可想而知，凱薩琳第一次跟老大碰面時肯定不喜歡他。她的女兒太年輕，還不到認真戀愛的年紀。男人都不可靠，這一個尤其！除了令人質疑的閱讀品味之外，他還有青春期男孩常犯的毛病：「賣弄懷疑」[14]。她在一封毫不留情的信中直接批評他的「懷疑」，並且要他離伊莎貝爾遠一點，她相信女兒的人生仍由她掌控。她沒用邁爾斯－布里格斯人格類型理論來解釋自己心中對老大的疑慮，因為這個理論幾年後才會誕生。不過她的感覺告訴自己，老大跟伊莎貝爾在一起只會帶來不幸。身為母親，她知道要是允許伊莎貝爾在實踐母親訓練出來的高超能力之前就成為「克萊倫斯・蓋茲・邁爾斯太太」，反而是害了女兒。

如果老大不是那麼強悍的話，早就被凱薩琳的警告嚇跑了。他回覆凱薩琳的方式，呈現出最高段的情緒掌控力。他刻意使用能引起凱薩琳共鳴的語言回信給她：人際關係的科學實驗語彙。「我認為，無論我提出的批評有多嚴厲，伊莎貝爾似乎都能夠接受，」他寫道，「她擁有鮮明個性、完整人格、高超的智力與想像力（精準、尖銳、細微，不是浪漫的想像，是非常真實而實用的想像）。她不是虛幻、愛作夢的人，而是個腳踏實地、有用的人。我無法用三言兩語描述對她的印象，只能說自己像淘金客用酸性試驗來確認含金量一樣，以最嚴格的人際關係標準審視她之後，發現她是個極為特殊又可愛的女孩。」

* 譯註：原文是「Lettuce pray」，諧音「Let us pray」（讓我們一起祈禱）。

對某些人看來，這段愛的告白肯定很冷酷、很無情。但是在凱薩琳眼中，這段理智的告白很美好，也很令人安心。雖然沒有完全消除疑慮，但是她允許老大送一份定情信物給伊莎貝爾。老大的定情信物是兄弟會的別針，仿金材質，鑲嵌廉價寶石。大二快結束的時候，天真爛漫的伊莎貝爾寫了一封信給母親。凱薩琳看了信才知道，女兒白天會把這枚別針別在「最貼身的衣物」上；夜裡脫下衣服，當她想起老大的懷抱與親吻時，會把別針鑲著寶石的那一面放在赤裸的身體上。[15]凱薩琳一方面覺得震驚，一方面感到放心。雖然她跟女兒的關係因為距離與反抗有些緊張，但至少母女之間沒有祕密。

兩人在一九一七年四月二日訂婚。這一天，威爾森總統（Woodrow Wilson）在國會召開緊急會議，建議美國向德國宣戰。當時一次大戰已經席捲歐陸，死在壕溝裡的人數以百萬計，還有更多人在街頭挨餓。伊莎貝爾認為，這不是個炫耀婚戒或籌辦宴會的好時機。她覺得最好保持觀望，說不定老大入伍後，他們可能會被迫長期分隔兩地。凱薩琳年輕的時候，祕密訂婚是很丟臉的事。女兒不願意公開宣布訂婚實在有失禮儀，於是生氣的凱薩琳寫了以下這封信給女兒。舊習總是難改，她跟過去一樣用命令口吻要求女兒記住：「為成年子女提供建議，是身為父母的**權利**；認真思考這些建議，是身為子女的**責任**。自己做決定，是成年子女的**權利**；尊重並默許這些決定，是身為父母的**責任**。」伊莎貝爾已是大三生，但是她還不習慣被母親嚴詞批評，也還不曾自己做決定。因此，她都聽老大的。那年春天畢業後，他在鎮上無所事事，等待徵召令。他會去從軍嗎？他告訴伊莎貝爾，他很期待能用自己一百八十磅（約八十二公斤）的「虎軀」對付那群「禽獸不如」的德軍。[16]或者他該去賓州大學念法律，避開徵召？畢竟凱薩琳和萊曼贊助了他一筆學費。他心懷感激接受了未來岳父岳母的巨額資助，但這不表示他願意讓凱薩琳干涉他與伊莎貝爾的關係。他曾向凱薩琳炫耀：「你的寶貝女兒之所以不像以前那麼聽你的話，原因確實出在我身上。」[17]不久之後，他成為陸軍的飛行官，離開了史華摩斯，前往德州達拉斯接受飛行訓練。

兩人在一九一八年六月十七日結婚。這個月西班牙型流感默默奪走的士兵人數，比死在戰場上的還多，德軍也開始計畫對協約國展開最後進攻。老大穿著軍裝，伊莎貝爾穿著一件打褶寬領口的深藍色新洋裝，手裡抱著一把用薄紗束起來的野花。這塊薄紗可能是她從小留到大的東西，也可能是從母親的五斗櫃裡拿出來的。史華斯摩的學生報紙《鳳凰報》（*The Phoenix*）宣布了他們結婚的消息：「今年將擔任許多重要職務的伊莎貝爾・布里格斯，嫁給克萊倫斯・邁爾斯。」[18]婚禮在布里格斯家的客廳舉行。不久之前，凱薩琳曾在這個客廳為女兒訴說充滿火焰、鮮血與雨水的神話，同時詳實記錄女兒的生活點滴。她在這間屋子裡跟女兒討論過婚姻的義務與責任，也是在這間屋子裡寫了一封闡述「最親密的關係」的信給女婿，告訴他使兩個人「真正結婚」的是肉體行為。[19]她鼓勵女婿結婚當晚就跟伊莎貝爾做愛，他們將搭乘從華盛頓特區開往田納西州孟斐斯的跨夜火車，到那裡共度夏天。飛行訓練營位在距離孟斐斯市二十英里的城郊，老大將在那裡接受轟炸機飛行員訓練。伊莎貝爾會先住進供餐的寄宿公寓，然後尋找暑期打工。

若從歷史的角度思考，MBTI測驗的起源可追溯到一九一八年夏天發生在這間寄宿公寓裡的事。伊莎貝爾每天都在這間公寓裡醒來，把頭髮梳理好之後，吃一頓簡單的早餐，然後動身前往美國職業介紹所（United States Employment Agency）和女子俱樂部（Girl's Club）。她每天不間斷造訪這兩個單位，目的是找到最能符合自己需求及渴望的工作。她的需求是週薪十二美元，支付房租與基本生活開銷。至於渴望就比較難計算了。她在寫給母親的信中提到專業化的問題。「什麼樣的工作適合我？」[20]她不知道是否應該接受費雪石灰水泥公司（Fischer Lime and Cement Company）的打字員工作。若要她用直覺回答，她的答案是「當一個好太太」，但老大鼓勵她做自己想做的事，追求自己的幸福，不要把自己的幸福建立在丈夫的幸福上。雖然老大的想法在那個年代異常先進，但伊莎貝爾不太確定自己是否應該（或想要）扮演好太太跟好媽媽以外的角色。她打算生六個孩子，三男三女，連出生的時間都一絲不苟地計畫好了，寫在日記裡。「我認為在迫不得已的情況下，女人確實可以把男性的工作做得跟男性一樣好。但是我十分肯定，女人會做得比男人更吃力。」這種信念使她看不見自己的假設充滿明顯的性別歧視。「費力去做別人可以輕鬆完成的工作，根本就是浪費生命，」她說，「我確信男女天生有別，天分跟強項都不一樣，有些工作適合女性，有些則適合男性。我們應該能找到聰明的分工方式，讓每個人找到適合自己的工作，以免白費力氣。」「找到適合的工作」這個觀念將成為MBTI測驗的宗旨，MBTI測驗也以這個觀念做為憑藉，保證能為每個人找到最適合「各種不同天分」的工作。（為了紀念在孟斐斯度過的這個夏天，伊莎貝爾把她第一本也是唯一一本與MBTI測驗有關的著作，取名為《天資差異》（*Gifts Differing*）。）不過，她說的這句話最初源自婚姻，目的是找出男人和女人在婚姻裡各自最適合的專門任務。

伊莎貝爾的觀察看似極端，其實背後有沉重的歷史因素。男性的工作（也就是家庭以外的工作），女性做起來確實比較吃力。但原因不是男女天生有別，而是伊莎貝爾一九一八年夏天在孟斐斯觀察到的女性，都是因為丈夫在海外的壕溝裡作戰，所以在孟斐斯新開的雜貨店與鋸木廠辛勤工作，下班後拖著疲累的身體回到家也無法休息。她們還得做晚餐、洗碗、清理廚房，許多女性還得餵孩子吃飯、幫孩子洗澡、送孩子上床睡覺。夏天結束時，伊莎貝爾也是八百萬名外出工作的已婚婦女其中一員。對於自己能兼顧不同的身心勞動，她感到相當自豪。每個星期五下午，她一從水泥公司下班就會直奔飛行訓練營。她會在那裡度週末，使出渾身解數慰勞丈夫跟他的軍中同袍。這種生活很累，但是她努力撐到夏天結束，然後才返回史華斯摩繼續念大四。「雖然她回來時已冠了夫姓，但她依然是我們所認識的伊莎貝爾，」《鳳凰報》如此寫道，「她說今年夏天自己已對陸軍產生深切的情感，並且從軍人的角度看待勞軍這件事。她說取悅一個沒事做的士兵，是世界上最難的事。這她當然最清楚不過。『只要能博得士兵一笑，』她說，『花再多錢都值得。』」[21]

伊莎貝爾告訴充滿好奇的同學們，笑容也是一種商品：可以製造、購買與販售。照這個邏輯說來，她的人格（逗軍人一笑的原料）是種有價值的資產。它是一種投資，值得培養。一九一九年六月，伊莎貝爾大學畢業。這個月，凱薩琳的家鄉密西根州成為美國第一個賦予女性完整投票權的州。伊莎貝爾想知道，既然她已經完成高等教育，接下來還能如何精進自己。她跟老大搬到費城，老大開始念法學院。九月跟十月的涼爽早晨，丈夫去上課之後，伊莎貝爾會先清理吃完早餐的桌面。然後她會換上自己平日的裝束：一頂繫著白色雪紡緞帶的黑帽子，乾淨的襯衫，有腰帶的寬鬆外套，騎著腳踏車在城裡與城郊的田野穿梭，思考如何打發丈夫回家前的大把時間。平日她會考考老大侵權法的內容，幫他打報告。週末兩人一起在日耳曼鎮（Germantown）的獨一神論派教會教主日學，也會一起討論政治。

令凱薩琳懼怕的是，法學院把老大變成更激進的社會主義者，正好趕上列寧的紅軍勝利以及一九一九與一九二〇年的紅色恐慌（Red Scare）。他告訴岳母，他相信社會公益比任何個人的渴望或計畫「更加值得追求」。[22]他拒絕接受她的專業化理念，以及把人類區分成「原始人」與「文明人」這種過度簡化的作法。「光是讓聰明與不聰明的人機會均等應該還不夠，為了防止聰明的人霸占世界，還需要其他作法，」他如此寫道，語氣愈來愈像美國社會黨領袖尤金・德布斯（Eugene Debs）。閒暇時，老大會寫哲學性的短文，標題包括〈民族化的美國〉、〈工業民主〉、〈勞工與新社會秩序〉與〈林肯或列寧〉。他把這些文章寄給正在快速工業化的費城裡的各大社團。

老大的政治思想對妻子不再具有吸引力。伊莎貝爾現在更擔心有沒有足夠的錢，養活尚未出世的六個孩子。她把自己的成熟信念告訴丈夫：推動社會與政治進步的是傑出的、受到啟發的個人，而不是生產手段的變革。「大學教授、立法者、行政長官與總統，他們都是這樣的**普通人**，只是他們的工作內容比較特殊，」伊莎貝爾跟老大觀察一九二〇年那場無聊的選舉時如此說道。那是俄亥俄州參議員哈汀（Warren G. Harding）與俄亥俄州長考克斯（James M. Cox）之間的選戰（德布斯也是候選人之一，但是她並不認可德布斯）。伊莎貝爾經歷過青春期的叛逆，也追隨她心愛的男人短暫探索了社會主義思想，最後決定回歸到母親的人類進步觀。不過這次她扮演的角色不是實驗對象，而是跟凱薩琳一起倡導這種觀念的夥伴。她告訴丈夫，若要追求更好的社會秩序，就必須以政治與經濟領袖的人格（原本該有的樣子）做為起點：政客、知識分子、工業鉅子，也就是最適合領導美國的那群男性。她確信美國社會最急切的任務，是設計能夠辨識這些人格的工具。就算這種工具會把像她一樣的女性（受過大學教育的家庭主婦）貶低為男人的「好太太」也無所謂。老大的回應方式很微妙，他在授課內容中悄悄加入外出工作能為婦女帶來許多心理好處。

伊莎貝爾後來說，這是一個充滿矛盾的家，是兩個截然不同的人共組的婚姻。她是個情緒化的妻子，她的決定都與現代女性主義的理想大相逕庭。老大是個理性的丈夫，還是個出人意料（又討厭）的女性主義者。伊莎貝爾提醒老大，他那套合情合理的基進論調遲早會害他惹上麻煩，無論是惹怒她的娘家，還是他的學校。凱薩琳看完老大暢談「社會公益」的信之後，說老大是「瘋子」。他的教授似乎也這麼認為。隔年他申請擔任助教遭拒，伊莎貝爾沒有幸災樂禍，也沒有擺出「我早就說過」的姿態。但是，她也沒有安慰丈夫。為了省錢，她在這段婚姻的第三年，也是最艱辛的一年，決定搬回娘家，獨留丈夫在費城完成學業。

❖ ❖ ❖

她發現母親狀態不佳。伊莎貝爾的教育計劃「曾是世界的希望」，當這個計畫如凱薩琳在日記中所寫的那般「慢慢死去」，凱薩琳陷入深刻而嚴重的憂鬱。[23] 這種想法並不完全正確，因為伊莎貝爾念大學的時候，凱薩琳跟老大經常爭吵與談判，所以她其實沒那麼閒。但是，她的日常生活確實失去了過去全方位沉浸在女兒人生裡的緊張感。她給女兒寫了一封從未送出的信。她在這封信裡哀嘆：「人只要過了十四歲就不想要也不應該想要母親了。」[24]

身為一個被女兒拋棄的母親，她盡力讓自己過得忙碌。一九一八年，她發明了許多東西。例如一種專為旅行袋設計的拆卸式淺盒，能保持外套與裙子的平整，還有用來裝化妝品和文具的袋中袋。這些發明都申請了專利，只是從未生產。一九二〇年，她報名了劇本創作的函授課程。一九二二年，她用筆名寫了一部叫做《第九個名字》（*The Ninth Name*）的劇本（她的筆名是「凱薩琳．麥卡維」，結合她的本名跟女兒的中間名）。劇本賣給好萊塢的一個小製片廠，但是最後並未拍攝。有段時間她也曾嘗試寫短篇故事，但是過去爭相邀請她寫育兒專欄的雜誌編輯，用冷淡的語氣寫信回絕了她。一九二三年，四十三歲的凱薩琳對家庭與婚姻澈底失去了興趣，她一整天大部分的時間都在玩接龍，她懷疑自己是不是快瘋了。「是不是一定要去過地獄，才能了解地獄般的精神狀態？」她在日記中如此問道。[25]

伊莎貝爾搬回娘家也沒能把凱薩琳拉出憂鬱深淵。畢竟，憂鬱不太可能立刻消失。

但伊莎貝爾總是朝氣蓬勃地陪在母親身旁，確實重新燃起母親的某些興趣，例如閱讀以及剪下報章雜誌裡關於人格科學及育兒的最新文章。一九二三年十一月的某一天，凱薩琳在翻閱《新共和》雜誌（*New Republic*）時，看到一篇行為心理學家約翰．華生的文章，標題是〈心理學家榮格〉(Jung as Psychologist)。這篇文章激起她的興趣，她在訓練嬰幼兒的那段時期，看過華生的文章。跟那個年代的許多人一樣，她也聽過佛洛伊德與他提出的各種心理情結；但是她沒聽過榮格，不了解榮格的心理學系統跟其他心理學家有何不同。

看完這篇文章後，她認為榮格的人格類型理論，也就是把人類分成「內向」與「外向」、「思考」與「情感」，或許能使她原本「慢慢死去」的專業化與救贖計畫重獲新生。她在榮格的文章裡發現一套引人入勝的高度現代化詞彙，能用來向大眾說明她的理論：人類的人格與生俱來，不容易改變卻很容易分類，能用來說服大家接受專業化與個人特長。她將在榮格本人的形象中，找到一份全新而危險的執念。

註釋

1 Katharine Briggs, "Getting Ideas," Folder 10, Box 4334, KCB.
2 Frances Wright Saunders, *Katharine and Isabel: Mother's Light, Daughter's Journey* (Palo Alto: Consulting Psychologists Press, Inc., 1991), 25.
3 同前, 30.
4 同前, 29.
5 William James, *The Varieties of Religious Experience* (Minnesota, Dover Publications, 2013), 357.
6 "An Experiment in Education."
7 James, *The Varieties of Religious Experience*, 31.
8 Katharine Briggs, "Getting Ideas."
9 Saunders, *Katharine and Isabel*, 31.
10 "Personal."
11 Saunders, *Katharine and Isabel*, 29.
12 "Sophs Present Comedy, Internal Relations," *Swarthmore Phoenix*, April 24, 1917.
13 "Louise Waygood Carries Off First in Women's Extemp," *Swarthmore Phoenix*, May 1, 2017.
14 Saunders, *Katharine and Isabel*, 31.
15 同前, 38.
16 同前, 42.
17 同前, 43.
18 "New Calendar," *Swarthmore Phoenix*, September 17, 1918.
19 Saunders, *Katharine and Isabel*, 46.
20 同前, 49.
21 "Big Mass Meeting Thursday Evening," *Swarthmore Phoenix*, November 19, 1918.
22 Saunders, *Katharine and Isabel*, 65.

23 Katharine Briggs, "The Stuff of Dreams," Folder 54, Box 4334, KCB.

24 同前。

25 同前。

3

認識自己
Meet Yourself

關於凱薩琳．布里格斯初遇《榮格人格類型》的情況，有幾種不同的說法。第一種說法來自凱薩琳的日記，她記錄了自己與「史東博士」（Dr. Stone）的對話。史東博士是當地的心理學家，在她發現自己無法處理憂鬱症時，曾尋求史東博士的幫助。她告訴史東博士，早在她開始看榮格的文章之前，就已在伊莎貝爾搬回娘家後自創了一套人格類型理論。基於她對家人的觀察，以及她研讀過的名人偉人傳記，包括美國首任總統華盛頓、政治家兼發明家富蘭克林（Benjamin Franklin）與哲學家珍．亞當斯（Jane Adams），她認為人類可以分成四種彼此互斥的人格：深思（meditative）、批判（critical）、社會（sociable）與自發（spontaneous）。「我喜歡這些自動湧出的想法，它們好像是我創造出來的，」[1]她如此寫道。她相信自己制定了一套全新的標準，能幫助人類選擇適性的工作，或是最適合自己的伴侶。也因此，這套標準對人類文明的進步大有助益。「我滿懷興奮地建立這套標準，彷彿它將對人類的命運與重大的演化過程，帶來深遠的影響。」

在她看到約翰・華生為《榮格人格類型》寫的書評之前，她已經花了好幾個月的時間寫一本書的初稿，書中說明她的人格類型理論，並且用親朋好友、歷史人物與小說裡的角色做為案例。華生本人對心理分析的評價並不高，在佛洛伊德跟榮格一九〇九年到美國的克拉克大學（Clark University）演講之後，他才勉強接受心理分析具有「一般科學特性」。[2]這兩個人成功吸引美國心理學家的關注，大談女性歇斯底里以及性方面神經質的情色故事，還提出幼年性活動與精神壓抑等美國學者聞所未聞的理論。但是當「神祕的迷霧漸漸散去之後，」華生說，「人們發現這些所謂的新理論，其實大部分一點也不新。」心理分析師無法窺探靈魂，解讀靈魂裡的祕密。他們不是占卜師，也不是傳遞神諭的使者。他們能做到的事跟大多數的行為學家差不多：等待、觀察、聆聽患者，然後根據觀察所得做出診斷。

心理分析師在當時被視為「行為診斷專家兼老師，而不是魔術師」，華生認為在這樣的社會共識下，《榮格人格類型》根本就是在開倒車。榮格的這本書想讓心理分析師恢復「心靈療癒者」的身分，猶如凡人中的神祇。為了達到這個目標，榮格發明了讓人難以猜透的「人格類型」與「類型配對」概念：內向與外向、直覺與實感、思考與情感。華生認為這套概念是無稽之談，是形而上的詭計，模稜兩可到就算你想嚴格批評它也做不到。「你無法批評榮格的心理學理論，」他義憤填膺地說，「它像密教教徒不得不寫下來，證明自己被洗腦的內容正確無誤那類的東西。」

榮格的人格類型理論毫無實證。就方法而言，榮格不認為自己的推論需要受到現代實證方法的驗證。「榮格認為，客觀的心理學理論幾乎無法充分描繪出人類的靈魂，」華生寫道。唯有在宗教、哲學，以及強調古代文明與現代文明都需要兩極對立的文學作品裡，靈魂才能得到最深刻的治療。例如希臘神話裡的普羅米修斯（Prometheus）與艾比米修斯（Epimethues）兩兄弟，分別代表「先見之明」與「後見之明」。西非約魯巴族（Yoruba）傳說中的創世神是歐巴塔拉（調解者）與歐度杜瓦（戰士）。梵語中的「dvandva」（反義詞組）和中國的「道」。還有阿伯拉（Abelard，中世紀法國神學家）、路德（Luther，十六世紀德國神學家）、茨溫利（Zwingli，十六世紀瑞士神學家）與席勒（Schiller，十八世紀德國哲學家）。榮格汲取這些觀念，洋洋灑灑寫了一本將近七百頁的著作，闡述世上原本就充滿相反與對立的精神，而且人類的靈魂體現了這樣的精神。華生的書評說，《榮格人格類型》像是用「未經證實的『先天人格與後天養成』的假設」塑造出來的、結構鬆散的怪物，對人格的科學研究毫無用處。

凱薩琳對華生的看法心存懷疑。畢竟他是行為學家，她知道行為學無法完整說明她在年幼的實驗對象身上觀察到的人格差異。她發現，科學缺少靈魂具備的數據。她立刻訂購了榮格的著作。一九二三年底，她一收到書就熱切地一頭栽進去。榮格的人格類型理論令她讚嘆不已，也讓她決定捨棄自己的筆記與書稿。榮格的「外向」與「內向」人格取代了她原本的深思、批判、社會與自發類型。在接下來的五年裡，她認真思考自己的靈魂，試著理解榮格的二分法如何解釋她生命中發生的事：童年時對享樂跟遊玩的鄙視，青春期對科學訓練的懷疑，成年後對女兒的依戀，以及現在面臨的中年危機。

這是她自述的版本。伊莎貝爾住在娘家期間，她告訴女兒的故事是另一個版本，這個版本後來成為他們的家族傳說。看了華生的文章之後，榮格曾出現在凱薩琳的夢中。他來她家敲門，而這個家因為她的疏忽早已髒亂蒙塵。榮格坐在她家客廳裡，幫忙伊莎貝爾跟尚在人世的亞伯特剪紙娃娃。忙完之後，榮格拒絕凱薩琳的晚餐邀約，他走出他們家，騎著一匹巨馬離開。「榮格博士代表一種精神上的現實，是我內在的某種東西，某種曾經召喚過我的東西，」凱薩琳寫道，「我把寫了好幾個月的筆記放進客廳的壁爐裡，心中毫無遺憾。這些東西已完成它們的任務。」[3]

燒成灰燼。這是她將交給女兒最後的、或許也是最有影響力的傳說，為她培訓幼兒的生涯畫下完美句點，也為她的新使命展開序幕。她想像自己從灰燼中浴火重生，成為榮格的信徒。她把榮格艱澀又沉重的靈魂思想，蒸餾成簡單又活潑的敘述，擊退像華生一樣認為《榮格人格類型》對人類研究毫無益處的懷疑者。二十年後的ＭＢＴＩ測驗就是這麼做：把榮格思想透過凱薩琳與伊莎貝爾的模糊稜鏡折射出去，而這種作法，會讓榮格思想變得特別好用。

❖ ❖ ❖

在接下來的五年裡，凱薩琳的時間幾乎都花在詳讀《榮格人格類型》。她像虔誠的僧侶般，安靜而堅決地把書中段落一字不差地抄錄在筆記本裡。伊莎貝爾離家念大學的陰霾消失了，一開始是慢慢的，後來突然豁然開朗。現在她恢復了對家的興趣，她買了很多歷史人物傳記，他們都具備她欣賞的人格特質，包括達爾文、美國開國元勳漢彌爾頓（Alexander Hamilton），以及美國政治家韋伯斯特（Daniel Webster）、克萊（Henry Clay）與卡宏（John C. Calhoun）。她看待丈夫的目光也變了，就好像初次認識對方一樣，她仔細記錄丈夫的日常作息和夜晚的夢境，勤勉程度不亞於以前記錄女兒的生活。她想起詹姆斯在《宗教經驗之種種》裡提到：「人的意識裡有一個熱區（hot place）」，也就是他全心相信的一組觀念，這些觀念比任何神學或宗教信仰更強大，它們會變成「個人能量的習慣中心」。[4]過去這些內容曾對她的宗教情懷造成威脅，所以她甚至不讓女兒看這本書，怕女兒會跟順從的基督徒人格類型漸行漸遠。但現在她的宗教信仰以及對她來說更急迫、更切身的榮格理論，能透過這些觀念找到和平共存的方法。「這五年是我生命中最刺激也最有趣的五年，」她事後回憶，「我對待這本書的態度就像我父母對待聖經一樣，這是一種救贖的方式。每次看這本書，都使我對人生多一點認識。而我的生活方式，也能幫助自己理解書的內容。」[5]

榮格成了她「個人的上帝」。她提到榮格時，總是語帶崇敬地說「那位來自蘇黎世的男士」，彷彿在那座分析心理學誕生的偉大城市裡，只有榮格一個人在街道上踽踽獨行。[6]她告訴伊莎貝爾，榮格的世界超越意識世界。在他的世界裡，那些未知而無形的精神物質會流入夢境與幻想。每個夢境、每個幻想，都屬於一個叫做「個體化」（individuation）的開展過程：自我意識與自我可能性的覺醒。分析心理學的目的，是幫助人類以有意識的、整合的、完整的自我，去實現自我的潛能；心靈已開發、矛盾已解決，擁有平衡的關係與穩固靈魂。「個體化」的過程，是逐漸適應起初看似不屬於自己的各個部分：她對女婿的憤怒、對丈夫的怨恨，以及她不斷地、令人困惑地渴望以家庭主婦之外的身分獲得外界認可，但其實她更應該為自己的高度專業化感到欣慰。「藉由把人格類型送到我面前，」她寫道，「我的上帝與夢想製造者滿足了我的迫切需求，因為他讓我看到一項針對各種生活方式以及各種熱愛生命的方式為主題的自發性研究。」[7]

其實某種程度上，她對榮格的推崇是一種補償作用。在一九二〇年代的美國，「佛洛伊德」這個名字比「那位來自蘇黎世的男士」更加令人印象深刻，尤其佛洛伊德先是於一九〇九年在克拉克大學發表了一場重要演講，隨後又在一九一三年出版了英文版的《夢的解析》（*The Interpretation of Dreams*）。佛洛伊德比榮格有名，凱薩琳認為這是因為跟佛洛伊德令人震驚的性壓抑理論比起來，榮格的心理學「沒那麼譁眾取寵，也比較有道德感」。[8]她認為：「同樣是心理分析，佛洛伊德推導出性慾，榮格推導出一種非常類似宗教的結果。」[9]佛洛伊德提出的心理情結與性心理階段（psychosexual stages）「都很容易運用在通俗小說裡，」但是榮格的二分法人格功能理論（外向與內向、實感與直覺、思考與情感）太過「神祕」，也太過「形而上」。簡言之，對抱持懷疑態度的美國人來說，榮格的理論「太不科學」。[10]如果說佛洛伊德滿腦子都是性愛，那麼榮格滿腦子只有靈魂。

榮格用來描述靈魂的詞彙深深吸引凱薩琳，例如「內向」（introvert）與「外向」（extrovert）。一九二三年，這些詞彙的原意跟現在大不相同。為榮格所說的「內向」下定義的，不是文靜、孤僻或優柔寡斷（這些定義後來出現在MBTI測驗的許多簡介裡），而是凱薩琳對自我的興趣，或者說對榮格的興趣，用更專業的語彙來說，這叫做「主觀因素」。[11]內向的人之所以內向，是因為他相信自己獨特的世界觀（主觀性），凌駕於其他人的期待與渴望。對外向的人來說，內向的人似乎「不是自我中心的自大狂，就是偏執的瘋子」[12]，因為外向的人遵循純然的客觀條件採取行動。為了說明兩者之間的差別，榮格舉了一個簡單的例子：在颳著強風的冬日，外向的人會因為外面很冷而穿上外套，但內向的人會因為「想要鍛鍊心智而覺得穿外套很多餘」[13]。外向的人遵從「天氣很冷」這個單純的事實，但內向的人選擇以強化自我本質的方式去對抗嚴寒。

內向的人努力用自己認為適合的方式訓練自己，不考慮周遭情況；外向的人為如何安排不同的「角色」而煩惱。「角色」（persona）是榮格從劇場借用的詞彙，原意是一個演員可以在觀眾面前扮演許多不一樣的人格（戲劇人物）。外向的人跟經驗豐富的演員一樣變化多端，隨時都在配合人生的舞台和場景調整自己。榮格說，外向的人「隨著自己被需要或被期待的情況採取行動，盡量避免無法讓人一眼就明白的新作法，或是超出旁人期待的事情。」[14]內向的人只關注自己，可能會變得過度自我中心，外向的人則是會表現得過度正常。外向的人意志薄弱，與內在世界脫節到病態的程度，缺乏沉著冷靜。

凱薩琳判斷自己是個內向的人，並以此為傲。一九二五年，她告訴丈夫跟女兒她正在「尋找自我」[15]。因此，她認為自己的為人處世無法遵循傳統原則。「我向來就不是個愛跟風的人，」她如此寫道，「恰恰相反。其他人都在做的事情，反而讓我覺得很平常、很俗氣、很無趣，極度令人反感。」她設計了一個測驗，用來驗證自己對內向人格的偏好確實高於外向人格。她在一張廢紙背面列出自己從幼兒期、青春期、成年期到中年期扮演過的所有角色：「享樂主義者、機會主義者、朋友、執行者、公民、鄰居、財務、妻子、母親、岳母、媳婦、家庭主婦、雇主、女主人、業餘心理學家、作家。」[16]

她用《榮格人格類型》解釋自己一生扮演過的各種角色（其中包括她自己並不認同的）。她回顧自己的大學歲月，漸漸明白根據榮格的理論，她早年的信仰危機源自實感與直覺之間的衝突。她發現密西根農業學院的課程專注於純粹實感的現實：用顯微鏡去觀察，用解剖刀去感受，在試管口嗅聞。對她的許多同學來說，物質世界製造的感受不只對科學發現有幫助，也是一件充滿樂趣的事。他們屬於榮格所說的實感類型，喜歡物質上的樂趣、時髦的服裝、明亮豐富的氣味。[17]他們也跟榮格的實感類型一樣，很容易墮落成享樂主義者、肆無忌憚的運動員。依照榮格的描述，實感類型「會根據場合裝扮得宜，準備豐富酒水招待賓客，讓賓客如沐春風，或至少讓他們明白他的高雅品味，使他有資格對他們提出一些要求。他甚至會試著說服他們，為了維持格調而做出某些犧牲，絕對是值得的。」不過，凱薩琳認為自己屬於典型的直覺類型。她認為無意識的偏好，勝於物質世界可能帶來的樂趣。她絕對不會犧牲內在世界，去換取感覺或感官現實那樣粗鄙的東西。

檢視了自己成為妻子與母親的二十五年歲月之後，她推斷自己吃過的那些苦（失去孩子的椎心之痛：兩個孩子死去，一個孩子離家），使她充分理解自己為什麼偏愛思考，而不是不受控制的感覺。她盛讚思想是現代性的基礎，也是物化孩子的一種方式，這樣她才不會為了失去孩子而感到痛苦。她認為感覺是一種根本上無法控制的、把人束縛在一起的方式，比較適合幫派跟傳統部落，不適合文明的中產階級父母。她認為女性大多都是天生注重感覺，否則如何解釋家務跟養兒育女會成為女性的責任？但是她觀察到就算同為女性，特別是同為母親，感性的程度因人而異。有些母親跟孩子相處時比較情緒化，比較原始。有些母親比較理性，跟她一樣。

凱薩琳用榮格的思考與情感類型，去對照原始的母親與理性的母親。榮格寫道：「當思考想要找到純粹的結果時，它會澈底關閉情感，因為沒有什麼比情感更容易製造偏見、扭曲思考。」[18]屬於榮格思考類型的人喜歡探究事實，創造新的世界，而在這些新的世界裡，「智識準則對拯救人類來說，是不可或缺的。」[19]在思考類型的人眼中，理性思維的任何阻礙都必須被清除。在凱薩琳眼中，這種阻礙就是原始母親的可怕形象：一個被情緒淹沒的母親。她深愛女兒，無庸置疑。從伊莎貝爾還是個敏感的孩子，到長大成獨立的女性，凱薩琳都愛她。但是春去秋來，這份母愛的形狀受到扭曲，因為知道自己失去了女兒而變得冷硬。

忽然之間，她一頭栽進寫作的世界，忙得幾乎連吃飯的時間也沒有。更糟的是，她曾向伊莎貝爾坦承，她甚至無暇採買食材，煮飯給萊曼吃。她告訴飢腸轆轆又一臉困惑的丈夫：「這個新的信仰走入我的新生活之後，家務對我來說已成過去。」[20]她還用從《榮格人格類型》書中學到的詞彙，說明自己身上發生的變化。「伊莎貝爾不再需要我多年來給予的強大性慾能量與教育之後，我發現自己對他們兩人有虧欠。為了不當個強勢又愛管閒事的母親和岳母，我必須收斂自己，」她在一封寫給萊曼的信中如此寫道，不過她很可能從未把這封信交給他。「儘管我試著改變，卻依然沒有成功。我找不到能讓自己轉移這股能量的客觀興趣。我不由自主地陷入毫無意義的內省世界裡，我沒有告訴你，因為這件事言語難以形容。我像一座漸漸縮小、漸漸沉沒的孤島，你不在家的時候，我整個人都淹沒在水底。」為了說明她從舊生活走向新生活的轉變，她還寫了一首詩給丈夫，叫做〈日常〉（Routine）：

大雜燴跟爐火
養花種草
接聽電話
訂購採買

抹布與朋友
詩
食物和衣服

待付的帳單
急迫的任務
遙遠的目標
感受靈魂的
符號與夢想——

在這些生活大小事裡
上帝幫助我
為這飛翔時刻
帶來屬於它的真實！[21]

這首詩讓人想起艾蜜莉．狄金生（Emily Dickinson）的詩：「希望是有翅膀的鳥兒／蹲踞在靈魂裡」。〈日常〉帶著崇敬的渴望期待「飛翔時刻」：凱薩琳的「符號與夢想」餵養靈魂帶來的解放時刻，讓她知道「食物和衣服／待付的帳單」如何創造屬於它的真實。但是她沒有等待上帝幫忙找到她追求的家庭生活目標。當五年的深刻思考接近尾聲，她的注意力轉向外在世界，並開始設計能把榮格理論推廣給大眾的方法，這是她第一次嘗試把自我發現的經驗系統化。

❖ ❖ ❖

在暌違將近十年之後，她的文章終於再度登上雜誌：〈認識自己：人格顏料盒〉（Meet Yourself: How to Use Personality Paint Box）。她跟讀者分享自己皈依榮格心理學的心路歷程。這篇文章一九二六年十二月刊登在《新共和》雜誌上，文章的標題一半深奧、一半平凡。前半呼應銘刻在希臘阿波羅神廟上的「認識自己」（Know Thyself），後半彷彿在邀請讀者像孩子一樣玩美勞遊戲。她說認識自己就是踏上一場自我發現的長征，目的地不是真理或自由等抽象概念，而是榮格的十六種人格類型：「從嬰兒期邁向成熟期的十六種方法，」她如此寫道。[22]每一種類型，都可在生命的「人格顏料盒」裡找到一種代表色。為了找出最適合自己的顏色，凱薩琳鼓勵讀者把每一種類型的特點寫在三乘五英寸的索引卡上，然後找一個平坦的桌面或地面垂直排放紙卡，從最符合自己的描述排到最不符合的描述。

後來伊莎貝爾用一張問卷測驗，把自我發現的過程標準化。但是這個階段的凱薩琳相信，她的讀者擁有足夠的自我意識，可以自行在餐桌上排列紙卡，探索她所描述的榮格人格類型。她說外向（E）實感（S）類型的人是「極端的現實主義者」，這種人「最重視物質財產與具體享受。」外向（E）直覺（N）類型的人是沒有耐心又善變的「探險家、發明家、籌辦人或發起人」，這種人積極尋找機會、熱愛冒險。世上的「哲學家、宗教領袖與預言家、藝術家、奇特的天才與怪人」，大多屬於內向（I）直覺（N）類型。這種類型的衝動，剛好跟注重實際的外向（E）思考（T）類型互補。外向思考類型的人是「改革家、執行者、系統主義者、應用科學家」。若讀者認為某些描述符合自己的人格，就把那張紙卡放在桌面的最上方。如果出現另一張描述得更貼切的紙卡，就用新紙卡取代之前那一張。

在她堅持自我發現的過程是一種文明化的自我控制的同時，「認識自己」也創造了一種叫做「大眾心理學」的寫作文類，因為那是一個心理諮商需求遠遠高於心理學家人數的年代。《夢的解析》出版之後的這十年來，報紙專欄與廣播節目前仆後繼討論「咆哮的二〇年代」（Roaring Twenties），美國社會常見的各種問題，例如對家庭漠不關心又愛偷喝酒的配偶，頂著短髮、縮短裙長、聽爵士樂的壞孩子，消費文化興起帶來的工作倦怠與個人麻痺。若是從前，凱薩琳會請自己信任的教友提供相關建議。但是她發現，現代人對批判、悔改、赦免等無聊冗長的宗教廢話沒有興趣。他們想要用自己能接受的方式去理解。美國心理學協會的主席約瑟夫・賈斯楚（Joseph Jastrow）曾寫道：「能透過禱告得到幫助的人很幸運。」他的專欄〈保持心理健康〉（Keeping Mentally Fit）出現在全美各地的多份刊物上。「對那些有禱告習慣的人，我們無須再建議他們禱告，因為這是他們本來就會做的事。但是心理學家跟其他人一樣，都知道有很多人遵循的準則與信念無關宗教，因此心理學家必須提供一體適用的建議。」[23]

透過榮格的類型理論認識自己，就有機會找到自己的準則與信念。人格類型不是室內遊戲，也不是無聊的練習，把人區分成過度簡化、有多重因素的幾個種類。它提供了說明一個宏大自我管理系統的機會，這個系統超越傳統的善惡觀念、超越上帝，也超越了法律。在這個系統裡，人格（自我）是善惡是非的最終仲裁者。只有你才能評斷你自己。但是凱薩琳要她的讀者別擔心，因為在這件事情上你幾乎沒有「選擇或控制」的餘地。觀察兒童的經驗告訴她，人格類型是天生的，在嬰兒期夢幻般的混亂中逐漸成形。「外向或內向是與生俱來的，一輩子都不會改變，」凱薩琳寫道。若要認識自己，就必須拋開準則與信念，學習「健全生活」的新觀念，並且以這種新觀念為基礎，快樂地接受人生。

凱薩琳在〈認識自己：人格顏料盒〉這篇文章裡，直接指出人格類型的魅力所在：每個人的內在肯定都住著一個穩定不變的個體，它主宰著你的一生。這種觀念不是凱薩琳的原創。千百年來，西方哲學早已討論過類似的觀點。從蘇格拉底的對話到犬儒主義、禁慾主義、享樂主義的文字作品，甚至連早期的基督徒都談過。一七三四年，英國詩人波普（Alexander Pope）著手寫〈人論〉（An Essay on Man）這首詩，他要讀者「認識自己，不要預設上帝視角／真正研究人類的就是人類」[24]。一七五〇年，富蘭克林（凱薩琳的偶像之一）以嘲諷的口吻寫道：「世上有三種東西極度堅硬（困難）：鋼、鑽石與認識自己」[25]。一八三一年，詩人愛默生（Ralph Waldo Emerson）鼓勵人們「認識自己」，如此才能找到「內在的上帝」[26]。威廉．詹姆斯的個人信仰理論，就是受到愛默生的啟發。凱薩琳的文章只是長期知識傳統中的一個小點。這個知識傳統在傳到大西洋彼岸之後，又傳回歐洲。不過，《新共和》的這篇文章以斬釘截鐵、平易近人的口吻，把認識自己描述成一場可輕鬆完成、甚至是很好玩的自我發現之旅。發掘自己的人格不需要科學實驗，也不需要嚴肅的自我反省。它是最有趣的一種人類技能，而且幾乎任何人都學得會。「現在我們可以組裝自己的人格顏料盒，」凱薩琳在文末寫道，「看看我們自己、我們的家人與朋友，如何成功調和這些色彩。」

凱薩琳的人格顏料盒以一個二乘二的表格呈現，這是世上第一個、也是最簡單的人格類型表。後來MBTI測驗著名的四乘四表格，就是以此為發展基礎。「我們不再需要仰賴心理學家收集與辨識人格類型，就像植物學家收集和辨識植物一樣，」凱薩琳

人格顏料盒

在表格中找到主要人格之後，你的兩種互補人格會在斜對角的格子裡。無差別人格與幼稚人格會在隔壁的格子裡，跟主要人格以斜對角相望。

外向實感（Extraverted Sensation）
極度現實主義，觀察力強，活在當下，享樂時覺得最自在。不受理論限制，遵循習俗跟傳統，最重視物質財產與具體的享受。

外向直覺（Extraverted Intuition）
探險家、發明家、籌辦人或發起人，對生活充滿期待，隨時都能為了眼前的計畫犧牲當下，充滿熱忱、衝動、心思敏銳、沒有耐心、善變，重視機會勝於一切。

內向實感（Introverted Sensation）
相信主觀印象，理想主義，觀察力強，但是看事情的角度異於常人。享樂時覺得最自在，但是難以溝通，經常面露困惑。對氣氛相當敏感，最重視自己的主觀印象。

內在直覺（Introverted Intuition）
哲學家、宗教領袖和預言家、藝術家、奇特的天才與怪人，對生活充滿期待，對理解充滿熱忱，衝動，渴望獲得新的人生觀，最重視啟發與領悟。

外向情感（Extraverted Feeling）
詮釋型藝術家、演說家、慈善家，支持文化運動與活動，我行我素，擅長經營友誼，長袖善舞，但是口才太流利，說起話來容易顯得冗長、輕佻。最重視和諧的人際關係。

外向思考（Extraverted Thinking）
改革家、執行者、系統主義者、應用科學家。頑固、武斷、多疑、實際、強勢，喜歡分析，嚴格遵循以知識為基礎的準則，並期待他人也能遵守。意志力堅強，完成目標的能力強大。美感與交友是弱項。最重視具體事實。

內向情感（Introverted Feeling）
保守、難以親近，安靜深沉，外表平穩，甚至冷漠，不喜歡討好或影響他人。我行我素，但強烈厭惡用激烈的方式表達情感。最重視內在的情感生活。

內向思考（Introverted Thinking）
學者、理論家，科學、數學、經濟學、哲學等抽象的思想家。如果他把自己的思想誤認為自己的人格，就會變得武斷而任性。不過他更容易低估自己和自己的心理作用。擅長分析，但是比外向思考類型更加寬容、更少批判，也更不會把自己的評斷強加在別人身上。重視理解。

凱薩琳的人格顏料盒是著名的MTBI四乘四人格類型表的雛型。

怕表格裡的專業詞彙嚇到讀者，所以特別請讀者放心。你只需要知道外向跟內向搭配實感、直覺、情感與思考，各具備哪些不同的特質，就能夠判斷哪一種類型是你的人格「主軸」。當讀者在人格顏料盒裡找到自己的「主要人格」（primary function）之後，也能找到與主要人格完全相反的「幼稚人格」（childish function），也就是「偶爾有用，偶爾是負擔，偶爾是叛逆的造反者」的人格。

在人格顏料盒的色彩之中，凱薩琳認為有一種顏色特別顯眼：直覺。對她來說，直覺是一個完全抽象的概念。她認為直覺發揮作用的方式看不見、嘗不到、摸不著，但人們卻經常十分肯定地說，直覺是成為天才的關鍵。愛因斯坦曾於一九二六年說：「一個新的想法以一種相當直覺的方式突然出現」[27]。而在這一年，凱薩琳鼓起勇氣寫了第一封信給榮格，後來她陸續給他寫了很多信。這封信讀起來不像仰慕者寫給偶像的信，反而像是嚴肅的調查。她請榮格說明「直覺」到底是什麼，以及他為什麼在《榮格人格類型》的第五四七頁說，直覺是「人類最高尚的天賦」。她認為從榮格的字裡行間可看出，他寫到直覺的時候熱情源源湧出。身為一位臨床醫師，這樣的疏忽相當罕見。[28]

凱薩琳向榮格坦承，他的奔放不羈令她感到既興奮又困惑。不是因為她相信自己屬於直覺類型（雖然她懷疑這是他們兩個的共通點），而是因為她認為雖然兩人相隔千里，她卻瞥見了榮格的靈魂。或許，她猜想，這是因為他特別尊重女性直覺。她過去從事嬰幼兒訓練時就曾思考過這項心理因素：當所愛的人身處險境時，女性似乎總是察覺得到。或許直覺就像愛自己的孩子一樣，是一種演化而來的天性。或許將會繼承地球的，是像他們這樣直覺類型的人。

她從未期待榮格會回答她的提問，因此收到榮格的回信時非常驚訝。榮格住在瑞士的屈斯納赫特（Küsnacht），他從這裡寄了一封長達三頁的回信，手寫的字跡又寬又斜，跟萊曼的窄小字母截然不同。多麼完美的行距！多麼權威、堅定的口吻！「親愛的女士，」他寫道，「我知道實感與直覺都是感知的『功能』。實感是對外在過程的感知，直覺是對內在過程的感知」。他說這些內在過程部分屬於心理，部分屬於生理，兩者都包含感官無法捕捉到的生命面向：心靈感應現象與幻想，無意識的各種幻覺。「直覺能看穿牆壁、彎過轉角，進入人類心靈混沌不明的最深處，」他寫道。雖然他說跟其他功能相比，直覺是「比較高尚」的功能，但是反思自己的夢想與幻想，以及它們為生命創造的可能性之後，他的「情感面」受到了觸動。「因此我才會發出那樣情感豐沛的感嘆，」他在信中對她說明，「我還沒乾涸到對人類心理的驚人事實提不起興趣。」[29]

❖ ❖ ❖

「著迷」尚不足以形容凱薩琳對榮格的熱愛。普通的著迷是遠遠地仰慕對方，僅屬於白日夢與滿足願望的程度。凱薩琳對榮格的著迷是主動的、積極的、有決心的。這種著迷填滿了她的生活，無論她是醒著還是在夢裡，而且這種著迷起初無傷大雅。她的下一篇也是最後一篇刊登於《新共和》的文章是〈從野蠻中升起〉(Up From Barbarism)，讚頌榮格對直覺的浪漫偏好。字裡行間的微妙之處，只有熟悉兩人通信內容的人才能察覺。

她在這篇文章裡詳述了四名兒童，他們各自展現不同的類型能力。亨利（Henry）的專長是實感，對觀察和模仿他人很有興趣。他最初要求的玩具是一支掃把，他用這支掃把模仿媽媽掃地。後來他又要了一輛玩具車，模仿爸爸開車。艾瑟兒（Ethel）的專長是情感，想要盡量維持人際關係的和諧。她渴望獲得關注，別人談論的事情只要與她無關，她都覺得「非常乏味」[30]。法蘭克（Frank）的專長是思考，完全理性的生活是他的目標，無論這樣的邏輯會使他顯得多麼笨拙或任性。長大後，亨利變成一個循規蹈矩的人，艾瑟兒非常自戀，法蘭克成了一個糟糕的丈夫和父親。

第四個孩子叫赫碧（Hebe），直覺類型。「主動力十足，讓人猜不透她接下來會做什麼。」「她喜歡發揮想像力的遊戲，而不是模仿類型的，」凱薩琳寫道，「她幾乎不需要玩具或玩伴。她有想像的朋友、國王、皇后、神祕的宮殿與虛構的冒險故事。直覺型的孩子理解力強，還不到上學的年紀就已可識字閱讀，使想像的世界更加豐富。她提出的問題驚人的充滿智慧，涵蓋各種領域，她對新的、未知的事物興趣旺盛。」這一段是她對伊莎貝爾的描述，創意直覺類型（在這個段落的初稿中，伊莎貝爾的化名不是赫碧，而是艾琳〔Irene〕。後來凱薩琳覺得「艾琳」聽起來跟「伊莎貝爾」太像，所以換了名字）。雖然她學習快速，但是她忽略了「生活的基本樂趣」。她「對自己鄙視的那些樂趣有一種模糊的、斷斷續續的渴望，這令她感到苦惱。」其實這說的也是凱薩琳自己，受到壓抑的直覺類型。

凱薩琳一邊寫這篇文章，一邊省思屬於內向直覺類型的自己，曾經如何壓抑她對享樂的渴望。一開始，她壓抑的方式是寫小說。她熬夜寫下與榮格和分析心理學有關的私密情色故事。最長的一個故事是名為〈來自蘇黎世的男子〉（The Man from Zurich）的短篇小說，敘事者是個叫做「斯特林」（Sterling）的男子，英俊、高雅，住在華盛頓特區，有嚴重憂鬱症。有一次他自殺未遂住進聖伊莉莎白醫院，碰到一個陌生人，這個陌生人使他擺脫永久住在精神病院的命運。這個陌生人是馬可斯醫生（Dr. Markus），一位歐洲俊男，是來自蘇黎世的分析精神學家。「起初，他是『來自蘇黎世的男子』，後來他是馬可斯醫生，再後來他就只是馬可斯，」斯特林心想，「他不知道自己在我心中宛如上帝，是嗎？多虧了蘇黎世現代心理學學院傳授給他的福音，我才得以『重生』。為什麼我不能把他當成我的造物主？」故事的前半部，這對醫生和病人同住在馬可斯的一房公寓，相處起來輕鬆愉快，一起外出用餐、一起喝酒，「避開敏感的同性之愛」。但是到了後半部的劇情高潮，兩人之間的情感張力變得幾乎令人難以承受。「我必須逃離馬可斯。」斯特林做了這個決定之後，他們在故事結束前，展開了一段漫長而痛苦的道別過程。[31] 凱薩琳把這個短篇小說寄給好幾家出版社，但是只有一家回覆。那位不悅的編輯告訴她，以同性戀做為恫嚇手段有失尊嚴，離題敘述榮格心理學的部分很無聊。收到這樣嚴厲的指責之後，她從此再也不寫小說。

寫故事遭受挫敗，於是她改變方向，開始寫歌詞與祈禱文來抒發自己的虔誠。她先改寫自己熟知的歌曲，例如一九三〇年代早期最受歡迎的狐步節奏歌曲〈流浪漢之歌〉（Song of the Vagabonds），被她改寫成一首讚美詩，叫做〈榮格醫生萬歲！〉（Hail, Dr. Jung!）。改寫的歌詞如下：

判讀徵兆與符號
榮格的證據嚇嚇叫
他了解人類
他了解亞當
他了解夏娃

像明智的老貓頭鷹，散發智慧光芒

往上，往上，意識即將出現

往上，往上，從原始的浮渣

個體化

是我們的目的地

愈升愈高，榮格醫生萬歲！[32]

她用客廳的鋼琴彈奏這首歌。一邊用手指彈出熟悉的三拍華爾滋旋律，一邊唱出自己寫的新歌詞，偶爾停下來修改。但是，有誰會唱她改編的歌呢？她要到哪裡才能找到唱詩班帶著狂喜唱出這首歌？

她似乎找不到人來唱。萊曼一如往常總是在工作，伊莎貝爾也已離家。這次女兒再度離開母親，是為了搬回去跟女婿同住，因為老大已存到足夠的錢，在史華斯摩買了一棟有山牆的漂亮房子。這次伊莎貝爾離家前，凱薩琳曾把自己的人格類型與育兒筆記拿給她看。凱薩琳猜想，女兒將成為幸福的妻子，很快也將成為幸福的母親。「她散發明顯的女性特質，這表示她極有可能只對經營家庭感興趣。若是如此，我決定把這些筆記傳承給她，供她參考，」[33]凱薩琳寫道。她鼓勵伊莎貝爾利用人格類型的詞彙來提升自己、改善她與老大的家庭關係。她相信老大屬於思考類型，而非情感類型，跟伊莎貝爾一樣。

伊莎貝爾把這句話牢記於心。離家前，她開始寫日記（很可能是應母親的要求），這本日記叫做《決定變得外向、書寫以及生很多孩子的內向者日記》（*Diary of an Introvert Determined to Extravert, Write, & Have a Lot of Children*）。就像母親曾為她記錄生活一樣，她在日記裡寫下日常大小事，而且用的是母親傳給她的人格類型詞彙：

寫完整的工作清單，每天寫一張
上午十點以前做完家務
寫作兩個小時
外出一個小時
自我提升一個小時：音樂、研究、朋友
每晚用肥皂洗臉
絕對不穿髒衣服[34]

註釋

1 "Personal."
2 John B. Watson, "Jung as Psychologist," *The New Republic*, November 7, 1923.
3 "Personal."
4 James, *The Varieties of Religious Experience*, 196.
5 "Personal."
6 Katharine Briggs, *The Man from Zurich*, Folder 29, Box 4329, KCB.
7 "Personal."
8 Katharine Briggs, "Out of Zurich," Folder 6, Box 4330, KCB.
9 Katharine Briggs, "Pleasure vs. Enterprise," Folder 21, Box 4331, KCB.
10 "Out of Zurich."
11 C.G. Jung, *Psychological Types* (Princeton, N.J.: Princeton University Press, 1971), 380.
12 同前, 377.
13 同前, 333.
14 同前, 335.
15 "Personal."
16 Katharine Briggs, "Using the Persona Idea," Folder 5, Box 4329, KCB.
17 Jung, *Psychological Types*, 364.
18 同前, 358.
19 同前, 347.
20 Katharine Briggs, "The Dream of Death," Folder 6, Box 4331, KCB.
21 Katharine Briggs, "Routine," Folder 23, Box 4331, KCB.
22 Katharine Briggs, "Meet Yourself: How to Use the Personality Paint Box," *The New Republic*, December 22, 1926.
23 Joseph Jastrow, *Plotting Your Life: The Psychologist as Helmsman* (Greenberg: New York, 1930), 361.

24 Alexander Pope, *An Essay on Man* (Philadelphia: McCarty and Davis, 1821), 17.
25 Benjamin Franklin, *Poor Richard's Almanac* (New York: Skyhorse Publishing, 2007), 58.
26 Ralph Waldo Emerson, *Journals and Miscellaneous Notebooks of Ralph Waldo Emerson* (Cambridge: Harvard University Press, 1965), 75.
27 Walter Isaacson, *Einstein: His Life and Universe* (New York: Simon and Schuster, 2007), 113.
28 Katharine Briggs to C.G. Jung, August 23, 1927, Hs 1056:1083, C. G. Jung Papers Collection, ETH-Bibliothek (Zurich, Switzerland). Hereafter ETH.
29 C.G. Jung to Katharine Briggs, September 13, 1927, Box 4331, Folder 16, Box 4331, KCB.
30 Katharine Briggs, "Up from Barbarism," *The New Republic*, December 5, 1928.
31 *The Man from Zurich.*
32 "Hail, Dr. Jung!" Folder 15, Box 4331, KCB.
33 "Minding the Baby's I.Q."
34 Saunders, *Katharine and Isabel*, 68.

4

成功的姿態
Au Unbroken Series of Successful Gestures

讓我們來看看另一張完全不同的自我提升清單。寫這張清單的人，是現代美國文學作品中最有名的騙徒：傑・蓋茨比（Jay Gatsby）。一文不名的北達科他州農場男孩詹姆斯・蓋茨（James Gatz），在籌劃如何變身成東岸富豪傑・蓋茨比的時候，在紙條上寫下每天該做的事。這張紙條在他死後不久被人發現。

起床
舉啞鈴，爬牆
研究電力學等等
工作
打棒球、做運動
練習演講、姿態，以及如何達成目標

研究重要的人類發明1

《大亨小傳》（*The Great Gatsby*）這本小說寫於一九二四年，跟伊莎貝爾開始寫《內向者日記》的時間差不多。透過這本小說，讀者得以一窺塑造人格的無形努力，這些努力會漸漸凝聚、合而為一。「如果人格是一連串成功的姿態，那麼他的姿態非常優美，那是一種對生命可能性的敏銳度，彷彿他連接著一台精密儀器，這台儀器能夠偵測萬里之外發生地震，」[1]作者費茲傑羅（Francis Scott Key Fitzgerald）如此形容蓋茨比，這個二十世紀最神祕難解的虛構人物。依照費茲傑羅的描述，人格既非天生，也不是固定不變，而是像地震一樣。人格是一個人每天精確校準自己的行為與活動數百萬次後的紀錄結果，是一個人與無法預測的無情世界不斷刻意邂逅之後，再將結果銘刻而成的人類樣貌。人格是靠一次次練習鍛鍊出來的，就像舉啞鈴與練習演講，也像是一場棘手的棒球賽，你必須跑得更快、手伸得更長，直到球不再脫離你的掌控。它是一個重複彈奏的音調，一個維持不變的姿勢，直到每一條肌肉都能動得既自然又輕鬆。

對蓋茨比來說，人格也是必要的虛構產物，一種滿足特定目標的招數。這個目標，就是累積財富、權勢與聲望。正如伊莎貝爾一九一八年夏季使出渾身解數慰勞老大與他的飛行員同袍，《大亨小傳》也為讀者生動描繪了人格如何發揮作用。蓋茨比用「帶著無比自信的罕見笑容」，換取位於長島海灣的豪宅、香檳派對，換取從他失散多年的愛人黛西（Daisy）口中聽見金錢的悅耳音符。當然，蓋茨比的下場滿悽慘的。他精心設計的人格最後變成危險而致命的招數。費茲傑羅筆下的這個故事，寫出人格無形的、想像的一面。這個故事告訴我們，隨著時間的推移，一個人可以如何拼湊與拆解自我，直到自我與某種固有的、永恆的、真實的東西，幾乎無法分辨。

甫進入二十世紀的前幾十年，心理學家大多嚴格區分「個性」（character）與「人格」（personality）。個性意指穩定、統一的內在自我，人格則是內在自我隨著社會情境改變的表現方式。「人格的規模大於個性，它是個性的強力表達，」[3]心理學家布里斯柯（Norris Arthur Brisco）在一九二〇年的一本小冊子裡如此說道。但是在當時的小說裡，「擁有人格」這樣的概念，跟把自己創造與重塑成一個令人信服的角色之間，具有密不可分的關係。

這是一種典型的美國技巧，可以從《大亨小傳》一路追溯到凱薩琳心目中排名第二的那本書：富蘭克林一七九一年描述自己白手起家的自傳。他在書中列出十三種能幫助讀者在這個新共和國裡發展自我人格的特質：節慾、靜默、秩序、決心、節約、勤勞、誠懇、公正、節制、乾淨、貞潔、平靜、謙遜。蓋茨比與富蘭克林一樣，他亦將功成名就，成為白手起家的美國人代表。「事實上，住在長島西卵村（West Egg）的傑・蓋茨比，來自他心目中那個理想的自己，」[4]費茲傑羅寫道。就此而言，這個虛構角色與這個角色的虛構人格，跟每個相信自己的人格可能源自想像的美國人毫無二致，而且男女皆然。如同井然有序的家與井然有序的婚姻，一本井然有序的小說可以建構它對人格的想像，以及人格應該如何被發掘、培養。

《大亨小傳》一九二五年出版，伊莎貝爾和凱薩琳都看過這本小說。伊莎貝爾是在新家看了這本書，凱薩琳則是在再度空蕩蕩的舊家。可以想見，這個故事令伊莎貝爾想起母親的計畫，她抄下詹姆斯．蓋茨的清單，模仿他的作法。模仿一直是她的強項，畢竟，藝術品的創作與人格的建立息息相關。身為一位優秀的小說家，費茲傑羅曾在寫給編輯的信中，透過強調書中角色喜歡的、有記憶點的特定物品，來描繪這個角色的人格：純亞麻布與厚絲綢襯衫，鋪滿玫瑰色與薰衣草色絲綢的更衣室。透過外在喜好可推斷出內在狀態。這是以審美的方式理解人格。

優秀的人格理論家會反向拆解虛構的想像。他清點一個人令人記憶深刻的喜好：喜歡絲綢，不喜歡棉；喜歡玫瑰色，不喜歡酒紅色；喜歡東方，不喜歡西方。再把這些喜好壓縮成一個複雜的、整合的自我形象，另一種虛構的角色。「或許沒有人比成功的小說家更了解人類的性格，」凱薩琳寫道。「若想鍛鍊理解力，或許沒有比嘗試創造虛構人物更好的方式。這些虛構人物應該是逼真的，彷彿可以從書裡走進真實世界，就像一幅栩栩如生的肖像畫。」[5]她放下費茲傑羅的小說，再度打開《榮格人格類型》，這次她帶著全新的決心，把發掘人格類型視為一種創意活動。「讓我們想像自己將要寫一本偉大的美國小說，故事內容早已在我們的腦海中醞釀多年，」[6]她在給女兒的信中寫道。

就像創造一個平衡的角色一樣，在最古典的意義上，人格類型的建立是一種美學上的專注。它讓人們有機會在追求「美、對稱與完整」時發揮創意，而不是追求打碎生活的醜陋與優柔寡斷。如同小說，人格類型的媒介也是語言。這種語言的風格包含《大亨小傳》裡的情感節奏，也包含伊莎貝爾在看過母親推薦的榮格作品之後，用榮格提出的人格創作的小說。不過，伊莎貝爾的小說不是母親期待的「偉大的美國小說」，足可與《榮格人格類型》相輔相成那種。她寫的是偵探故事與職場小說。凱薩琳瞧不起這種故事，認為它們既空洞又不正經，比不上她自己針對人格類型所寫的心靈與哲學作品。

伊莎貝爾用人格類型引導自己的寫作方向，而且後來她也鼓勵人們在發掘自己的MBTI時，做類似的角色創作練習。MBTI教導人們自我的專屬詞彙，鼓勵他們用一套新鮮、自由、真實的用語，描述自己的人生故事。人格類型把「外向」與「內向」之類的詞彙融入人們日常的自我思索裡，將「自我發現」的衝動與「創造自我」的意志結合在一起。人格類型的主體將會慢慢浮現（或似乎慢慢浮現），成為人們內在世界與外在世界的作者。但是在學習人格類型詞彙的過程中，它們會漸漸變成凱薩琳與伊莎貝爾設計出來的角色，承載這對母女在真實與虛幻的世界裡推廣的專業化觀念。

❖ ❖ ❖

如同傑．蓋茨比與富蘭克林，伊莎貝爾也是白手起家。她想從家庭主婦變身為小說家。巧合的是，在她看《大亨小傳》以及在《內向者日記》裡模仿蓋茨比寫下第一則日記時，這個渴望正好處於高峰。她以前也曾嘗試寫作，而且小有所成。例如，她曾寫信給凱薩琳在《女性家庭雜誌》的編輯愛德華．伯克，這封信在她十四歲生日時刊出。讀大學時，她寫過幾個劇本，還有一首詩曾刊登於《生活》雜誌。她寫過系列短篇故事，刊登在一本叫做《散落的種子》（*Scattered Seeds*）的兒童刊物上，是她在準備懷孕生子期間的創作。一九二五年她已懷孕過三次，其中兩次流產，一次早產。早產生下的女兒命名為安（Ann），剛被母親抱在懷裡就過世了。「她渾身發青，喔，小安安。」[7]這則日記只有一行。下一則日記是一首十四行詩的草稿，這首詩叫做〈玩具氣球〉（The Toy Balloon），是一個悲傷的故事，描述一個小女孩乞求母親給她一個玩具氣球，讓她抱著玩，但詩的結尾是：「它撞到母親的帽針，一眨眼／美麗的泡泡死去了。」伊莎貝爾在寫作中找到些許慰藉，但是她寄給出版社的詩與短篇故事都沒有獲得刊登。「我這輩子還有很多時間可以寫作，卻只有現在能夠養兒育女，」[8]她想。當母親是第一要務。

等了一段時間之後，她終於成為母親。經歷了焦慮的孕程，一九二六年她生下了兒子彼得（Peter）。一九二七年，她再度產下一女，同樣命名為安。她按照母親告訴她的方式養兒育女，也就是培養孩子的順從與好奇心。例如，孩子若在飯桌上插嘴，會被打屁股。孩子睡前唱兒歌若有先請求准許，媽媽就會說故事做為獎勵。她的教養方式獲得母親贊同。凱薩琳經常探望外孫，觀察他們剛剛萌芽的人格，為他們找到類型歸屬。這次她沒有使用以前發給鄰居媽媽的那張問卷。她認為彼得屬於外向思考類型，安和伊莎貝爾一樣，屬於內向情感類型。她在寫給兩個外孫的信中說：「你們的父母都是內向類型，你們兩個是一個外向、一個內向。這從你們還是小寶寶的時候，就很明顯了」。[9]她用「孩子一號」跟「孩子二號」來分別代稱彼得與安，也會叫他們「我的人類小狗狗」。「孩子一號才剛出生，就展現了明顯的類型特質。你快滿月的時候，我告訴你們媽媽這是個外向的孩子，二號出生後的情況也一樣。她出生才滿一個月，我就告訴你們媽媽二號是內向類型。」[10]她以為養兒育女已為伊莎貝爾滿溢的女性特質提供足夠的宣洩管道，女兒肯定覺得很幸福。

其實伊莎貝爾找不到合適的時間或場合，能向母親坦承孩子無法滿足她的渴望。她已擁有自以為想要的一切：一兒一女，一個外向、一個內向。但是她的日子卻過得煩躁不安。她想起自己童年與青春期的成就，她想知道那個版本的自己到哪兒去了。那個名列前茅的女孩（除了無足輕重的體育課），那個領導重要課外活動的女大學生，那個打扮成一片萵苣葉嘲諷教會的女孩，那個在心儀的男孩面前發表激動人心的演講、捍衛工人權益的女孩。那個女孩有時想成為劇作家，有時想成為政治學者，而不只是扮演妻子和母親的角色。

早婚的她曾沐浴在平靜的喜悅裡，只想當個賢內助，但現在她發現自己的想法變了。她渴望再度成為一個特別的人，一個名流千古的優秀人士。她渴望再度寫作。雖然最終使她成名的不是這些作品（外向與內向、思考與情感、實感與直覺，這些都是她母親創造的詞彙），但它們是角色創造與人格類型合而為一的第一步。

一九二八年八月，她看到《新麥克盧爾》月刊（*New McClure's Magazine*）公告舉辦第一屆懸疑小說比賽，寫出最佳作品的參賽者可獲得獎金七千五百美元，這是當時獎金最高的文學獎（相當於今日的十萬美元）。除了獎金，得獎者亦可獲得史托克斯出版社（Frederick A. Stokes）的出版合約，這是一家紐約的一流出版社。一開始，贏得比賽只是令她分心到無法好好照顧兒女和家務的念頭。她會心不在焉地隨便打彼得屁股，還會把麵包烤焦。漸漸地，這個想法徹底占據她的腦海，於是她決定花五個月寫完一本小說，以便趕上交稿期限。她試著在白天寫作，但總是會有一個調皮的幼兒坐在她腿上，或是兩個一起搶著坐在她腿上，敲打她的打字機鍵盤，阻礙寫作進度。她寄給雜誌社的書稿附了一份簡短而緊張的自我介紹，她開玩笑地用混亂的大小寫字母寫下：「劇情再怎麼恐怖，如果寫成這樣就一點也不嚇人了」（Even thE most feaRsome passage lacks impressiveness When wRitten like this.）[11]。寫作大多只能在夜裡進行，而且得等到掃完地、洗完碗、老大跟孩子們都入睡之後。「從晚上九點到凌晨三點，我擁有美好的、不受干擾的整整六個小時，前提是我能保持清醒的話，」她寫道，「我大致能夠保持清醒，但是有好幾次，我打字打到一半睡著了，垂下的頭撞到打字機上。」夜裡最漫長、最黑暗的這幾個小時是她的「飛翔時刻」。象徵的國度、想像的世界，將她從育兒及家務的責任中釋放。

伊莎貝爾將小說命名為《尚未到來的謀殺》（*Murder Yet to Come*）。主角是三位業餘偵探，人物靈感來自她在孟斐斯短暫的暑期打工以及她與老大的婚姻，這兩段經驗都使她渴望找到一種方法，能讓人們從事適合自己的工作。彼得・哲寧罕（Peter Jerningham）這個角色身材苗條、個性懶散、姿態優雅，職業是劇作家。哲寧罕的祕書約翰・麥克安德魯斯（John MacAndrews）猶如他的影子，個性注重細節。他是速記高手，負責為哲寧罕打字與回信，但是他心中偷偷懷抱著文學夢。這兩位偵探建構出一幅極似伊莎貝爾的自畫像：教養良好、多愁善感、有藝術天賦，選擇從事為他人安排生活的卑微工作。第三位偵探叫卡爾・尼爾森（Carl Nilsson），前海軍陸戰隊隊員，一位跟老大很相似的「真正的維京海盜」：「身材魁武，金髮碧眼，寬肩窄腰，方方的下巴。舉止從容，除非碰到緊急情況。說話不快，除非情緒憤怒。思考速度不及哲寧罕，但可以沉穩地一步步推導出結論」[12]。這三個人聯手調查發生在一棟老舊哥德式大宅裡的古怪事件。這棟大宅叫做凱恩史東大宅（Cairnstone House），裡面的居民角色直接取自柯南・道爾*和威爾基・柯林斯**的粗糙作品。一個有虐待狂的年邁銅製品商人，名字叫馬拉奇・川特（Malachi Trent），到了第三章就被三位偵探宣告死亡。川特可愛的姪女琳達（Linda）將繼承叔父的全部財產。凱切姆太太（Mrs. Ketchem），是位年老的女管家。印度裔僕傭拉姆・辛恩（Ram Singh），親眼目睹了主人在東印度群島交易受到詛咒的寶石。

母親對伊莎貝爾的小說評價不高，劇情毫無新意、平凡單調，再度證明伊莎貝爾的天分不在文學創作，而是文類寫作。也就是說，她有勤奮套用公式的能力，但無法超越公式。「如果她寫出天才作品，而不是她父親口中『還可以的故事』，就會跟我照顧她時得到的論點相反，也就是意志力與真正的天才並不一樣，」凱薩琳在日記裡寫下她對《尚未到來的謀殺》的看法。「天才級的文學作品來自無意識，就像做夢一樣。它很微妙，情溢乎詞，一般讀者無法輕鬆理解，往往連作者本身也無法完全掌握它的涵義。」[13]

不過，她應該看得出（或許她不喜歡）這本小說裡的人物，直接反映出她傳授給女兒的類型專業化理論。偵探三人組的每一個成員，都擁有伊莎貝爾曾向母親描述的男女之間「不同的天賦」。灰眼紅髮哲寧罕（內向直覺）擁有「敏捷的洞察力」，揪出殺死老川特的凶手。尼爾森（外向實感）採取「極度有效的行動」捉住凶手。麥克安德魯斯（思考）從容做出可靠的決定，使美麗的琳達不致陷入醜聞。[14]男性角色之間的友誼與合作關係因為人格差異得到強化，而不是變得緊張。每個角色都樂意接受自己的人格限制，並且在必要的時候把決定權讓給他人。這或許不是一本優秀的小說，卻是一本有先見之明的小說，也是一張幻想的藍圖，勾勒出十年之後伊莎貝爾將提倡的人格類型功能，在「職場」這本小說裡處理真正的「員工」角色，也就是為男性和女性分配適合他們的工作。（MBTI測驗的官網上有賣這本小說，因為它是伊莎貝爾的思想文物。官網上如此形容這本要價十五美元的小說：「偉大的角色推動偉大的懸疑故事，伊莎貝爾．邁爾斯對人格類型的掌握成了她的寫作助力。」）

一九二九年，《新麥克盧爾》月刊對參賽作品進行評審，第一名頒給《羅馬帽之謎》（*The Roman Hat Mystery*），作者是一位名叫艾勒里．昆恩（Ellery Queen）的年輕男性。其實這是一對表兄弟的筆名，他們住在布魯克林，兩人很快就成為美國最著名的懸疑故事寫作拍檔。但是，《新麥克盧爾》月刊在宣布比賽結果前夕宣告破產，被併入《時尚組》雜誌（*The Smart Set*）。雖然《時尚組》曾在一九二〇年代早期，刊登過費茲傑羅、尤金．歐

* 譯註：柯南．道爾（Sir Arthur Conan Doyle）是著名小說《福爾摩斯》的作者。

** 譯註：威爾基．柯林斯（Wilkie Collins），十九世紀著名懸疑小說家，代表作包括《白衣女人》（*The Woman in White*）與《月光石》（*The Moonstone*）。（source: wikipedia）

尼爾*與辛克萊・路易斯**的短篇故事，但最近才剛重新定位為美國的「年輕女性雜誌」，於是所有的參賽作品又重新評審一次。《時尚組》的編輯要求評審團選女性作者為冠軍，而且冠軍的想法與背景最好能吸引雜誌的主要訂閱戶，也就是二十五歲以上的已婚婦女。「你們想了解我？」伊莎貝爾在隨小說附上的自介中問道。「我三十一歲，已婚，有兩個孩子。這樣的生活如此幸福，有時候我都相當難以置信。因為，我知道自己很幸運。」[15]評審的投票結果很一致。《尚未到來的謀殺》獲得第一名，贏得獎金與《時尚組》連載的機會，以及一紙出版合約。

一九二九年二月二十六日，伊莎貝爾冒著下雪的天氣出門辦事，回到家時發現丈夫坐在廚房裡，手中拿著一份誤送到鄰居家的西聯電報（West Union）。電報裡只有一句話，雖然收件人是伊莎貝爾，但老大已經重複看了這句話五、六次：恭喜您贏得麥克盧爾有獎競賽[16]。當天晚上他們開心慶祝。把孩子送上床睡覺後老大輕聲告訴她：「我是崇拜你的僕人。」[17]他們一路慶祝到春天降臨。對伊莎貝爾來說，這幾個星期充滿了愛與仰慕。親友紛紛致電恭賀，電話響個不停。她還特地兩度前往費城花大錢購物，買了白狐狸毛披肩以及有腰帶的藍色套裝，做為接受記者訪問時的穿搭。一九二九年的夏天，記者果然來訪。《布魯克林老鷹日報》（*Brooklyn Daily Eagle*）刊登了一張伊莎貝爾的照片，她坐在自家前面的一張椅子上，腿上放著打字機，一手抱著彼得，一手抱著安，他們一左一右坐在椅子的扶手上，看起來氣呼呼的。照片下方的圖說是：「七千五百美元是一大筆錢……彼得跟安會幫媽媽一起花掉。」[18]《紐約時報》在〈書籍與作者〉專欄發了一篇專文，讚揚伊莎貝爾在寫作與家務方面的成就：「伊莎貝爾・布里格斯・邁爾斯的丈夫是克萊倫斯・邁爾斯先生，他在費城擔任律師。他們一九一八年結婚，當時邁爾斯先生是陸軍飛行中尉。他們有兩個孩子，一家人住在賓州的史華斯摩，他們家是棟爬滿長春藤的殖民時期房屋。邁爾斯太太花五個月的時間完成《尚未到來的謀殺》，寫作時間主要是孩子入睡後的夜晚。」[19]

聽到朋友說她現在「小有名氣」，是一個「知名作家」，她覺得很開心。所有的人都為她送上祝福，除了凱薩琳之外。她對女兒的成功一直不冷不熱，而且只對這本小說提供了冷淡的批評。[20]當伊莎貝爾請母親幫忙整理撰寫自傳的資料時，凱薩琳提供了二十二頁的刪減版《培育順從與好奇心的母親日記》，希望能證明她多年前的嬰幼兒培訓計畫，對伊莎貝爾現在的成功確實有幫助。「我很樂意盡力協助你，」她在給伊莎貝爾的

* 譯註：尤金・歐尼爾（Eugene O'Neill）是二十世紀初美國著名劇作家，一九三六年諾貝爾文學獎得主。（source: wikipedia）

** 譯註：辛克萊・路易斯（Sinclair Lewis）是二十世紀初美國著名小說家兼劇作家，一九三〇年諾貝爾文學獎得主。（source: wikipedia）

公關經理的信中寫道，「當她的母親是一件很有趣的事。」

價格兩美元的平裝本《尚未到來的謀殺》上市了，評價褒貶不一。費城《紀錄報》（*Ledger*）的書評說：「從頭到尾都精采！……令人毛骨悚然。」《檀香山星廣報》（*Honolulu Satr-Bulletin*）也給了好評：「雖然東印度僕傭、盜取印度女神的紅寶石、毒箭、催眠等老哽橋段不少，但經過巧妙設計後，給人一種初次相見的新鮮感。」[21]英國報紙對伊莎貝爾的小說較沒興趣，因為她用的那些比喻都是福爾摩斯跟白羅*的故事裡出現過的，英國人早就看到不想看了。《旁觀者》雜誌（*The Spectator*）的書評是：「一本四平八穩、公事公辦的驚悚小說，不同於科學類型的偵探故事，所以還能撐著看到結尾。」[22]《鄉村生活》雜誌（*Country Life*）說：「出乎意料的橋段有點太多，多到不可能令人完全感到驚訝。」[23]但真正重要的是，這本小說在半年內再版了七次，甚至在一九二九年十月股市崩盤之後依然暢銷。美國快速墜入經濟大蕭條之際，它穩坐美國和英國的暢銷書榜首。伊莎貝爾在賓州跟紐約的女性俱樂部接受款待，與她自認「小有名氣」的身分相稱。

可惜的是，她把大部分的獎金用來買股票，在金融風暴中有去無回。她投資了幾個名字很籠統的企業集團，例如「聯合創建者」（United Founders）」或「製造商投資公司」（Manufacturers Investment Company），這些公司的標誌一夜之間就從華爾街的股票報價機上消失。七千五百美元對個人而言不是小數目，但是對美國經濟來說只是九牛一毛。這一年的十月，美國短短兩天就損失了三百億美元。胡佛總統試圖安慰驚惶失措的國民，但是沒有成功。伊莎貝爾只能眼睜睜看著這些錢蒸發，她的計畫付諸流水。她原本打算把自己重新塑造成專業作家，在她選擇的領域裡功成名就，這是最適合她的工作。她想請保姆來照顧孩子，請傭人來整理家務，這樣她就能在自己的書房裡寫作一整天。但現在不可能了，也沒錢把彼得跟安的遊戲室改建成「真正的王國」，這原本是她打算在離家參加寫作營與演講的時候，送給兩個孩子的安慰獎。[24]當然，她的情況已經比許多美國人好很多。持續到一九三〇年代末的經濟大蕭條，使許多人失去了家園、工作與生計。而伊莎貝爾失去的，只是夢想。

衰運使她更加謹慎，自滿令她心生愧疚，於是她向母親尋求建議，向父親尋求金援。萊曼簽給擔憂的女兒一張支票，凱薩琳提醒女兒好好吃飯、睡覺，千萬別忘了榮格的教誨。「我給了她維持心理健康的建議，這些建議跟身體健康同等重要，」她寫道，「要注意不要自我膨脹。它可能會從許多方面巧妙地控制你，不光是本位主義，還包括得意忘形。」高舉自我，就是在「侮辱真正掌控你的人生的、更宏大的智慧。」[25]

＊ 譯註：赫丘勒・白羅（Hercule Poirot）是二十世紀初著名英國小說家阿嘉莎・克莉絲蒂（Agatha Christie）創造的角色，是一位比利時偵探。（source: wikipedia）

❖ ❖ ❖

什麼是掌控她的人生的、「更大的智慧」?若它真的會引導伊莎貝爾，它將帶領她走向何方?咆哮的二〇年代戛然而止。《尚未到來的謀殺》旋風式的成功、經濟大蕭條的財務打擊，在經歷了這一切之後，伊莎貝爾覺得「夠了、筋疲力竭、到此為止。我什麼都不再想，」她向母親坦言。她不想再寫書，也不知道自己能否寫得出來。[26]

但是她的紐約出版商從再版七次的《尚未到來的謀殺》賺了很多錢，也已經跟她簽了兩年的書約。出版商急著想知道，她的下一本小說何時會完成。「寫作速度比我希望的慢了很多。現階段我不可能承諾何時會寫完，」[27]這是一九三〇年她寫給出版商的信。她堅稱這是因為孩子占用她的時間愈來愈多，但其實兩個孩子帶起來愈來愈輕鬆。頂著淡金色的頭髮、漂亮又可愛的兩個孩子每天都會在學校待一段時間，不再像過去一樣滿屋子亂跑，高聲叫喊：「媽媽!媽媽!」無論伊莎貝爾是否察覺，她的情況其實是嚴重的寫作瓶頸。

她想知道自己的成就有多少是來自真正的自己，又有多少是來自反射，也就是她兒時訓練不知不覺產生的延伸。或許她根本沒有熱愛的事情，能讓她的人格與眾不同。或許母親的那些人格鍛鍊與練習，那些從女兒一出生就不斷培養的順從與好奇心，已經開始反撲。伊莎貝爾注定要成為一個半吊子的非專業人士，工作一個換過一個，只為了證明自己想做什麼都做得到。她希望能設法找到適合自己做的事。「我想寫書，」她告訴一位史華斯摩的朋友，「我想寫劇本。我想用全心全意、充滿藝術的方式扮演老大的妻子。我不想花費一整天跟難纏的場景或章節搏鬥之後，當個身心俱疲的妻子。」[28]但是，她的雄心壯志不是那麼堅定。她承認自己本質上是個「懶惰的人」。她喜歡悠閒的生活，只是這種喜歡「或許會被更大的慾望掩蓋，卻從未澈底消失。」

一九三一年夏天，她誓言發憤圖強。她帶著家人一起躲進費城郊外的森林寫小說，書名是《死亡追索的保證金》（*Death Calls for Margin*）。她的經紀人已經把書稿賣給勞倫斯・舒伯特・勞倫斯二世（Lawrence Shubert Lawrence Jr.），他是舒伯特三兄弟的曾外甥。李・舒伯特（Lee Shubert）、山姆・舒伯特（Sam Shubert）與傑可・舒伯特（J.J. Shubert），三兄弟一手將紐約破舊的百老匯區，改造成燈光閃爍、大城市戲劇產業的營運中心。勞倫斯二世已宣布要擴大家族帝國規模，到賓州試試新的劇碼。他得意地告訴《費城詢問報》（*Philadelphia Inquirer*），他要「把這座城市打造成原創戲劇之都，遵循紐約、芝加哥或波士頓的發展模式」[29]。伊莎貝爾的經紀人把劇本寄給他，這又是一個寫得很好的粗糙故事，劇情類似達許・漢密特*的作品《馬爾他之鷹》（*The Maltese Falcon*），描述一位私家偵探與美女之間的愛情故事。美女在第一幕雇用私家偵探，在第二幕跟他做愛，第三幕出賣了他。這部戲初次登台，是在史華斯摩的演員俱樂部（Players Club）。伊莎貝爾扮演這位擁有深色雙瞳、深色頭髮的蛇蠍美人，老大扮演實事求是的帥哥偵探。這是伊莎貝爾「用全心全意、充滿藝術的方式」履行妻子義務的一種作法。她認為，釋放新的人物到這世界上與看著想像化為現實，是最令人高興的一件事。

勞倫斯二世想在巴克丘瀑布月桂花季（Buck Hill Falls Laurel Blossom Festival）正式搬演這部戲，這是仲夏夜的慶祝活動，每年都會吸引數千人參加，包括費城市長與艾莎皇后一世（Queen Elsa I），她今年十六歲，是波克諾山區（the Poconos）現任的選美皇后。在夏季白晝最長的這一天，民眾在森林裡飲酒作樂。伊莎貝爾不敢在勞倫斯二世面前演女主角，所以她請芭芭拉·皮爾森（Barbara Pearson）來跟老大搭檔演出。皮爾森有一頭金髮，是耶魯戲劇學院的畢業生。在炎熱又曖昧的開幕之夜，伊莎貝爾在側廳包廂看著取代她的皮爾森在台上昂首闊步，愉快地對老大念出台詞（「要是沒有你，我該怎麼辦」），聲音裡充滿年輕美麗的誘惑力。她跟伊莎貝爾幾乎恰恰相反：年輕、白皙、未婚、外向，未來充滿希望與各種可能性。

伊莎貝爾一邊看著替補自己的女孩，一邊回想母親對人格類型的論述：她喜歡用這種方式打發時間，而且她不會嚴格遵守榮格的準則與信念。眼前的畫面使她突然發現，有一種角色互動的情況比她能在小說裡創造的任何情境都更加生動、更加緊迫，那就是

「家庭的類型學實驗室」。[30]這個名詞她是在幾十年之後想出來的，用來回答與人格類型的發展源頭有關的問題。人生的喜劇與悲劇，幾乎天天都在家庭裡上演。她認為婚姻與誘惑提供一個「最棒的情境」，藉由探索兩個人之間的慾望差異，發掘出他們的心理學類型。你最熟悉的人（丈夫、孩子）私密的內在世界，正是榮格理論最佳的試驗場。[31]

很快地，她決定放棄戲劇創作，理由是在經濟大蕭條最嚴重的時期欠缺製作經費。她重新投入自己最初選擇的專業：好太太。「婚姻？這工作很重要！請趁早開始。」這是費城《紀錄報》一九三二年對伊莎貝爾的介紹，她在這則報導中說自己「不是作家，也不是劇作家，而是妻子兼母親，學經歷都跟小說及舞台毫無關聯」。在報紙讀者的眼中，她不是咆哮的二〇年代成功、獨立的女性作家，像她在作者照片裡抬頭挺胸、披著白狐狸毛披肩的模樣，而是一個「非常現代，但本質上很傳統的年輕女性」。頂著短髮、領子拉高，耳垂與脖子上的珍珠閃閃發光。「當個滿足丈夫的快樂妻子，與溺愛兩個可愛孩子的媽媽，帶給她的意義遠大於踏入文壇得到的榮耀，」這篇文章如此寫道。[32]這篇文章後面也提及伊莎貝爾的觀念，亦即女性如果不想出門工作，可把婚姻視為一種工作機會，跟任何一種勞動並無二致。「我為自己的婚姻工作，我認為婚姻是生命中最重

＊ 譯註：達許・漢密特（Dashiell Hammett）是二十世紀著名美國小說家，以推理小說見長。（source: wikipedia）

要的事，」她告訴讀者，「我認為只要人們對待婚姻夠認真，為婚姻投注心思和努力，就像男人為了事業成功打拼一樣，婚姻一定會幸福。」不過，若事業成功是男人的責任，那麼婚姻成功就是女人的責任。這是「大自然的定律」。「我堅信人格類型理論，」她告訴讀者，「多數女性都是天生擅長經營人際關係。」

這些觀念不是她自己想出來的，而是借自母親的筆記。她第二次搬離娘家前，凱薩琳把自己寫的家庭生活筆記交給她。凱薩琳寫筆記的習慣不曾間斷。「婚姻哲學就是人生哲學，這幾乎是一種必然，」一九三〇年，她在伊莎貝爾即將搬去波克諾山區時如此寫道。「我即將提出一個肯定會引發爭議的理論，但我已做好捍衛這個理論的準備。科學仰賴男性智慧，婚姻仰賴女性智慧。」[33]即使一九三〇年代初已出現第一波女性主義與婦女選舉權運動，但當時大眾對於兩性關係的某些看法，在凱薩琳眼中正確得不容質疑。她說：「男性的成功，大致上取決於以疏離的態度對待外在世界的無情現實。女性的成功，大致上取決於她們對男性的個人影響。」萊曼跟老大都是擅長邏輯和數字的男性。她跟伊莎貝爾都擅長管控自己和他人的情緒。每段婚姻都是一個榮格的思考類型，配上一個榮格的情感類型：「魚跟金絲雀的結合。」[34]凱薩琳的形容很美，彷彿在為已成年的女兒寫一則新的寓言故事。

但是依照性別分類，不只是為了分配男性跟女性在婚姻中扮演的角色。對凱薩琳來說，這種分類代表著更廣泛的「分工合作，而原因無可避免地正是性別差異」，這是生命創造者與文化創造者之間的分工。「女性創造人類，男性在女性的協助下創造文明，」她寫道，「世界知名的文豪、音樂家、藝術家，通常都有人悉心照料與滿足他們的需求，例如藏在背後、全心奉獻的母親和姊妹、妻子或情人。所以他們能夠自由地把創意能量全都灌注在創作裡，而這種自由，是女性藝術家永遠得不到的。」[35]依照她的描述，女性渴望掃地、鋪床、洗碗、洗衣、生兒育女，這種強烈渴望是她心靈的主要吸引力。這股吸引力千真萬確，就像讓蘋果掉在牛頓頭上的地球重力。生孩子對每個「正常女人」來說，都是最大的渴望。不只是「想要孩子，也需要孩子，」凱薩琳說。選擇創作的女性要不是壓抑自己的生子渴望，就是必須在追求藝術的道路上承受「更大的人生缺陷」。一點益處也沒有。她們面對的只有痛苦與失敗，還有更悲慘的內心衝突。用榮格的話來說，這叫做心靈分裂（psychic disintegration）。

凱薩琳認為，這種男主外、女主內的自然人格差異，也能保持婚姻的樂趣。她相信每一段婚姻都會慢慢走到，雙方對彼此感興趣的張力鬆弛的那一天。夫妻從愛的狀態（瘋狂、神祕、耗費心神）走入枯燥乏味的狀態，這是彼此太過熟悉後一定會碰到的事。幸福家庭有一個共通點，他們會維持必要的適度張力，夫妻雙方一起努力，讓內心世界抱持神祕感。老大不需要了解伊莎貝爾的情緒責任裡有哪些錯綜複雜的因素，伊莎貝爾也不需要建議老大怎麼當個律師。凱薩琳的婚姻寓言想要傳達的啟示是，絕對不要把魚誤認成金絲雀，不要批判思考類型的人缺乏情感，或是批判情感類型的人缺乏邏輯，否則雙方都會因為比較而受苦。認同並接受彼此的類型，就是自願且樂意地遵守「生命創造者」與「文明創造者」的分工合作，發揮自己對生物必然性的掌控力，這種必然性在「商務關係，個人、職業和教育問題，以及婚姻問題上」都看得到。[36]

伊莎貝爾相信只要是她想做的事，她都做得到：寫書、寫劇本、為人妻、為人母。但是，凱薩琳的筆記動搖了她的自信。看著孩子在家裡奔跑、嬉戲、歡笑，丈夫下班後回到家，孩子會開心地跳到爸爸身上，她知道自己必須做出取捨，也知道自己會如何取捨。但在那之前，她不太認真地最後一次嘗試寫小說，主要是為了應付書約，不是為了創作。在這本她欠出版商的第二本小說裡，劇作家哲寧罕與祕書麥克安德魯斯（麥克）再度登場，算是《尚未到來的謀殺》的續作，書名叫《賜我以死》（*Give Me Death*）。在這本續作中，哲寧罕與麥克受雇於美國南方富有而熱情的達尼爾家族，因為家族中的男性繼承人總是在新婚夜過後自殺。兩位偵探檢視了達尼爾家族至今依然信守的南方聯盟榮耀、尊嚴與維吉尼亞州的驕傲之後，發現一個長期被壓抑的祕密：一封戈登．達尼爾（Gordon Darniel）寫的自殺信，他是家族裡第一個自殺的大家長。信上寫道：「我已經得到明確無比的證據，我的身體裡流著黑鬼的血。為了防止這件事曝光，我打算……這麼說好了……永遠離開。」[37]後來這封信證實是假造的，但光是婚姻有可能因婚外情被黑人血統汙染，就足以造成毀滅。尊貴的達尼爾家族的每個男子都會用家裡的骨董手槍指著頭，扣下扳機，留下受到汙染的血脈與可恥的祕密。一九三四年的美國仍有許多州施行反種族通婚法，伊莎貝爾知道種族不純的可能性（不是發現自己或配偶屬於不同的人格類型，而是不同的種族）會令讀者心生恐懼。

批評她的人不喜歡她對優生學的想像。「伊莎貝爾．布里格斯．邁爾斯很厲害，她寫的第一個懸疑故事就贏了大獎，現在她的第二部懸疑小說《賜我以死》也將問世。」《芝加哥論壇報》（*Chicago Daily Tribune*）先宣布這本書即將出版，再祭出諷刺的書評：「有一個南方家族，這個家族幾乎每個人都自殺，應該是也許會自殺，也許不會。總之，你知道南方人為什麼在面對可恥的祕密時會覺得有必要自殺，所以謎團裡的這個因素很早就暴露出來。」[38]《華盛頓郵報》（*Washington Post*）的書評說，伊莎貝爾的「自殺傳染病」為種族主義做了「過度用力」的辯解。[39]倫敦的《觀察家報》（*The Observer*）請求作者別再如此依賴「一種可能即將消失的偏見」。書評說：「我想提醒她不要因小失大。」[40]

但這些批評對她幾乎微不足道。反正她已經決定不再寫作，惡評對她來說根本不重要。她已擺脫寫作的義務，現在的她比過去更幸福。看著丈夫跟孩子的成長與變化，人生就很幸福了。如同凱薩琳的建議，全心全意扮演妻子與母親的角色，而不是當個忽略家務的女性創作者，於公於私都被罪惡感包圍，就是一種幸福。她自認已欣然接受自己的畢生職志。接下來，伊莎貝爾過了幾年平靜的歲月，母親與她的業餘愛好感受到的心理負擔，並未降臨在伊莎貝爾身上。

註釋

1 F. Scott Fitzgerald, *The Great Gatsby* (New York: Scribner, 2004), 173.
2 同前, 2.
3 Norris Arthur Brisco, *Retail Salesmanship* (New York: Ronald Press Company), 56. iv Fitzgerald, 98.
4 Fitzgerald, *The Great Gatsby*, 98.
5 Katharine Briggs, "Personal," Folder 20, Box 4331, KCB.
6 同前。
7 Saunders, *Katharine and Isabel*, 75.
8 同前, 86.
9 "Getting Ideas."
10 "Minding the Baby's I.Q."
11 Saunders, *Katharine and Isabel*, 85.
12 Isabel Briggs Myers, *Murder Yet To Come* (Gainesville: Center for the Application of Psychological Type, 1995), 12.
13 "Minding the Baby's I.Q."
14 Briggs, *Murder Yet To Come* (New York: Frederick A. Stokes), 12.
15 Saunders, *Katharine and Isabel*, 84.
16 同前, 83.
17 同前, 85.
18 "7,500 Is a Lot of Money," *The Brooklyn Daily Eagle*, April 23, 1930.
19 "Books and Authors," *New York Times*, December 15, 1929.
20 Saunders, *Katharine and Isabel*, 85.
21 "Murder, Much Murder, and Murder to Come," *Honolulu-Star Bulletin*, January 25, 1930.
22 "Books of the Week," *The Spectator*, March 1, 1930.
23 "Murder Yet to Come," *Country Life*, February 15, 1930.

24 Saunders, *Katharine and Isabel*, 97.
25 同前, 91.
26 同前, 83.
27 同前, 88.
28 同前, 94.
29 "New Play to Be Shown," *The Philadelphia Inquirer*, May 18, 1931.
30 Isabel Briggs Myers, "IBM MBTI history 74," Peter Geyer Papers, Melbourne, Australia. Hereafter PGP.
31 同前。
32 "Marriage? Big Job," *Philadelphia Ledger*, May 18, 1931.
33 Katharine Briggs, "Science as Male, Marriage as Female," Folder 37, Box 4330, KCB.
34 "Wifehood as a Life Work," Folder 37, Box 4330, KCB.
35 "Singles or Doubles (Woman and the House)," Folder 19, Box 4334, KCB.
36 "Invitation," Folder 19, Box 4334, KCB.
37 Isabel Briggs Myers, *Give Me Death* (New York: Frederick A. Stokes Company, 1934), .
38 "Mr. Quick Gets Fast Let-Down in Mystery Tale," *Chicago Daily Tribune*, October 20, 1934.
39 Theodore Hall, "No End of Books,' *The Washington Post*, November 2,1934.
40 "New Novels," *The London Observer*, December 9, 1934.

5 業餘心理分析師
Desperate Amateurs

一九二〇與一九三〇年代的許多分析精神學家，都對分析夢境很有興趣，凱薩琳也不例外。她設計了一套高度科學的分析方式。每天早上，她會從放在床邊的一疊索引卡中抽出一張，一臉期待地看著萊曼，等萊曼說出自己還記得夢境裡出現過哪些人、哪些地方，發生過哪些事。接著凱薩琳會幫萊曼的夢境寫一張「出場人物」名單，然後再幫每個人物找到更深層、更深刻的意義。如果碰到讓她覺得特別有啟發性的夢，當天早上她就會用打字機記錄夢境內容，並且花一整天的時間，在經濟大蕭條時期的報章雜誌、明信片和食譜上找合適的照片剪下來，具體呈現他夢到的畫面。在二次大戰爆發前的那幾年，她已用幾十本活頁剪貼簿記錄丈夫的夢，為他的無意識留下證據。

一九三〇年代中期，凱薩琳記錄了一個奇特而令人難忘的夢，她將之命名為「女性特質窘境」(An Embarrassment of Femininity)：萊曼跟凱薩琳與她的三個女性友人躺在同一張床上，他覺得自己必須在安靜而快樂的妻子面前「輕吻」這三名女子。[1]他完成親吻任

凱薩琳為萊曼的夢境做的拼貼畫：「女性特質的窘境」。

務之後就醒了，而且立刻感到羞愧難當。他向妻子描述夢境後，她認為自己的朋友躺在他們夫妻的床上，這件事與性慾無關。她告訴丈夫，不能用表象來解釋她們的存在，因為她們代表的是萊曼較脆弱的心理功能，也就是被他忽略多年的心理層面已開始萎縮，需要他的關注。第一位朋友代表直覺，渴望被接受。第二位與第三位朋友都象徵情感。她說萊曼是實感思考類型，所以只有在夢裡他才能欺騙自己的人格，也就是欺騙自己。

為了說明自己的論點，凱薩琳在一張鮮豔怒放的粉紅花朵照片上，貼了一張蒙娜麗莎的黑白照，照片上的蒙娜麗莎露出著名的曖昧笑容。在花朵照旁邊，她貼上一張畫，畫中是一對精心打扮的情侶，衣著高貴、髮型講究，兩人在一座玫瑰花園裡愛撫彼此。凱薩琳拒絕用佛洛伊德「令人作嘔的」理論來詮釋夢境，她做的這張拼貼畫散發一種奇異、美麗、受挫的創意能量。這股能量，這種由性、愛以及業餘夢境分析組成的非神性三位一體（unholy trinity），支撐著凱薩琳繼續為人格類型全心奉獻。

以「業餘」的詞義來說，她是最有前途卻也最危險的業餘人士。「業餘」的英文是「amateur」，源自拉丁文的動詞「amare」，意思是「愛」，不過是用一種膚淺的眼光去愛。凱薩琳熱愛夢境分析，也熱愛榮格的人格類型系統，但是在實際操作上，連她都不情願地承認自己只是略有涉獵的自學者。為《新共和》雜誌寫文章的工作結束後，她寫信給幾位曾經跟隨榮格做研究或雇用榮格做心理分析的女士，請她們把自己的筆記或諮商紀錄寄給她。其中一位收件人是知名美國肖像畫家瑪莉・富特（Mary Foote），她在一九二〇年代晚期關閉了紐約的畫室，搬到蘇黎世，記錄和發表榮格的研討會內容。此外還有羅莎蒙・克拉克（Rosamond Clark），一位尖酸刻薄的波士頓富婆，她曾與心理分析師艾絲特・哈汀（Esther Harding）及愛莉諾・波丁（Eleanor Bertine）一起在貝利島（Bailey Island）接待過榮格。貝利島是緬因州外海的一個夏季度假小島，當時榮格在島上舉辦為期六天的「個體化的夢境符號」研討會（Dream Symbols of the Individuation Process）。凱薩琳也曾寫信給克莉絲汀・曼恩（Kristine Mann），她是紐約分析心理學社團（Analytical Psychology Club of New York）的創辦人，也是美國首批榮格心理分析師之一。凱薩琳想請曼恩幫她做心理分析，她相信學習如何分析人格類型最有效的方法，就是讓自己成為分析的對象。「我和兩位同事已在紐約執業將近二十年，」曼恩在回信中寫道，「我們的收費是二十美元，諮商時間一個小時。但對於亟欲接受分析的病人，我們會盡力把費用調整到可負擔的範圍。」[2]

凱薩琳顯然沒有回覆曼恩的報價。她也想跟曼恩一樣成為自封的榮格心理分析師，如果曼恩可以在自家客廳提供心理諮商，她當然也可以。她完全沒考慮道德問題，這很合理。因為心理學家的執照與認證，要等到二十年後才會出現。就算她想要成為心理學專業人士，當時也沒有這樣的機制。凱薩琳考慮的只是如何把嬰幼兒培訓宇宙實驗室，順利變成一所心理分析機構。她將這所機構命名為「造物主宇宙實驗室」（Maker's Cosmic Laboratory），用來區分她更崇高的、成為心理分析師的新目標，以及身為一個母親的、更直接的目標。[3]

她為造物主宇宙實驗室準備了有形的工具及無形的觀念，在接下來五年內，這兩樣東西都在她和伊莎貝爾設計ＭＢＴＩ測驗時，發揮了重要功能。例如，她用索引卡記錄受試者夢境的基本主題（「陰莖」、「濕疹」、「裸體」、「車庫」、「船」、「孔雀」、「豬」、「犁」、「強姦母親」、「重生」、「復活」），然後在夢境主題與天生的類型偏好之間建立關聯：內向與外向、實感與直覺、情感與思考。[4]凱薩琳為朋友組織了一個夢境研究俱樂部，成員是女性鄰居，每週在她家聚會一次，討論自己夢境中的景象，並且在凱薩琳的引導下學習如何加強較弱的人格功能，讓自己「活得豐富而完整」。[5]她印了幾十份自己在《新共和》雜誌發表的人格類型表，分送給向她索取的人。更重要的是，凱薩琳堅信雖然自己是業餘人士，但只要立意良善，就能彌補缺乏嚴謹科學訓練的分析過程。後來當MBTI遭受科學家和統計學家的抨擊時，伊莎貝爾也是靠著這種「業餘者也做得到」的精神，避開了最嚴厲的批評。

凱薩琳發現從母親變成分析師的角色轉換過程，比她預期的更加容易。她認為人格類型的建立，比《榮格人格類型》裡的描述更加直覺。「你可以用任何方式嘗試詮釋夢境，把它當成一種暫時的假設，」她在筆記中寫道[6]。有次萊曼夢到一個體態輕盈、深色頭髮的西班牙舞孃，她正在教萊曼跳新舞步，凱薩琳把舞孃詮釋為「他的靈魂在照顧自己被忽視的感受」。她建議他「可以偶爾玩樂一下、放鬆一下，享受當下。」為了鼓勵萊曼縱情享樂，她把他們家的閣樓改建成撞球室，牆面是帶樹節的松木板，這是萊曼的耶誕節禮物。「舞孃在夢裡教他的新舞步，是他和他的靈魂之間的事，與我無關，」她淡淡地說，「但是，藉由稍微了解他的夢境，我可以送他一份我這輩子送過最成功的耶誕禮物。」萊曼吃完晚餐就會立刻上閣樓，直到夜深才下樓，隔天早上繼續開心地當妻子的實驗對象。他知道無論自己的慾望看起來有多可疑，比起批判他的慾望，凱薩琳更有興趣的是詮釋他的人格類型。

然而，凱薩琳很快就發現，她沒辦法靠寬容的丈夫與早已習慣這套作法的鄰居完成她最大的目標：一次一個人，影響人類的文明演化。她想要多接觸的人是「靈魂已墮落、飢渴、殘破、受損，」她在日記中寫道，是那些為了「幾乎令人難以招架的難解之謎」

而苦惱的人，這個難解之謎只有她解得開。[7]不只是因為這些人最需要她的幫助，她也需要借助他們來增進自己對人格類型的理解。在榮格的抽象理論之外，在真實世界裡，「內向神經質」或「外向歇斯底里」的人看起來、聽起來或感覺起來會是什麼樣子？她當年曾為不幸的母親敞開家門，示範她的實驗如何訓練出更好的孩子與更好的學生。這次她也將把自己分析的本領，用在那些還沒發現人格類型能把他們拖出現代生活的「原始殘渣」、進入啟蒙狀態的人。[8]

❖ ❖ ❖

馬里蘭州蒙哥馬利郡的瑪莉・薇娜珀・塔克曼（Mary Venable Tuckerman）今年十六歲，智商一四〇，討厭念書。她的情況很典型。出生在體面的中產家庭，母親烏娜（Una）是研究詩人華茲華斯（Wordsworth）的學者，父親路易斯（Louis）在國家標準局的溫度計測試部門擔任研究員。瑪莉幾乎天天都拒絕上學。就算到了學校也是經常心不在焉，埋頭閱讀她從圖書館借出來的奇幻小說。她每年都被留級。她沒有朋友，討厭父母，憎恨弟弟。她的弟弟小路易斯（Louis Jr.）像爸爸，對數學有興趣而且頗具天分。簡單地說，瑪莉跟每個難搞的青少年一樣，固執、沒禮貌，而且很可能有憂鬱症。一對沉浸在自身成就的父母，碰到這樣一個不完美的孩子，他們完全拿她沒辦法。

萊曼也在國家標準局工作，路易斯是他的下屬兼朋友。路易斯向萊曼傾訴了女兒的問題。凱薩琳曾在一九三〇年春天的一場派對上，跟塔克曼一家見過面。她對瑪莉的行為特別有興趣。瑪莉很任性，似乎跟伊莎貝爾完全相反，但凱薩琳告訴烏娜和路易斯，她本身仍是「珍貴的人格」。[9]根據她的人格類型表，瑪莉極度內向，很聰明卻躲進奇幻與童話故事的幼稚幻想裡，顯現出一種演化不足的原始狀態。她的人格在某些方面缺少充分整合。

凱薩琳用人格類型表與育兒問卷，診斷出瑪莉有「嚴重內向神經質」的情況，也就是澈底逃避現實。她告訴瑪莉的父母唯一的解方是讓她幫忙「把瑪莉跟生活交纏在一起」。但是在著手治療之前，她想先請教榮格的意見。「我缺乏專業訓練與經驗，只能仰賴我對分析心理學不太透澈的理解，我深深覺得自己任重道遠，」凱薩琳在信中對榮格提及瑪莉的案例時寫道，「由於我努力了解並應用您的理論，在某種程度上，她也可間接算是您的病人。」

但是她太過心急，不想等到榮格的同意才開始。或許是太害怕榮格會拒絕她利用他的支持，去換取這種具感染力的助人之樂。隔週，害怕又緊張的瑪莉被安排到標準局打工，擔任萊曼的暑期實習生。烏娜不會開車，所以瑪莉每天早上搭電車去上班，下午由凱薩琳去接她下班。她會刻意駕車穿過附近的公園或貝什斯達（Bethesda）的鄉間，晚一點才把瑪莉送到家，製造彼此熟悉的機會。瑪莉漸漸喜歡跟凱薩琳相處，還向她吐露自己從未告訴過父母的事。「我功課跟不上，還是班上年紀最大的學生，看見那些小孩子做到我做不到的事，真的丟死人了！」有一天她向凱薩琳哭訴，整個人頹喪地坐在副駕駛座。「我不敢求助，讓大家知道我很無知，嘲笑我！我寧願他們覺得我很壞，也不想讓他們知道我很笨。」[10]女孩的淚水令凱薩琳動容，她開始叫瑪莉「我的小朋友塔基」（my little friend Tucky）。[11]她相信下班後的對話，是她給瑪莉辛苦工作一天後的獎勵。這孩子的父母沒時間或沒辦法幫助她認識自己，這些對話是凱薩琳的慷慨給予。

她在下一封給榮格的信中向他保證，她完全沒有嘗試做任何分析，除了最直接、最無可指謫的那種。絕對沒有任何魯莽的作法。她只是鼓勵瑪莉分享自己從未向人透露的夢境，幫助她決定怎麼使用榮格的人格類型來解釋瑪莉的無意識人格特質。瑪莉的夢簡直就是神話故事！她的夢很像繪本故事，有金色的馬、聖地以及在黑暗中蟄伏的怪獸。凱薩琳把其中一個夢命名為「王子」，夢裡有個太陽神從蛋裡孵化誕生後，在地球最深的洞穴裡打造了一座耀眼的城市，這裡是有翅膀的神祇的家，他們有一天將主宰世界。還有一個夢叫「兄弟」，瑪莉醒來以後忘了夢境內容，但後來這個夢以詩的形式在瑪莉的意識裡留下深刻印象。她收到實習的第一張酬勞支票那天下午，心情激動地打開凱薩琳的車門，並決定要把這首詩唸給凱薩琳聽。

「我有一首詩！」她大聲說。「就在我腦海裡，但我還沒完全想起來！就快出現了，我想把它寫下來！」[12]

凱薩琳什麼也沒說。她開始慢慢地開車繞圈，讓瑪莉專注於內在世界，進入無意識，找出〈兄弟〉的詩句。身旁的女孩不自然地陷入沉默、動也不動。很像進入催眠狀態，凱薩琳心想。凱薩琳把車停在路邊，從包包裡拿出一枝筆跟一張索引卡，靜靜等待瑪莉說出符號與畫面。當山丘後方的太陽落下時，瑪莉用冷淡、抽離的語氣輕聲唸出詩句：

一個來自海洋深處的男孩
一個來自高山深處的男孩
我們在水邊相遇
建立友誼盟約

任何事都無法切斷我們的友誼
或破壞我們的兄弟情誼
因為我們是世代兄弟

我們的關聯超越血緣
種族與時間與空間與死亡
雖然會使我們分離
但我們仍是兄弟，直到地老天荒
手臂勾著手臂前進

我們出生於不同的種族
彼此都不了解對方
但我們相遇和付出，不需要
兄弟情誼的盟約

這首詩令凱薩琳目瞪口呆。詩中的每個畫面，都與伊莎貝爾（也是內向類型）同一個月稍早在餐桌上看見的奇特景象互相對照，當時她帶著孩子回娘家探親。彼得請媽媽幫他留一隻炸雞腿，雖然他暫時不想吃，但是他不想浪費這麼好吃的東西。

「別擔心，」伊莎貝爾笑著要他放心，「不會有東西被浪費。」說完就突然沉默，動也不動，摒住呼吸。她告訴凱薩琳「不會有東西被浪費」這句話，觸動她內心深處的某個地方。她眼前看見的不是布里格斯家的餐桌，而是一道狹長的礫石海灘。在海水與陸地交界處站著兩個男孩，他們合力握著一根結實的棍子。其中一個頭髮跟眼睛都是深色，皮膚曬得黝黑，身上只圍著一條卡其色腰布。他的頭髮裡糾纏著藤蔓與樹葉，證明他來自原始叢林，而非海邊。他的朋友閃耀金光，身材苗條。他很愛笑，每次笑的時候，都會用他兩隻帶蹼的腳朝另一個男孩踢水，濺起的水珠飛上天空，然後靜止不動如星星般閃耀。「他有一種王子般的貴族感，充滿文化與靈性，」伊莎貝爾告訴母親。凱薩琳把她描述的內容全都寫在索引卡上。「他對住在山裡的男孩微笑，雖然一山一海，但他們兩個是朋友。」凱薩琳告訴伊莎貝爾，淡膚色的男孩象徵內向與直覺，深膚色的男孩代表與之互補的外向與實感。

有沒有可能，凱薩琳心想，這兩個截然不同的內向女子以某種超越時空的形式連結在一起，而瑪莉的夢境為兩人打開了一條通道？她們之間毫無具體關聯，但凱薩琳相信，她能察覺到瑪莉與伊莎貝爾的靈魂在兩人無意識的共同幻覺中，彼此交織在一起。甚至有可能的是，有更多人看到相同幻覺，內向兄弟（瑪莉與伊莎貝爾是內向姊妹）跨越遙遠的距離互相發出訊號，就像散居海洋各處的鯨魚。說不定能建立人格類型社群。她不再任由思緒紛飛，重新發動車子送瑪莉回家。瑪莉下車時，手裡還拿著凱薩琳為她謄寫〈兄弟〉的紙卡。

那天晚上凱薩琳回到家之後，坐在廚房的餐桌旁給瑪莉寫了一封信。她認為，謹慎評估的時間已結束。瑪莉必須知道自己的內在發生了什麼事。「親愛的塔基，我非常喜歡你的詩〈兄弟〉，喜歡到我不知道怎麼告訴你這件事。但是，我會試著說明自己為什麼這麼喜歡這首詩。」[13]這首詩的意義遠超過瑪莉的理解範圍。凱薩琳請她把這首詩想像成一個可愛的小錢包，錢包裡有一個暗袋，裝滿珍貴的珠寶。對一個內在世界曾經貧瘠到無可救藥的年輕女孩來說，這個比喻深具吸引力。身為瑪莉的朋友，她有責任幫瑪莉打開這個暗袋，使她享受擁有珠寶的樂趣。她也必須用榮格的人格類型來解讀這首詩，這樣瑪莉才有機會進一步演化成新的自我，而凱薩琳可以把新的瑪莉變得堅強、閃亮、有價值。「我相信你的詩是一個寓言故事，你的造夢者把這首詩交給你，就像耶穌把寓言故事傳給門徒一樣，」凱薩琳寫道，「我相信它既是一個承諾，也是預言。我相信它把靈魂生命的私人祕密告訴你。」這首詩提到即將到來的改變，那是一場重生，瑪莉將會擺脫充滿忽視與失望的人生，她將不再是那個班上的老女孩，既傷心又愚笨，還是爸媽眼中的壞孩子。她相信榮格一定不會反對她的作法。

凱薩琳繼續開車接瑪莉下班，但現在瑪莉下車走進家門之前，她們會花點時間握著彼此的手，靜靜感受對方的存在。高二開學的前一週，凱薩琳帶瑪莉去自駕旅行。夜晚的公路在她們眼前無限延伸時，她們會玩一個榮格心理學小遊戲，凱薩琳把這遊戲命名為「意象」（imagery）。玩法是她先說一個單字，再換瑪莉說出這個單字讓她想到哪些畫面。接著她會讓瑪莉對這個單字的反義字進行聯想，然後比較哪一個單字對瑪莉的想像力影響更強。

「永生，」凱薩琳說。

「很暗，」瑪莉說，「只有勉強看得見的微弱照明。到處都有雜亂的石頭，其中有一個石堆特別高，上面坐著一個男人。他又強壯又英俊，散發一種平和寧靜的感覺，這種感覺極度強烈，少了它，畫面就會變得空洞。」

「死亡。」

「有兩個畫面。一個畫面是恐怖的人骨堆，不斷崩落在一個黑暗、潮濕、汙濁、散發霉味的洞裡。另一個畫面是王子。他平躺著，左手握著盾牌，右手放在身側，雙眼緊閉。他正在睡覺。」[14]

她們來到波克諾山區的夏令營，伊莎貝爾與丈夫、孩子也在這裡度長假，她正忙著寫《尚未到來的謀殺》的續集。這對母女一起觀察瑪莉，十六歲的年紀不大不小，她必須決定自己要跟彼得和安一起在桂花林裡奔跑，還是跟大人一起坐著喝冰涼的檸檬水，用嚴肅的語氣聊嚴肅的話題。她選擇了大人。那天下午，凱薩琳和伊莎貝爾帶她去吃午餐時，她容光煥發地宣布自己的頓悟：「我正在改變！」她大聲說，「我變得不一樣了！」[15]這就是凱薩琳想像中，造物主宇宙實驗室能促成的演化。伊莎貝爾仔細記下這件事。幾十年後，凱薩琳跟瑪莉在夜路上玩的意象遊戲，會發展為MBTI測驗最後的其中一個大題：反義詞組。考生從兩個反義詞中（例如「永生」與「死亡」）選出較能引發人格共鳴的詞。

❖ ❖ ❖

凱薩琳與瑪莉在波克諾山區待到桂花開始凋零才離開。她們花了漫長而疲憊的一週驅車返家，只有彼此為伴。對酷熱的八月、乾旱、世界大戰即將再度爆發的世局變化，她們渾然不覺。她們回到貝什斯達，瑪莉準備迎接新學年。

「你會想跟布里格斯太太接吻嗎？」凱薩琳送瑪莉回家後，烏娜問女兒。

「不會！」瑪莉生氣地說。「那會毀了一切。」[16]

但烏娜對凱薩琳跟女兒之間的關係愈來愈擔心。凱薩琳知道，在瑪莉自我發現的慘烈過程中，自己被描繪成反派。「我喜歡瑪莉，因為她允許我看見她的靈魂。她的靈魂雖然有點被寵壞卻依然可愛，而且深陷苦惱，」凱薩琳寫道，「父母跟老師只看到她塑造出來的、一個虛張聲勢、調皮搗蛋的角色。我從未看過這麼頑強的優越感情結。」凱薩琳在一位業餘心理學家和毫無所知的病患之間，建立了取代母女血緣的連結。她曾提醒瑪莉，認識自己可能是一個孤獨的過程。雖然會使你得到釋放，卻也將切斷你跟其他人的情感連結，告別過去的生活以及愛生命的方式。認識自己，意味著為自己的行為擔負巨大的、唯一的責任，這樣的責任可能會令你感到非常寂寞。但凱薩琳願意幫瑪莉分擔這份責任，也很高興瑪莉了解自我之後可能會感受到令她害怕的新喜悅。

烏娜不喜歡凱薩琳用這種邪教手段綁架她女兒。她曾經嚴重焦慮到要求凱薩琳停止輔導瑪莉。「她對於我幫助瑪莉又愛又恨，這很自然，」凱薩琳向榮格回報輔導瑪莉的進度時寫道。傍晚的駕車談心、夏末的旅行、瑪莉在黑暗中說出夢境，這些事都使烏娜心生懷疑。凱薩琳認為這是出於忌妒與偏執。當瑪莉被拉回原生家庭、失去聯絡之後，凱薩琳絕望地寫了幾封信給榮格，乞求他的協助。這次她筆下的塔克曼一家人，跟之前信中描述的完全不同。萊曼的朋友路易斯不再是頂尖科學家，而是一個「非常神經質的男人」，「聰明但不切實際，討厭並逃避責任。我認為他應該是內向思考類型，最極端的那種！」她的朋友烏娜也不再是富有文化素養的女性，而是一個瘋子，家庭裡的暴君，婚姻失敗卻又無法逃脫的傷心女子，所以她才會遷怒凱薩琳。就連瑪莉也不再是親愛的「小朋友塔基」，她語氣激烈地說她是「非常沒家教的女孩」，「自我中心又傲慢」，「跟她相處很累人」，「毫不優雅、毫無機智」。不過，儘管她在信中羞辱塔克曼一家，實際上卻不斷嘗試與他們聯絡。雖然已被回絕多次，她仍持續渴望提供協助。

出於對女兒的擔心，烏娜禁止凱薩琳跟女兒見面，並且帶女兒去看心理醫生。「一個極度仇視我的外向類型佛洛伊德派，」凱薩琳向榮格抱怨。她相信自己跟榮格正在聯手對抗烏娜與佛洛伊德，目的是拯救瑪莉的靈魂，而且自己才是正義的一方，跟上帝與內向類型的人站在一起。烏娜已被佛洛伊德提出的不恰當和異常性慾汙染，她站在邪惡的一方。「我親眼看見神與惡魔交戰，並震驚地目睹惡魔獲勝，」她寫道。她懷疑自己的英勇介入，多少觸發了這場戰役。「我擔心自己是烏娜精神錯亂的風暴中心，是迫害她的惡魔，導致她變成這副模樣。」

她一次也沒有想過自己介入塔克曼的家庭事務，可能會構成危險而嚴重的道德問題。二十年後，為了防止違反道德的情況，美國心理學會（American Psychology Association）譴責業餘心理學。但此刻凱薩琳仍是業餘心理學的擁護者，她和伊莎貝爾後來也將以此為憑藉發展人格類型指標。「心理學家直接宣稱或暗示自己具備認證範圍以外的專業資格，是不道德的行為，」美國心理學會於一九五三年寫道，「臨床或諮商服務必須仰賴健全的人際關係才能發揮效果，提供臨床或諮商服務的心理學家，應當察覺自身人格的不足，因為這可能會使他的評估產生偏見，或是扭曲雙方的關係。當個人的限制可能損及專業服務時，應當避免提供服務。」[17]但是在一九三〇年代，心理學領域尚無明確的執業準則，遑論公諸於世，也因此凱薩琳不認為自己有必要停止使用人格類型理論幫助瑪莉。「就算沒有心理分析師，」她寫道，「具備相當程度的內省能力或祈禱天賦的人，或許在任何夢境中都能掌握住重要元素。」[18]其實，她唯一的問題在於她（無可避免地）只是差勁的榮格代言人。榮格是她的上帝。「如果我能為全人類許一個願望，我希望世上能有五十萬個榮格醫生，以適當的距離分散在世界各地，」[19]她在寫給榮格的信中寫道。她正在等待榮格指示她如何處理塔克曼一家的問題，因為她已在他們身上花費許多精力。

但榮格的回信傷了她的心，他嚴厲譴責她的干涉作法。「你的努力得到這樣的結果，確實很遺憾，但這幾乎是個必然的結果，」他拒絕原諒她的劣行。「你的態度像過分強勢的基督徒，你**想要**幫忙，但那只是干涉別人的意志。你的態度應該是提供機會，對方接受與否都無所謂。否則可能會惹禍上身。這是因為人性並非本善，幾乎有半數的人類本性邪惡。」[20]只有盲目的人才會把糾纏當成解脫。她沒機會了解榮格給她的警告有多麼偽善。榮格本人經常沒有意識到「自身人格的不足」，導致他容易跟病患過從甚密，尤其是女性病患。凱薩琳只知道，她最希望能夠讚美她的那個人責罵了她。令她更加難堪的是，榮格在這封信的結尾輕輕補上致命一刀。她沒有提供足夠的回郵郵資，所以榮格必須自己貼錢。「萬一你還要寫信給我，」他最後寫道，「請考慮到國際郵件的郵資通常超過兩美分。」[21]

在自尊受損的情況下，她試著辯解是信仰影響了她的業餘心理學能力。是基督教信仰，而非對榮格心理學的信仰。他直指塔克曼一家是她「過度的宗教狂熱」的受害者，她說自己感到「非常震驚」。她在塔克曼一家面前只是「勤奮的居家婦女，努力過著被夢想引導的人生，也對這樣的經驗感到敬畏。」[22]如果這家人誤以為她是受過訓練的心理學家，那是他們的錯，不能怪她。她絕對不為這種誤解負責。若說這件事帶給她什麼教訓，那就是她的錯誤反而給她進步的勇氣。她最後寫上：「我不想重蹈覆轍，也不會因此退縮。」但其實她退縮了。她不再接觸塔克曼一家人，不再接觸榮格，也不再涉足分析心理學。

往後幾年，她帶著跟從前一樣的執著撰寫人格類型文章，只是她不再像過去夢想的那樣，追逐周遭那些「飢渴、殘破、受損」的靈魂。或許她發現，無論自己再怎麼仿效科學或精神醫學實驗室，在家裡能達成的目標總是有限。她一直以來最重視的角色（「妻子、母親、岳母、媳婦、家庭主婦」），沒有辦法在嚴肅的科學研究機構探討人格與人格類型的世界裡，占有一席之地。

一九三五年，她決定把兩間宇宙實驗室都結束。她想看看這世界會對榮格的人格類型理論造成什麼影響，也想看看自己能夠如何影響世界。

註釋

1 "Dream Diary," Folder 1, Box 4330, KCB.
2 Kristine Mann to Katharine Briggs, May 19, 1937, Folder 16, Box 4331, KCB.
3 "Candy for Jill," Folder 25, Box 4330, KCB.
4 "Dream Cards," Box 4334A, KCB.
5 "Candy for Jill."
6 "The Stuff of Dreams," Folder 40, Box 4334, KCB.
7 "Persona Versus Soul," Folder 28, Box 4333, KCB.
8 同前。
9 Katharine Briggs to C.G. Jung, December 8, 1930, Folder 16, Box 4331, KCB.
10 "Persona Versus Soul,"
11 Katharine Briggs to C.G. Jung, June 18, 1931, Folder 16, Box 4331, KCB.
12 "Persona Versus Soul."
13 "The Jewel Bag," Folder 19, Box 4329, KCB.
14 同前。
15 同前。
16 同前。
17 The American Psychological Association, *Ethical Standards of Psychologists* (Washington, D.C.: The American Psychological Association, 1953), 5.
18 "Personal."
19 Katharine Briggs to C.G. Jung, June 18, 1931, Box 4331, Folder 16, Box 4331, KCB.
20 C.G. Jung to Katharine Briggs, July 4, 1931, ETH.
21 同前。
22 Katharine Briggs to C.G. Jung, July 24, 1931, Folder 16, Box 4331, KCB.

第二篇

6 人類的科學原理
The Science of Men

一九三六年九月，與布里格斯家所在的華盛頓特區距離幾百英里的哈佛學院，舉辦了盛大的三百週年校慶活動。那年秋天有數以千計的訪客抵達劍橋，榮格也是其中之一。六十一歲的他勉為其難地從瑞士來到美國，站在雨中的三百週年戶外劇場，發表一篇與夢有關的演講。他會提到夢境中特別令人難忘的幾種可怕情境：電梯震動之後突然停住、無止盡地墜落、人類幻化成動物，以及動物幻化成神。榮格說，過去的主要心理治療系統是宗教。宗教對個人的精神狀態沒有耐心，藉由痛苦的「去個人化」來達到療癒效果。對天堂的救贖來說，承受巨大傷痛的重要性不亞於做好事或參加主日崇拜。相反地，分析心理學在乎的是個人感受與經驗，而且重視程度在美國社會前所未見。美國女性對這種關注情緒的觀念特別感興趣。「你無法用思考打發女人，也無法用思考了解女人，」他最後說道，「感受是唯一有用的方法。」[1]

這一年凱薩琳·布里格斯也是六十一歲，她千里迢迢來參加三百年校慶活動，希望能約到一堂榮格的私人心理分析療程。在榮格責怪她介入塔克曼一家的家務事之後，她曾經暫停寫信給他。但在她得知榮格即將造訪劍橋後，她又恢復與他通信。「我覺得你似乎是我在這世上最了解的人，但是做為一個人類，你對我來說並不真實，」她寫道。「我信奉你的作品為聖經已超過十五年，我無法想像沒有看過這些作品的自己，會是什麼樣子。」[2]目前為止，兩人的關係僅止於他的文字與她對這些文字的澈底崇拜。

但凱薩琳覺得還不夠。她想要「一個證明你確實存在的機會，」她告訴榮格。她想在他面前把夢境全部攤開，讓他檢視自己的無意識心智，並且對它朦朧的幻象感到驚訝。例如那些重複出現的噩夢，夢裡萊曼有外遇，還說外遇對象才是他「真正的老婆」。另一個常出現的噩夢是萊曼心臟病發作，在她面前倒下死去。第三個是她被困在一間嬰兒的寄宿學校裡，所有的寶寶都在嬰兒床上嚎啕大哭。她告訴榮格，她有一種宿命感，「強烈覺得自己受到引導，」前往一個未知的目的地。儘管《來自蘇黎世的男子》不受青睞，但她依然渴望像女兒一樣成為小說家。這股渴望強烈到經常使她感到空虛、脆弱，脫離現實。為了保持穩定，她開始設計另一張問卷，基本概念是她的外向與內向、思考與情感理論。這件事她只與自己的日記和女兒分享，不讓丈夫知道。「對自己來說相當於宗教的信念卻只能放在心中，是一件寂寞的事，」她告訴榮格。

更重要的是，她想設法把自己的業餘人格類型發揚光大。利用問卷、人格類型表、紙卡，以及她對靈魂堅定不移的決心，把榮格的福音盡量傳到每一個角落。結束塔克曼家的那場鬧劇之後，朋友們都鼓勵她的造物主宇宙實驗室重新開張，提供心理分析療程。她的夢境研究俱樂部人數超乎以往，有更多鄰里婦女渴望加入，一起「用夢境做實驗，以實驗為前提，假設夢境是與我們有關的『上帝的話語』。」[3]跟烏娜．塔克曼和她女兒內在的惡魔交過手之後，她用更嚴肅的態度看待自己身為分析師的責任。現在有一位「非常神經質的女士想把我變成耶穌基督，」她向榮格透露，「我似乎能幫助和拯救她。她的體重已增加十五磅（約七公斤），也慢慢了解自己的夢境，開始討論『嶄新的人生』。關於這樣的關係，我還有很多需要學習的地方，而且我必須盡快學習。」[4]她想要繼續幫助他人，但是有了「小朋友塔基」的失敗前例，她不知道該怎麼做。

榮格肯定會想到，這不折不扣正是他的老師佛洛伊德所說的移情作用：把情感、關愛、甚至性慾轉移到分析師身上。不過，他後來寫給凱薩琳的信中並未提到這件事（其實他對移情作用司空見慣）。「既然我將在哈佛停留三個星期，我想一定能找到為你諮商的時間，」[5]他如此回覆。因此凱薩琳才會在這個下著雨的秋晨，在小羅斯福總統（Franklin Delano Roosevelt）的致詞即將結束時，跟美國東岸的學生與士兵、教授與政客齊聚劍橋。她在日記中說，她記得當時自己有多麼討厭羅斯福，他是外向情感類型，在推動「羅斯福新政」（New Deal）時，喜歡用誇張的情緒強調「人權」比「財產權」更重要。[6]身為忠貞的共和黨員，凱薩琳投票支持胡佛，她認為自己屬於內向思考類型。儘管如此，她還是在哈佛園（Harvard Yard）忍受著羅斯福的演講，在一大群身穿黑色大衣、戴著高禮帽的男性中顯得格格不入，仍願意跟他們一起等待她的救主開示。她將在那天晚上的私人療程與他碰面。終於，她可以向榮格傾吐一切。

在三百週年戶外劇場聽演講的人也包括哈佛心理學診所主任亨利．莫雷。他是榮格的朋友，也曾是榮格的病患。莫雷是英俊、富有、活潑的新英格蘭人，經常開玩笑說自己在哈佛主修三個R：蘭姆酒（Rum）、划船（Rowing）跟戀愛（Romanticism）。[7]他比凱薩琳更習慣與成群喧鬧的男性為伍，但此刻令他苦惱的是他對榮格存有某些疑慮，也對分析心理學未來的應用存有疑慮，尤其是歐洲各國的執政黨正準備再度開戰。

莫雷猜想，這場戰爭需要的心理狀態評估，將不同於一次大戰結束後，榮格和他的信徒所使用的方式。「因為殘酷的法西斯主義已抬頭，我們可以攻擊它，並藉由攻擊它獲得力量，」[8]他在寫給朋友路易斯．孟弗德（Lewis Mumford）的信中寫道。可是他擔心「『advertistis』的前進之路」。「advertistis」是他自創的單字，用來形容給心理分析師帶來麻煩的自戀情結。這種自戀情結會導致他們與病人脫離社會與政治的世界，躲進唯我論的自我世界裡。莫雷認為這股安靜的邪惡力量，正在或已經腐化「美國的情感完整性」。「『advertistis』滲入耳朵、眼睛與神經，侵蝕神經節裡的重要部位，我們卻全然不覺，」

他警告孟弗德。他愈來愈覺得自己有責任找出，心理學可以如何阻止人類文明走向自我毀滅。

在這個下著秋雨的早晨，他和凱薩琳的生命尚未交會（但他們即將邂逅）。他們的人生在二十世紀上半葉猶如兩條平行線。兩人都在虔誠的宗教信仰裡成長，後來宗教信仰被榮格心理學取而代之。他們也都堅持用榮格的人格類型理論來證實自己的信念：人格是靈魂的範疇，而非科學研究的範疇。他們都在學習類型學的過程中，與榮格建立了一種奇特的性心理關係（psychosexual relationships）。這兩個人都認為自己屬於內向、直覺、思考類型，跟榮格一樣。

雖然他們有這麼多相似之處，但相異之處也不少。凱薩琳的實驗室從未完全脫離自家客廳；而莫雷在哈佛心理學診所的工作成果，已在經濟大蕭條結束之前為美國人格心理學的發展奠定了制度基礎。他在二次大戰之前與二次大戰期間，為人格心理學建立了前所未見的基礎架構。他在東岸各地成立研究計畫，訓練了數十名學生，舉辦人格測驗，分析各行各業的名人：文學評論家，例如布魯克斯（Van Wyck Brooks）；陸軍軍官，例如伊頓（Ralph Eaton）；小說家，例如葛德貝克（Eva Goldbeck）。莫雷還沒聽說過凱薩琳・布里格斯這號人物，也不知道她的二選一問卷、三乘五英寸索引卡與人格類型表。邁爾斯與布里格斯這兩個家庭在無人知曉的私人社交圈裡建構的人格類型，將藉由莫雷的努力成果躍入政治、商業與高等教育等公共領域。

不過凱薩琳和莫雷對人格類型在跳脫私人領域之後，可能（或應當）達成怎樣的目的並無共識。凱薩琳認為，進入公共領域會帶來救贖與社會效率的雙重問題。她相信了解自己的人格類型可以拯救靈魂，也能激勵一個人去做專業化的工作，進而促進文明。莫雷認為救贖跟專業化無法阻擋法西斯主義不斷逼近的恐懼，也不能對抗令政客得意自滿的唯我主義。他想設法把屬於個人的人格類型帶進政治領域，把討論人格類型以及如何衡量人格類型的廣大（而且經常是抽象的）學術對話整合起來，讓世界變成一個更安全、更公平的地方。對榮格的深入了解，使他發現，他和病人之間那種全心奉獻的醫病關係只是活在自己的小世界裡，無法戰勝「advertistis」。莫雷正在尋找有能力把人格類型拉進公共領域的新盟友。

他很快就會找到站在三百週年戶外劇場的那位女士，還有她的女兒伊莎貝爾。伊莎貝爾正在設計一份問卷，這份問卷會用貌似客觀、其實不然的自我詞彙取代榮格關注的親密關係，把人格類型變得平易近人。一九三六年的莫雷還沒聽過布里格斯與邁爾斯這兩個名字，凱薩琳跟伊莎貝爾也沒聽過莫雷和他的人生經歷。但他們即將相遇，他們各自的任務也將產生交集，引領人格測驗走入現代。

❖
❖
❖

莫雷與榮格相識於一九二五年，也就是《榮格人格類型》英文版上市兩年之後。當時莫雷剛取得醫學學位和哥倫比亞大學的生物學碩士學位。他認為自己具備科學思想，對流行的夢境分析跟催眠之類的無稽之談抱持懷疑。但是在讀過榮格的書之後，他對榮格充滿莫名的欽佩，這種在心中漫開的驚訝感受，他以前只經歷過一次，也就是初次看到小說《白鯨記》（*Moby-Dick*）的開場第一句話：「叫我伊西梅爾」（Call me Ishmael）。《榮格人格類型》就像是「慷慨回應默禱的答案」[9]，它是全方位的人格理論，使用簡單易懂、具說服力的詞彙，清楚說明人與人之間的相異與相似之處。這本書動搖了他決定行醫的自信。或許，他應該選擇心理分析做為畢生職志，而不是當個醫生。如此一來，他也能學會如何細緻入微地描繪人類靈魂的樣貌，利用人格類型與類型的組合，創造出動人而複雜的角色。

為了下定決心，他踏上一場朝聖之旅。一九二五年的復活節，他帶著心愛的《白鯨記》，出發前往榮格的居住地屈斯納赫特。兩人初次見面是在榮格的辦公室，裡面有精緻的老家具、裱框的畫、仰著臉的聖母瑪利亞與圍繞著她的女性聖徒塑像。在接下來的三個星期，他們會在陽光耀眼的午後，在蘇黎世湖上駕帆船。榮格詢問莫雷生命中的每一位女性：妻子喬瑟芬（Josephine），以及他渴望的婚外情對象克莉絲汀娜．摩根（Christina Morgan）。榮格對克莉絲汀娜比較感興趣，不是因為她聽起來跟小說裡的情婦一模一樣：聰明、美麗、極度神經質，而是因為做為一個藝術家兼業餘心理分析師，克莉絲汀娜同樣信奉《榮格人格類型》。莫雷在紐約的一場晚宴上與她相識，她轉過身，手裡拿著一根點燃的香菸，低聲問他比較欣賞榮格還是佛洛伊德。他把自己的《榮格人格類型》借給她。他當然知道把書借給未婚女性是帶有浪漫意味的舉動，但是借她這本書，是為了邀請她一起思索兩人的靈魂。莫雷問榮格，是否認為上帝會譴責他超出了基督教道德規範的渴望。

榮格對上帝沒什麼耐心。他說莫雷跟他一樣，屬於內向、直覺、思考類型。對他們這樣的男人來說，最重要的就是學會無視中產階級的是非觀念。他告訴莫雷，他必須學會「掌握自己的人生」[10]。某個早上，他們把船停靠在碼頭之後，榮格邀請莫雷回家喝茶。榮格想介紹妻子艾瑪（Emma）與情婦東妮．沃夫（Toni Wolff）給他認識，艾瑪是個盡責的妻子，偶爾也會幫榮格速記。榮格說這兩位女子在同一個屋簷下和平共存，各自扮演截然不同的角色。「我們可以把這兩種類型的女性歸類為『已婚母親』與『朋友兼小妾』，」[11]他說。母親照顧家庭跟孩子，小妾藉由激發性愛與理智方面的熱情，照顧你的性慾。有些男人會壓抑自己對朋友兼小妾的慾望，所以把她們驅趕到夢裡，就像萊曼的西班牙舞孃，只能在他的腦海裡熱舞。有些男人跟榮格一樣，把夢化為現實，從不因此心生罪惡感或後悔。只要掌握了人格類型，就能輕鬆擺脫這些煩惱。

莫雷只在蘇黎世湖上待了三天，就已看出榮格「對女性的高度情感投注」。他「愛慕、奉承」女性病患，以及更廣泛的女性大眾。[12]儘管如此，莫雷依然接受了榮格的建議，他決定要掌握自己的人生。他跟克莉絲汀娜成了戀人，他們一起讀榮格、梅爾維爾*、愛默生、威廉·詹姆斯的作品，一起討論他們如何把榮格的自我理論詞彙，變成現代人格心理學的基石。他們在黑暗中赤身相擁，輕聲低語：「以目前來說，延續榮格已完成的研究是最重要的事。束縛與阻礙心靈的陳腐態度猶如枷鎖，還有比這種枷鎖更大、更白的鯨魚**嗎？」[13]就在凱薩琳·布里格斯忙著寫〈認識自己〉與〈從野蠻中升起〉等文章，幫助引導人類擺脫原始衝動、成為啟蒙自我的那幾年，莫雷與克莉絲汀娜攜手合作，建立一門新的學科，闡述了解人格類型如何帶來徹底的自由。他們把這門學科命名為「人格學」(personology)，它的定義是「人類的科學原理」[14]。

人格學是一個大膽的、幾乎沒有邊際的計畫。它的目標是把一個人生命中所有的組件拼湊起來，很像凱薩琳跟莫雷都喜歡的偉大美國小說家和傳記作家，用散置作品各處

* 譯註：赫爾曼·梅爾維爾（Herman Melville）是小說《白鯨記》的作者。

** 譯註：《白鯨記》裡的船長亞哈伯（Ahab）認為這條鯨魚是邪惡的象徵。

的表情與動作、思想與感受，建構出一個完整角色。客觀與主觀領域裡的一切，人格學都能解釋。例如一個人的癖好、習慣與日常行為，無意識的性慾渴望，幼年時期與父母相處的經驗，事業心與工作環境等等。它試圖釐清複雜的存在，但並非簡化成粗糙的理論，例如華生的習得行為或佛洛伊德的性壓抑。「人格是一種時間上的整體，」莫雷在《探索人格》（*Explorations in Personality*）一書中如此寫道，「想要了解人格的一部分，就必須先了解人格的整體，就算是模糊的了解也可以。」[15]優秀的人格學理論家就像優秀的小說家一樣，把「自我」放在故事中心，然後在社會與歷史條件構成的密林中摸索前進，描繪出故事的主線。人格學理論家為不同的人格類型，建構不一樣的故事，包括飽受折磨的藝術家、無畏的領袖、熱愛冒險的創業家、平凡人。凱薩琳設計了人格顏料盒與常見性格的二乘四人格類型表：哲學家、預言家、探險家與改革家。莫雷則是為讀者提供完整的起承轉合，有明確的起點、中途與終點。

「紐約內向／外向俱樂部」（Introvert-Extravert Club of New York）是榮格的學生與病人回到美國之後，想要重現他們在瑞士自我發現的感受而成立的，所以這裡是個敘述自我的好地方。莫雷幾乎是因為開玩笑才加入這個俱樂部，當時他還沒去瑞士拜訪過榮格。但現在他把這裡當成人格學理論和方法的試驗場。他先請會員填一張心理分析問卷，比凱薩琳的問卷複雜許多：一大堆邏輯跟問題解決的題目、解讀圖形，還有跟智識偏好相關的問題。他請三十八位朋友填過這張問卷，包括記者利普曼（Walter Lippman）、詩人羅賓森（Edward Arlington Robinson）、精神科醫師賓格（Carl Binger）與紐約市警察局長柯恩（Alfred Cohn）。取得醫學學位後，他把實驗挪到哈佛心理學診所，並且在一九二八年成為主任。前一位主任是莫頓．普林斯（Morton Prince），他是美國心理治療學派的創建者，也是第一位發現多重人格疾患的心理學家，此案例收錄在他一九〇六年的著作《人格解離》（*The Dissociation of a Personality*）。莫雷跟朋友高爾登．奧爾波特（Gordon Allport）一起接手哈佛心理學診所，奧爾波特是美國第一個在大學開設人格課程的人。他們兩個聯手修改莫雷的人格學概念，使其幾乎成為每一種人本心理學（humanistic psychology）的制度先驅。他手下的臨床心理學家，都把研究重點放在人類的內在特性上：直覺、需求、生活型態。不同於一九二〇年代的行為學家、環境學家跟刺激／反應心理學家，他們注重的是外在因素。

莫雷發現自己設計的人格類型問卷，無法得到穩定的調查結果。一九三〇年代的問卷大多有這個毛病，其中有許多問卷的設計目的是判斷受試者有沒有神經性的或其他種類的異常人格，例如伯恩洛伊特人格問卷（Bernreuter Personality Inventory）、索斯敦人格問卷（Thurstone Personality Schedule）、伍德沃斯精神官能問卷（Woodworth Psychoneurotic Inventory）等等。莫雷的實驗結果令他備感沮喪，他說所有的「問卷都不可靠」，「受試者可能會刻意曲解問卷內容」。「他們可能對自己的弱點感到羞愧，或是想要討好實驗人員。有的受試者或許會半刻意地呈現特定的形象，讓別人對他的偽裝信以為真。但無論動機是什麼，受試者就是無法表達心中的完整真相。」[16]一九一〇與一九二〇年代，他跟凱薩琳各自忙著設計問卷。他在劍橋的研究室，她在自家廚房。他的受試者是紐約的社會與科學菁英，她的受試者是接受她訓練的幼兒的母親。他有很多接觸頂尖機構的管道，她則是意識到女性的人生成就有限。此刻莫雷想用不同的方式處理由問卷產生的靈魂標準版本。「但是，有生命的人格怎會甘心成為一種心理學的類型？難道人格類型並非固定不變，因此在某種程度上算是精神錯亂嗎？」[17]他問孟弗德。

克莉絲汀娜．摩根幫助莫雷找到了另一種作法。一九二六年，也就是凱薩琳開始寫信給榮格的前一年，克莉絲汀娜前往瑞士拜訪榮格。她親切地稱他為「老頭」（Old Man），並且請教他如何在強烈的情緒衝動（「激烈火爆」與「淡淡哀愁」）與人前那個八面玲瓏的自己之間取得平衡。[18]榮格沒有帶她去遊湖，而是幫她催眠。解開鑲著珍珠與皮毛的外套鈕扣，鋪在太陽底下。她坐在榮格的書房外，聽他說明靈魂和它的幻象，懇求她關注內在，如此才能像靈媒傳遞亡者的聲音般，收到靈魂的聲音。進入催眠狀態後，克莉絲汀娜開始看見幻象。一隻孔雀站在一個有光環的男人肩上，一個女人變形成一頭密特拉公牛（Mithraic bull），克莉絲汀娜自己在幻象中做了她絕對不會（也做不到）的事。她躺在自己的血泊中，她全身赤裸站在一個深色皮膚的男子面前，對方一直嘲笑她，那是個洪亮低沉的聲音，然後她變成一條蛇溜進附近的教堂，她爬上十字架，纏繞住耶穌的脖子。

她告訴榮格自己看見的幻象，當時已經有點愛上她的榮格說，唯有她的幻象才能幫莫雷解決人格學在方法論上碰到的問題。「你的作用是成就男人，」他說，「有的女性生兒育女，但能成就一個男人更加偉大。如果你能成就莫雷，就是為這世界做了一件了不起的事。」[19]榮格把女性一分為二，一種生兒育女，一種成就男性，但這種二分法並未使克莉絲汀娜驚訝或驚慌。他堅稱「女性談戀愛受苦，不談戀愛也受苦。」[20]既然受苦是必然的，女性最高尚的工作就是幫助男性充分了解自己的力量。就像榮格在《榮格人格類型》中列舉的希臘女先知、但丁《神曲》中的嚮導貝緹麗彩（Beatrice）與希臘謬思女神，女性為優秀男性扮演媒介的角色，就像靈光一閃或是「啟發」（inspiratrice，法語「啟發」的陰性名詞）。

克莉絲汀娜以非語言的畫面向榮格展現內在世界，莫雷感到非常神奇。他們討論如何利用她催眠後的幻象幫助她個體化，以及推進他的事業。幾年後，西西莉亞・羅勃茲（Cecilia Roberts）主動聯絡他們，她是拉德克利夫學院（Radcliffe College）的學生，研究異常心理學。她建議逆向操作榮格的實驗：分析心理學家不要詮釋受試者心中的畫面，而是為受試者提供畫面，請受試者根據這些畫面說故事。「故事跟夢境一樣，能為自由聯想提供很好的起點。」[21]

擅長素描的克莉絲汀娜畫了十九幅原創作品，莫雷在診所裡用這些畫進行實驗。這些黑白素描的創作靈感，來自莫雷從一九三〇年代初開始收集的肖像畫與照片，是一系列神祕的、熟悉的、怪誕的景象。例如一個女人上空躺在床上，一個男人站在旁邊，用手臂遮住自己的雙眼；一個女人靠在打開的門邊，雙手摀著嘴啜泣（或是在笑）；一個小男孩趴在一把壞掉的小提琴上，雙手沒精打采地捏著自己的臉。莫雷會給受試者一張圖卡，細看二十秒之後，再請他們為自己接下來的故事主角取名。取好名字之後，大部分的受試者會說一個略多於兩百字的故事，介紹基本劇情、配角，通常也會說說故事的寓意。

莫雷的假設是主角代表受試者本人，至少是「他過去或現在人格的某些部分，包括意識和無意識」；劇情代表對受試者的成長產生重大影響的「意識或無意識的記憶痕跡，或是某些真實或想像事件」。分析師的工作跟「自古以來的文學評論家」一模一樣，莫雷寫道。也就是去「蕪」存「菁」，找出證實受試者人格的符號、重複出現的主題與情感模式。莫雷在診所進行的人格類型實驗，跟凱薩琳母女在家裡做的敘事練習差不多，她們的生活裡充滿神話故事與小說。

在瑪莉對凱薩琳念出〈兄弟〉這首詩的許多年之前，凱薩琳早就考慮在她的嬰幼兒培訓宇宙實驗室用圖像揭露出無意識的人格。在哥哥亞伯特過世幾個月之後，伊莎貝爾發明了一種遊戲，凱薩琳說那是「一種看圖說故事遊戲，伊莎貝爾非常喜歡」。[22] 她會拿著一張圖片走到母親身旁，通常是從舊雜誌背面撕下的廣告。「圖裡的這個男人在幹麼？」她指著圖片中的男人問母親，母親只好發揮想像力。「他剛在一家很大的商店買完東西，現在要回家，」母親說。若女兒繼續提問，她就會繼續發揮想像力。「他有一個小女兒，他非常愛她。女兒在人行道上跌到了，打破了心愛的娃娃。她哭得好傷心，但爸爸說娃娃可以修好。所以他把娃娃送去店裡，換了一顆漂亮的頭。店裡的人把新的頭穩穩地裝好之後，會把娃娃直接送回來，這樣他的女兒就會很開心。」伊莎貝爾很高興，但凱薩琳沒有察覺到自己選擇的人物（傷心的小女孩、壞掉的娃娃、嘗試修復的父母）或許代表她不知道如何表達的喪子之痛。這是出人意料的角色逆轉，年幼的伊莎貝爾成了母親的分析師，宛若預示未來的徵兆。

這種無意識的揭露正是莫雷與克莉絲汀娜在設計「主題統覺測驗」（TAT，Thematic Apperception Test）時，想要達成的目標。這個測驗使用許多嚇人的、催眠的圖片。榮格對這對情侶的努力成果印象深刻。「你們能想出這麼多方法，實在令人驚訝，」他在給莫雷的信中寫道。莫雷坦言他之所以如此勤奮不只是因為「對TAT有特殊情感」，也要感謝從未獲得正式讚揚的共同設計者。「我很擔心這位年輕女子若得到機會，她所有的潛在魅力與才能將獲得精煉與展現，」他寫道，幾乎沒有提及她的聰明、勤勉或自我犧牲。[23]這段時間以來，哈佛心理學診所的專業實踐與私人慾望完美融合，對大家都有好處。

但是，在一九三六年哈佛的三百週年校慶活動上，榮格的行為令莫雷感到擔心。過去十年來，他曾對榮格吐露許多祕密。榮格很愛拈花惹草。他用笨拙而尷尬的方式對女病患表示好感，不少女病患因此成為他的情婦。他嘲笑其他心理學家，例如著名的法國兒童心理學家皮亞傑（Jean Piaget）。榮格與皮亞傑都來到劍橋參加三百週年校慶，莫雷舉辦了一場晚宴招待他們，榮格在晚宴上故意用法語對皮亞傑輕聲說：「孩子們，小寶寶們」（Les enfants, les petites bébés）[24]。一九三六年的秋天，歐洲戰事一觸即發之際，榮格的交際對象引發令人不安的耳語。據說他已離開蘇黎世，成為德國總理希特勒的首席顧問。這件事莫雷今年已從佛洛伊德那裡聽說。此時佛洛伊德已在接受癌症治療，並將於一九三九年死去。對於哈佛沒有頒發榮譽學位給他，而是頒發給榮格，他感到相當憤怒。

結束校慶演講之後，他堅定地告訴莫雷：「無論我做什麼、去到哪裡，大家都認定我是納粹，說我跟德國政府關係密切。我認為自己沒有偏執的迫害妄想症。」[25]他相信是忌妒他的美國心理學家，假造了他跟希特勒的納粹優生學家站在一起的照片。「我最近發現，從幾年前開始就有一張寫了我的名字的假照片被寄給維也納的各個科學學會。我手上有這張照片，它把我呈現成一個特別邪惡的猶太人。諸如此類的經驗可不是妄想。」但自視甚高的他也不否認，如果他有機會影響希特勒，他很可能會說服希特勒採取和平的作法，避免二次大戰爆發。「我最近得到來自德國的消息，證實柏特斯加登（Berchtesgaden）的情況不太好，」[26]這個小鎮位於巴伐利亞阿爾卑斯山，是希特勒的居住地。

榮格的醜聞使莫雷感到苦惱，他站在雨中，帶著憤怒與失望的心情聽榮格演講。若他遇見在觀眾席中的凱薩琳，或許會警告她不要跟榮格碰面，當然她肯定不會聽他的。她大老遠從華盛頓特區來到劍橋，還為榮格寫了一首歌，曲子是耶魯大學美式足球隊的戰歌〈布拉布拉〉（Boola Boola）：「榮格醫生來自阿爾卑斯山／澈底改造了耶魯教育，」她如此寫道，或許邊寫邊望向車窗外的紐哈芬聯合車站。「明智的、愚蠢的、博學的／如蠟般蒼白，卻又更蒼白！／因為他們已聽見偉大智慧的話語／從頭到腳都受到撼動／明智的、愚蠢的、博學的／都看見自己的心靈根源／布拉，布拉；布拉，布拉／布拉，布拉／布拉－布！」[27]

那天傍晚從哈佛學院俱樂部寄來的信她還留著，現在已經泛黃，摺痕也很舊了，顯然曾被一雙緊張激動的手多次打開又摺起。這封信通知她，榮格醫生被許多邀約纏身，無法跟她在劍橋見面。但是他增加了紐約行程，他將在紐約廣場飯店（Plaza Hotel）的宴會廳演講。他的妻子艾瑪也知道凱薩琳對榮格的高度景仰，她鼓勵榮格撥出時間跟凱薩琳碰面。他可以在下榻的大使飯店（Ambassador Hotel）客房，短暫地跟她見一面。她可以調整自己的行程嗎？凱薩琳同意了，她興奮到睡不著，整晚不睡寫了另一首歌，叫做〈他說出他們必須知道的事〉（They Got What They Needed to Know），這首歌借用的曲調是〈高空鞦韆上的男子〉（The Man on the Flying Trapeze）：「他們問榮格能否來紐約／他們為他安排了大廳跟幾支粉筆／眾人齊聚，請他開口／他說出他們必須知道的事。」[28]

延遲碰面反而是件好事。凱薩琳離開劍橋之前打了電話給伊莎貝爾，鼓勵她一起去紐約。她希望她們能一起跟榮格碰面，只是沒說明為什麼她希望女兒陪她去。或許是她覺得自己太老、太緊張，沒自信能在被她視為「上帝」的男人面前冷靜自持。或許是她想要一個見證人，能在未來講述他們會面的過程。無論原因是什麼，伊莎貝爾都清楚告訴母親，她之所以會陪母親一起去紐約，完全是為了滿足母親的一時衝動。她不喜歡榮格，也對榮格要說的話毫無興趣。後來有朋友問起那天凱薩琳與榮格在飯店會面的情況，伊莎貝爾冷冷地回答：「我不知道。我根本沒聽他們說話。」[29]

對凱薩琳來說，那是難忘的一天。「我終於認識老師本人，而不只是透過他的著作，」她在給榮格的信中寫道，用的是她從大使飯店偷拿的文具。[30]她向他坦言，她在還沒看過《榮格人格類型》之前就已設計了一套人格類型系統。但她後來燒了那些筆記，因為他的優秀使她汗顏。

「喔，你不該這麼做！」他親切地說，「說不定那是很重要的貢獻。」[31]

她受寵若驚。雖然她的想法沒有為榮格帶來任何幫助，但是她認為自己的錢應該可以。「從我們今天的對話中，我了解到您願意接受別人支持您的研究，」她把一張二十五美元的支票（相當於現在的五百美元）放進信封，支票上已有她字跡豪邁的簽名：「萊曼・布里格斯太太」。「若是您願意接受這張支票，我會非常高興，因為這讓我覺得自己在一件對全人類有益的事情裡，做出了些許貢獻。金額不大，但這是我的心意。」她對榮格表示感謝，然後幾乎是出於禮貌而補充說道：「我女兒也很感謝你。」[32]

飯店房間裡的那場會面細節雖然不得而知，但是跟凱薩琳與伊莎貝爾的北上之旅相比，或許根本微不足道。她們擺脫了丈夫與孩子的牽掛，闖入政治家、大學教授與工業鉅子的瘋狂世界。她們開始想像榮格人格類型理論的發展潛力，不只是女性的婚姻是否圓滿、能否養出成功又專業的孩子，而是在以有系統的方式研究人類時，不可或缺的工具。家庭與家人的親密關係曾經激發創意思考及自我實現，但現在反而限制了想像力，凱薩琳在日記中寫道。人格類型必須找到新的定位（或新的人），那是在歷史進程中更大、更有力量、更重要的東西。

跟莫雷一樣，凱薩琳把人格類型推向政治領域的初次嘗試，也是從二次大戰最迷人也最惡名昭彰的人物下手：希特勒。

註釋

1 Katharine Briggs, "Notes on Dr. Jung's Talk," Folder 15, Box 4331, KCB.
2 Katharine Briggs to Carl Jung, May 8, 1936, Hs 1056:4314, ETH.
3 "Candy for Jill."
4 Katharine Briggs to Carl Jung, May 8, 1936, Hs 1056:4314, ETH.
5 Carl Jung to Katharine Briggs, August 2, 1936, Hs 1056:4319, ETH.
6 "Pleasure vs. Enterprise."
7 Forrest G. Robinson, *Love's Story Told: A Life of Henry A. Murray* (Cambridge: Harvard University Press, 1992), 27.
8 Lewis Mumford and Henry Alexander Murray, *"In Old Friendship": The Correspondence of Lewis Mumford and Henry Murray,* ed. Frank G. Novak Jr. (Syracuse: Syracuse University Press, 2007), 190.
9 Robinson, *Love's Story Told,* 94.
10 同前, 125.
11 Claire Douglas, *Translate this Darkness: Christiana Morgan, the Veiled Woman in Jung's Circles* (Princeton: Princeton University Press, 1993), 134.
12 Henry Murray, "Notes on meeting with Jung," HUGFP 97.8, Box 1, Folder 1, Papers of Henry A. Murray, Harvard University Archives. Hereafter HAM.
13 Douglas, *Translate this Darkness,* 140.
14 Henry Murray, *Explorations in Personality* (New York: Oxford University Press, 2008), 4.
15 同前。
16 同前, 440.
17 Mumford and Murray, *"In Old Friendship,"* 67.
18 Douglas, *Translate this Darkness,* 159.
19 同前, 151.
20 Carl Jung to Henry Murray, September 21, 1931, HUGFP 97.8, Folder 1, Box 1, HAM.

21 Henry Murray, "Uses of the Thematic Apperception Test," *American Journal of Psychiatry* 107(1951), pp. 577-81.
22 "Extracts from the Diary of an Obedience-Curiosity Mother."
23 Murray, "Uses of the Thematic Apperception Test."
24 Paul Roazen, "Interview on Freud and Jung with Henry A. Murray in 1965," *Journal of Analytic Psychology* 48 (2003), pp. 1-27.
25 Paul Roazen, "Interview on Freud and Jung with Henry A. Murray in 1965," *Journal of Analytic Psychology* 48 (2003), pp. 1-27.
26 Carl Jung to Henry Murray, October 6, 1938, HUGFP 97.8, Folder 1, Box 1, HAM.
27 "Yale Boola," Folder 15, Box 4331, KCB.
28 "They Got What They Needed to Know," Folder 15, Box 4331, KCB.
29 Saunders, *Katharine and Isabel,* 100.
30 Katharine Briggs to C.G. Jung, October 2, 1936, Hs 1056:4319, ETH.
31 Mary McCaulley and Isabel Briggs Myers, "Making the Most of Individual Differences in a Changing World," PGP.
32 Katharine Briggs to C.G. Jung, October 2, 1936, Hs 1056:4319, ETH.

7 人格類型與政治

The Personality Is Political

凱薩琳・布里格斯一九三七年寫了一篇從未發表過的論文，題名為〈我的國家屬於你：領導崇拜〉（My Country 'Tis of Thee – The Cult of Leadership）。她在這篇論文裡用完全符合榮格心理學的方式，分析希特勒的人格類型。她在一張索引卡上，寫下希特勒屬於外向（E），而且是「過度且徹頭徹尾的思考類型」（T），把兩次世界大戰期間德國異常的「政治體制心理學」歸因於他的人格。她說希特勒充滿「政治野心」，一九三〇年代他取得政權，靠的是說服知識分子、科學家與政府官員放棄感性判斷，以及（據此延伸的）對他人的道德義務。「一切都有計劃並依計畫執行，是舊德國的特色。一切都很有效率、按部就班。計畫順利進行的前提是以基督教傳統為基礎的集體道德約束，」她寫道。但是在現代性成功排擠基督教的影響力之後，德國向全球示範了「若思考只由少數人負責，而且多數人因為失去傳統道德觀而產生幫派心態、不負責任，只能被自我膨脹的野心政客左右的話，」國家會變成什麼樣子。盟軍必須戰勝希特勒，幫歐洲恢復情感能力。[1]

比較一下她的論文，與莫雷一九三八年寫在紙卡上的筆記，這是他對希特勒的印象：

體態女性化：寬臀、窄肩
肌肉鬆軟，藏在靴子裡的雙腿很細瘦
中氣不足：聲音跟女人一樣尖細
走路像女人，步伐秀氣：步履做作、輕快
動作笨拙柔弱，手掌無力，四肢不協調[2]

希特勒體弱到無法下田幹活、入伍，甚至連馬都騎不好。這樣的一個男人，卻在一九三九年成為全世界最危險的人物。莫雷曾在許多失眠的夜裡翻來覆去，思考希特勒到底如何邁向成功。外型上，他像隻容易受驚的鳥，駝背，走起路來輕飄飄的，雙眼無神。至於情緒上，莫雷認為他的精神非常不穩定。只要事情發展不如他所想，就會大發雷霆、用力甩門，把自己鎖在巴伐利亞阿爾卑斯山行館的臥室裡生悶氣。等心情平復之後，再籌劃如何報復惹他生氣的人。他像個孩子，不像成年人。若依照莫雷的描述，希特勒「動作笨拙柔弱」、「步伐秀氣」，顯然一點男子氣概也沒有。

雖然外貌有許多缺點，但希特勒超越了凡人的境界。他在德國人民心目中宛如神祇，他們熱烈跟隨他走上二次大戰的戰場，後來在他下令消滅六百萬名歐洲猶太人時，也選擇袖手旁觀。要解釋一個外貌與情緒都很沒特色的人，如何慢慢變成近代人類史上最危險的政治力量，是當時心理學家最大的挑戰。

對莫雷來說，回應這項挑戰是愛國者該做的事。日本轟炸珍珠港，他急切地想要上戰場。已經四十歲的他戒菸戒酒，每天清晨就到查爾斯河（Charles River）划船直到黎明破曉，想像自己在法國戰場上抗敵。「我打算帶著良知報仇雪恨，不惜血染雙手，」[3]他在一九四二年給孟弗德的信中寫道。遺憾的是，莫雷的手一直沒機會染血。海軍後備隊跟戰時軍官選拔會（War Office Selection Board）都沒有興趣徵召他，偏偏哈佛心理學診所又充滿「反戰心態」，他向孟弗德抱怨自己幾乎不可能說服同事為戰爭盡一份心力。當戰略情報局（Office of Strategic Services，美國中央情報局的前身）請他為盟軍司令部整理一份希特勒的人格類型報告時，可以想見，他必定非常開心。這份報告的標題是〈阿道夫・希特勒人格分析、行為預測與交涉建議〉（An Analysis of the Personality of Adolph [sic] Hitler, with Predictions of His Future Behavior and Suggestions for Dealing with Him Now and After Germany's Surrender）。有趣的是，或許是出於小小的反抗心態，莫雷總是把希特勒的名字寫成「Adolph」，而不是正確的拼法「Adolf」。

分析希特勒的人格類型是一項非比尋常的任務，原因很多，其中一個是莫雷必須對希特勒進行遠距評估。他無法請希特勒填問卷、做主題統覺測驗，靠近希特勒絕無可能，連戰情局派駐在德國與東歐的祕密特工都做不到。凱薩琳曾為了理解人類的反民主思維如何變化，仔細爬梳了克萊與卡宏等十九世紀莊園主的傳記。同樣地，莫雷分析希特勒的方法也是閱讀。他看了康拉德・海登（Konrad Heiden）的《希特勒傳》（*Hitler: A Biography*，一九三六）、赫曼・勞施寧（Hermann Rauschning）的《毀滅之聲》（*The Voice of Destruction*，一九四〇），以及拜恩斯（H. G. Baynes）的《德國著魔》（*Possessed Germany*，一九四一）。此外，他也看了希特勒的《我的新秩序》（*My New Order*，一九四一），這本書收錄了他最具煽動性的政治演說。莫雷像個嚴謹的文學評論家，仔細研究希特勒的自傳《我的奮鬥》（*Mein Kampf*）裡的三千多個比喻。他反覆詳讀戰情局的機密報告，內容是訪談自稱曾與希特勒有過性關係的多名女性。

莫雷的希特勒人格分析在當時令人震驚，因為他推測希特勒有多種互相矛盾的特殊性癖。例如，莫雷猜他從十二歲開始就有「梅毒恐懼症」（syphilophobia），也就是對受到病毒汙染的血液感到恐懼，因為他被捉到「跟小女孩嘗試性愛」。[4]他可能有被動的同性戀傾向，據說他對麾下的納粹軍官心懷私慾。戰情局訪談過的女性指稱，希特勒習慣叫性伴侶蹲在他身上，待他一聲令下就往他嘴裡跟胸口用力噴尿。莫雷推測希特勒年紀很小時，曾撞見父親跟母親做愛。在接下來的三十年來，看到這種原始行為的震驚、背叛與屈辱慢慢滲入他的政治無意識。德國代表他的母親、祖國，歐洲代表他的父親。一次大戰結束後，父親強迫母親接受自己最低劣的慾望，剝奪她的自主權、她的尊嚴和自信。年幼的希特勒因為無法了解性交而留下心理創傷，從青少年時期漸漸成長為受委屈的德國之子，急切地想對父權歐洲展開報復。

這種猜測非常大膽，甚至不負責任，但是對莫雷來說，希特勒的心理側寫是重要的戰爭貢獻。希特勒迅速奪得政權，無法只用生理的或物質的原因來解釋。他不強壯、不富有，一開始也沒有權勢。因此他的竄起必然跟謹慎的自我創造有關，他用個人魅力投射的某種幻覺迷住德國民眾，這是費茲傑羅所說的「一連串成功的姿態」最黑暗的版本。一個希特勒是普通人（「微不足道，弱男子的原型，」莫雷在筆記中寫道），另一個希特勒是國家領袖，一個在公眾眼中他自己配不上的大人物。「人們眼中的希特勒並非他本人，而是一個可能說過或做過希特勒說過或做過的事的人物，」莫雷一邊研讀戰情局的報告，一邊快速寫道。他在另一張索引卡上列出德國人所認識的、各種面貌的希特勒：

親切和藹的希特勒，寬厚、善良的奧地利人，過度溫柔和謙虛

著魔的希特勒，演說時慷慨激昂

沒精打采的希特勒，筋疲力竭、軟弱無力

多愁善感的希特勒，會因為他的金絲雀死了而落淚哭泣
尷尬的希特勒，在陌生人面前不知所措
肥皂箱上的希特勒，雄辯滔滔
面無表情的希特勒，看不出個性[5]

莫雷不解，一個人如何同時扮演這麼多角色？看不出個性、卻擁有多種面貌的希特勒，可以同時接受並代表整個社會。他是俄國小說家索忍尼辛（Aleksandr Solzhenitsyn）後來所說的那種「自我型領袖」（Egocrat）：看似與政黨、人民和無產階級打成一片，卻依然跟他們壁壘分明的領導者，可說是某種偶像。莫雷相信，希特勒的偶像地位是他一開始兵不血刃就能贏得民心的原因，他只提供了民族榮耀的承諾以及種族宣傳。這種既黑暗又千變萬化的人格迷倒了每個德國人，於是他們在完全認同他的那一刻，也完全臣服於他的願景，把自己和德國的命運跟他那柔弱如女性的身體綁在一起。

藉由演講的力量，他為自己創造了一個公眾形象，一個人民的希特勒。他擅長使用令人陶醉的文字與粗俗的比喻。他高聲告訴群眾，是命運為他安排了「船長」的角色。只要清除猶太人與政治異議分子，德國就能成為地球上的「樂園」。[6]「在大批群眾面前演講的希特勒猶如著魔，很像原始部落的巫醫，」莫雷在報告中寫道。「他化身為群眾

沒有說出口的需求與渴望。以這層意義來說，他是被德國人創造出來的。他可以說是德國人集體發明出來的產物。」[7]希特勒的權力真實無比，而且是過度的、駭人的真實。但希特勒本人卻是集體虛構出來的角色，是社會大眾移情作用的交會點。在莫雷看來，他就像是一種公眾幻覺，跟偏執的亞哈伯船長一樣虛幻。亞哈伯是《白鯨記》的主角，這是莫雷最喜歡的小說。希特勒跟亞哈伯都具有一種「無形的惡意」，莫雷借用梅維爾的說法，描述「誇張的復仇心態」先腐蝕了兩人的靈魂，然後才顯現出來。[8]如果亞哈伯的惡意是導向那頭白鯨，把牠白色的駝背視為世上邪惡的跡象與象徵，那麼希特勒的白鯨就是猶太人、知識分子、左翼人士、右翼人士、英國人、法國人，以及過度放大的自由民主。莫雷認為，希特勒在潛意識中相信，要消除他的心理惡魔只有一個方法，就是賦予它們人類的形態。唯有如此，它們才會消失，也就是從地球表面被澈底消滅。「希特勒和他的同類將猶太人方便地當成『惡魔』的象徵，這一點無庸置疑，」凱薩琳在希特勒的夢境研究筆記中寫道，她在筆記中說他「毫無比喻能力」。[9]

對凱薩琳和莫雷來說，希特勒是一個驚人的人格類型案例。從自我的個人考量，變成把自我建構成新世界秩序的夢想家。「適當地詮釋希特勒的人格，對**了解納粹的典型心理狀態**，以及了解德國民眾的心理狀態來說，都是重要的一步。因為長期以來，典型的納粹表現出一種遍及德國的緊張情緒，」[10]莫雷寫道。一如德國，希特勒有一種過度補償的統治慾。他想要變強，因為他知道自己很弱，莫雷形容他「卑躬屈膝得令人惱火」。他極度蔑視猶太人，但據說他的外貌「很像猶太人」，尤其是在維也納求學時，趕流行留了落腮鬍的模樣。他支持強制生育計畫，相信家庭是孕育亞利安戰士的地方。但是他終生未婚，有謠傳他其實是性無能或同性戀。戰情局的報告說他「無法用正常的方式性交」。他心中充滿仇恨，助長了他對殘暴的崇拜。但是在做出異常殘酷的行為之後，例如一九三四年的種族屠殺，他「女性的一面」會突然爆發，陷入哭泣與歇斯底里。莫雷發現，面對政府逐漸加劇對猶太人的迫害，德國民眾的表現跟希特勒如出一轍。他似乎揮揮人格魔法棒，就能依照自己的形象改造全世界。

凱薩琳和莫雷對希特勒人格的關注，已經取代了對法西斯主義的、更適當的政治關注：中央集權、民族主義與民族優越感、大規模驅逐出境與種族屠殺。若不帶情緒地回顧這段歷史，或許會覺得個人魅力變成政治魅力居然如此容易，令人驚訝。但或許也沒這麼令人驚訝。時至今日，政治似乎依然與人格的呈現息息相關，而且這種關聯跟莫雷對希特勒的評估一樣粗糙，甚至更粗糙。多數人希望自己投票選出來的領導人是值得喜歡的，至少要是體面而有禮貌的，是你會願意邀請他一起喝啤酒的男性，或是會為你的孩子唸故事書的那種女性。有時候，違反一般禮節似乎比不公平或壓迫性的政策，更令我們震驚。

在道德上，人格的政治化沒有錯。這是現代民主過程的必然結果。民主制度邀請選民想像自己選出來的官員，就是自己的延伸，因為他們是選民的直接代表。在數十場集會跟演講中，站在台上的那副軀體（肌肉鬆垮、胸腔扁平、娘娘腔的步伐）代表的不只是德國大眾偏好的人選，也代表德國人私底下的生活：無能為力的感覺、歧視心態，以及為了接受德國在世上的不公地位，想出各種故事來自圓其說。

❖
❖
❖

如何殺死一個偶像？如何搶走他的光環與不朽？莫雷告訴戰情局，就算殺死希特勒也無法消滅他的偶像地位。若希特勒死在盟軍手裡，只會使他變成為德國人而死的殉難者。莫雷的分析報告針對希特勒接下來的行為提供了九種預測，從可能性最低排到最高。可能性最低的是希特勒被判入獄或是被自己的軍隊殺死，最高的是希特勒安排別人殺死自己。「這麼做會成全英雄的神話：由他信任的隨從殺死他，」莫雷推論，「齊格飛被哈根刺中背部而死*，凱薩被布魯圖斯刺殺**，耶穌被猶大背叛。這可能會強化士兵的狂熱，創造一個符合古代模式的傳奇。如果希特勒安排一個猶太人殺死自己，可以確信德國人一定會勃然大怒，把德國境內的猶太人屠殺殆盡。」[11]莫雷認為最有可能的結果是希特勒以戲劇化的方式自殺，在行館的堡壘裡用炸彈炸死自己、以火葬的方式燒死自己、用子彈射穿自己的頭，或是跨過女兒牆一躍而下。莫雷告訴戰情局：「儘管這不是我們樂見的結果，卻並非毫無可能。」

最好的結果是希特勒落入聯合國手裡。他會在結果早已決定的公開審判中被宣布心理失常，送進華盛頓特區的聖伊莉莎白醫院（Saint Elizabeths Hospital），這也是凱薩琳囚禁筆下人物的醫院。希特勒會在單獨監禁中度過餘生。精神科醫生團隊會天天對他進行智力與人格測驗，並且在評估過程中錄下他的行為。莫雷預測，希特勒會咆哮、怒罵、斥責每個人，甚至包括為他戰鬥和死去的德國人。殺傷力最強的片段將會在全球的電影院和電視機上播放，而且可能是循環播放。這些影片會戳破希特勒蠱惑大眾想像力的神話，也會對渴望奪權的人發出警告。這就是「妄想統治全世界的瘋子」的下場，莫雷如此描述盟軍不太可能實現的幻想。希特勒最終的身影將是毫無遮掩的，一個精神錯亂的希特勒。[12]

一段時間之後，這些影片會停止播放。希特勒將在牢房裡孤單等死，漸漸被人遺忘。「影片失去新鮮感之後，人們會對希特勒感到厭煩，」莫雷預測，「科學可以拆除任何戲劇化包裝。」

科學可以拆除任何戲劇化包裝。這是一句事實陳述，莫雷很容易相信這確實就是

「人類的科學原理」能做到的事。精準測量心理原因，冷靜計算心理結果，就能壓制人格研究固有的任何祕密。但是莫雷這份分析報告所展示的正是人格學空有戲劇性，不足以做為一種預測技術。沒有一種可靠的方式能用希特勒過去或現在的人格特質（欠缺安全感、虐待狂、仇外心態），去預測他未來自我的行為。這就好像在遊戲書《多重結局冒險案例》（*Choose Your Own Adventure*）中，選擇了非常黑暗的情節。莫雷預測了九個系列故事，有的故事裡希特勒活了下來，有的故事裡希特勒死了。其中一個版本是希特勒飲彈自盡，另一個版本是他獨自坐在牢房裡，等待成為世上最惡名昭彰的電影明星。

莫雷知道預測不準並非只發生在希特勒身上。人格學的預測能力（人本主義人格心理學的預測能力）根深柢固於它的敘事本質：只要你明確了解起點，應該就能繪製出過程與終點。「只要願意相信重複性與一致性的原則，它們能成為預測個人行為的依據，」[13]他寫道。他的診所同事大多不相信他們能在一個完整的人類身上，挑選出一組特質形成向量，再以這組特質為動力，推動他走過心理決定論的故事發展，最後把他定位在未來時空的某一個點上。在這個概念性的、類似小說的人格評估時光機裡，自我會保持完整，

* 譯註：齊格飛（Siegfried）是北歐神話中的屠龍英雄，喝水時遭下屬哈根（Hagen）從背後暗算而死。（source: wikipedia）

** 譯註：布魯圖斯（Brutus）是刺殺凱薩的人之一，留下名句「我愛凱薩，但更愛羅馬」。（source: wikipedia）

踏出時光機的另一頭時依然完好無缺。

〈阿道夫・希特勒人格分析、行為預測與交涉建議〉使莫雷明白，光是假設仍遠遠不夠。「心理學家該怎麼做，才能帶著一絲準確性去預測在遙遠的、非特定的、充滿未知的危險與好處的任何城市、鄉村、荒野和叢林裡，一個你幾乎毫無所知的人格與成千上百個非特定人格邂逅時，會發生什麼事？」莫雷自問，「人與人之間的互動，永遠不可能刪除……運氣成分。」[14]身為榮格心理學的信徒，凱薩琳對自我的一致性較為樂觀。她在希特勒的人格側寫裡，對希特勒及所有的政客與讀者發出一項警告：「別忘了你只是一種類型。也別忘了運作（或試圖運作）這世界的人也都是一種類型。」只要能夠找出政客所屬類型的弱點，就能找到方法推翻這個政客與他的政治王國。

莫雷忙著寫報告的那幾個月，成千上萬的猶太人遭到逮捕被送進集中營。隨著希特勒的行為愈來愈不穩定，戰情局擔心德國情報單位已經想出打敗美國心理學專家的對策。人命危在旦夕，莫雷只好日夜趕工。他想出多種情境，目的是設計希特勒走入戰情局想要的結果。「從現在到休戰之間，」他寫道，「我們的目標應該是一、加速希特勒的心理崩壞，或是把他逼瘋，或是二、防止他用戲劇性、悲劇性的方式結束生命，使自己成為永恆的傳奇。」[15]

莫雷說，戰情局有好幾種方法能防止希特勒自殺，並且把他逼瘋。例如空投大量傳單與宣傳手冊，警告德國人希特勒企圖自殺，任由他們被盟軍宰割。也可以出版聳動的漫畫，內容是希特勒衝向德國前線。或是付錢給外國報社，請他們出版時用「假預言家」、「假救世主」、「二流戰略家」、「撒旦化身」跟「世界頭號戰犯」來取代「希特勒」這個名字。以子之矛攻子之盾，用粗俗的比喻來詆毀希特勒。

莫雷詳述的情境之中，最複雜的應該是發動假新聞攻勢，騙希特勒主動投降。作法是戰情局先在德國報紙上發一則新聞：萬一盟軍獲勝，納粹官員全都會被處決，除了希特勒之外。他會被流放到聖赫倫那島（Saint Helena），也就是拿破崙死前居住的小島，他被下令在島上「用餘生反省自己的罪」。「希特勒應該會喜歡這個想法，他非常崇拜拿破崙，也知道拿破崙的傳奇是他在聖赫倫那島生活的最後那幾年建構出來的，」莫雷在信中如此建議戰情局。「他會想像自己在那裡寫生、寫新的聖經，為三十年後以他之名發動的、更偉大的德國革命制定計畫。」希特勒肯定非常喜愛這種有格調的流放，所以他會投降。只是投降後他會發現自己的歸宿不是聖赫倫那島，而是聖伊莉莎白醫院裡某個鋪設了軟墊的牢房。

在接下來的戰事中，戰情局會根據莫雷的心理評估對希特勒發起祕密宣傳戰。當然，他們沒有成功騙他投降，也沒有把他送進聖伊莉莎白醫院。一九四五年四月二十九日，盟軍橫掃德國，蘇聯軍隊挺進維也納與波蘭，德國軍隊只好放下武器。隔天，希特勒把自己、妻子伊娃．布勞恩（Eva Barun）和他心愛的德國牧羊犬布隆迪（Blondi），一起鎖在柏林總理府的地下掩體裡。他先吞下一顆氰化物膠囊，再用一把大小適中的軍用手槍自殺。沒有火堆，沒有炸藥，也不是從行館一躍而下。人格學猜錯了結局，或許連開頭跟過程也都猜錯了。

對凱薩琳．布里格斯來說，只有一個人比希特勒更危險，那就是小羅斯福總統。他跟希特勒同屬外向人格，但希特勒是情感類型，他不是。她在戰時整理的剪貼簿裡沒有來自敦克爾克或史達林格勒的軍情報告，沒有被救出的戰俘名單，也沒有勝利的美國大兵照片。她的剪貼簿裡保存了幾十本譴責羅斯福「國家社會主義」的宣傳手冊，強調他的人格弱點，質疑他並不適合擔任戰時領袖。[16]關於這一點，老大又跟岳母意見相左。「無論他在和平時期犯了什麼罪，羅斯福這個人展現出自己不想只用雨傘對抗希特勒的意圖，」[17]他在給當地報紙的投書中如此寫道。寫這篇文章時他已知道凱薩琳為歐洲戰場的主要人物做了怎樣的人格分析，所以他藉此迂迴譴責凱薩琳的政治意識。

布里格斯家的人也參與了二次大戰，但不是透過人格類型的政治化，因為凱薩琳寫的那些希特勒分析文章從未發表。一九三九年，小羅斯福總統邀請已經擔任標準局局長五年的萊曼，擔任鈾顧問委員會的主席（Advisory Committee on Uranium）。大約就在美國加入二戰的同時，世界三大物理學家愛因斯坦、費米（Enrico Fermi）與西拉德（Leo Szilard）

發現「鈾235」這種濃縮元素是可分裂同位素，也就是一種能持續核鍊反應的物質。「這種現象也可用來製作炸彈。我們可以想像（但仍未確定）用它製造出威力極強的新型武器，」愛因斯坦警告羅斯福。「有鑑於此，您或許會認為美國政府應當與美國研究核鍊反應的物理學家，維持穩定的聯繫。其中一個可行的方式，是把這個任務委託給一個您信賴的人。」[18]羅斯福把這項聯繫工作交給萊曼，他自己則是與顧問忙著決定美國是否要在世界進入原子時代之際推波助瀾。一九三八年，莫雷預測改變世界的核子武器開啟了「全球核武」年代，一個「死亡威脅揮之不去的時代」。[19]

萊曼參與顧問委員會使布里格斯家陷入驚恐。雖然凱薩琳有志於找到現代社會秩序與心靈之間的平衡點，但是她對日復一日的政治密謀感到既恐懼又厭惡。「現代社會最可悲的景象，就是群眾把『政府』當成祈禱對象，想從政客身上得到救贖，」[20]她在評估希特勒的文章中寫道。她對羅斯福沒有耐心。羅斯福的集中計畫和管理，只有希特勒的極權野心能與之匹配。她確定羅斯福已經決心要製造原子彈。她告訴萊曼，羅斯福指派他加入顧問委員會只是一種拙劣的手段，目的是要對科學家施壓，要他們拿出科學證據。如此一來，他就能在國會及美國人民面前合理化自己的決定，也就是訴諸他們的實感與思考，聽任經驗主義橫行。

她在日記中以戲劇化的方式描述羅斯福與萊曼碰面的情況。「政治野心分子，位高權重，卻跑去找一個在政府機構服務的科學家求助，」她寫道。「『我正在準備一篇政治演講，』他說，『我希望你幫我做一點科學研究。請你為這件事提供這些證據。』『拜託！』科學家冷冷地答道，『我很樂意幫你調查這件事，但是我無法保證會找到怎樣的「證據」！或許你所說的那件事，根本就找不到那些證據。』『最好能找到！』政客語帶威脅地說。科學家如果找不到令他滿意的證據，可能會工作不保。『你知道我要的是什麼。』」凱薩琳相信，羅斯福跟希特勒沒兩樣，維持戰時政權的手段都是說服知識分子、科學家和官僚拋棄道德信念、支持他的目標。

伊莎貝爾不像母親那樣憎惡總統。她害怕的是納粹暴行所揭露的人類意志力。「二次大戰最黑暗的那段日子，德軍所向無敵大舉前進的同時，我的肩膀因為阻擋他們而感到疼痛，我的胃裡有一種可怕的下墜感。於是某天，我想通了一件事（當時我正在鋪床）：讓他們破壞我的人生，就等於在幫助他們獲勝，」[21]幾年後，伊莎貝爾對朋友說起這段回憶。這種奇特感受的驚人之處，在於她的政治敏感性與個人私利融合在一起。那種在她的「胃裡可怕的下墜感」絕對不可能幫助納粹獲勝。納粹對她的人生造成的破壞，遠遠不及集中營裡被剝奪的那些生命。她當然心知肚明。她是民間防空巡邏隊（Civil Air Patrol）的志工，負責監看與通報敵機。她是紅十字會的護士，也是歐洲難民兒童安置計畫的祕書。她親眼看見戰爭對家庭造成的實質傷害。現在，她想做點什麼來幫助自己、擺脫恐懼。她告訴母親，她想做更符合自己「智識能力」的事情，而不是傳統的家庭婦女該做的那些。

她不習慣帶著如此強烈的絕望情緒思考。她似乎不認為個人真的與政治有關。她在大學裡勇敢捍衛社會主義革命分子時，就不這麼認為。儘管她承認自己努力控制情緒，才能在飛行訓練營帶著微笑、一派輕鬆地招呼丈夫與同袍，但當時她依然不這麼認為。一直到戰爭結束，直接影響她的家或她的家人的那些事，似乎仍然沒有影響到她。一九三四年《賜我以死》出版之後，她的《內向者日記》似乎沒什麼值得注意之處。她的人生過得很平靜。雖然沒有完全符合她的計畫（她早已放棄靠懸疑小說功成名就的想法），但也沒有發生什麼戲劇化事件。她的孩子長大了，成為既漂亮又優秀的青少年。她的丈夫在工作上晉升了幾次。她相信自己已接受命運的安排，甘心當個中產家庭主婦，雖然她偶爾會覺得「真實的幸福」和「滿足」之間很難區別。

她有時會想起自己接受報紙採訪，談論人格類型與人際關係的事。她翻找母親針對情感與思考類型寫的筆記，複製母親對榮格理論的熱情，認為它們是幸福婚姻的關鍵。年近七十的凱薩琳已出現癡呆症的徵狀，總有一天她會遺忘一切，她這輩子從未找到能把榮格理論介紹給大眾的正確工具。伊莎貝爾懷疑，凱薩琳想把自我認識與自我控制跟宗教信念結合在一起，正是她最大的阻力。因為這種作法太哲學、太深奧，一般人難以理解，遑論實踐。現在的書名都很簡短有力，例如《過清醒的人生！》（*Wake Up and Live!*，一九三六）、《思考致富！》（*Think and Grow Rich!*，一九三七），還有《如何永不疲倦》（*How Never to Be Tired*，一九四四）。用明確的承諾吸引讀者，告訴他們照顧自我可能有用，例如變得更富有、更幸福、更美麗、更有生產力、更受人歡迎，但前提是你願意改變過去的自己。「你身邊有人是你想要改變、調整和提升的嗎？」戴爾．卡內基（Dale Carnegie）在他一九三六年的暢銷書《如何贏取友誼和影響他人》（*How to Win Friends and Influence People*）中如此問道。「非常好！太好了。我完全贊成。但何不從你自己開始？從全然自私的角度來說，提升自己比提升他人更有利，而且也沒那麼危險。」[22]

伊莎貝爾不相信人類必須「改變、調整和提升」，才能過富足的人生。對她來說，榮格的理論不是一種個人信仰，而是一把實用的工具。過去，它可以用來拯救婚姻；現在，它可以保衛她心目中的美國式生活。美國男性都到歐洲戰場去打仗了，已婚婦女開始走入職場，這讓她想起一九一八年的夏天，她一個人住在孟斐斯的寄宿公寓裡，思考男人和女人如何各自發揮「不同的天分」，從事不同的工作。現在她想知道自己能做些什麼，才能阻擋德國人獲勝，阻擋他們用自己的形象改造世界，把不尊重情感的世界觀強加在世人身上，進而對踐踏人民不可剝奪的權利毫不內疚。「我決定了，因為害怕就把未來可能的不幸變成現在的不幸，既不合邏輯也沒有道理，」她心想，「盡最大努力創造更好的世界，但不要在你已擁有的世界裡浪費一天或一分鐘。」[23]

日本轟炸珍珠港幾天之後，她用母親設計榮格問卷的初始材料，設計了一個人格測驗的原型。這個測驗能把天資不同的人，跟各種專業做配對。她很久以前就已吸收凱薩琳對專業化的觀念，但直到最近她在《讀者文摘》看到一篇人格測驗的文章，她才知道如何具體操作。看了那篇文章後，她知道坊間已有數百種人格測驗，每種都保證能幫雇主判斷員工是否正常，這樣雇主就可避免把高壓的工作指派給過度焦慮或憂鬱的員工。於此同時，坊間也有數以百計的心理顧問公司，建構出一個管理這些測驗的產業。這當然是出於後勤上的方便，但也是一種保護雇主的方式。那些因為測驗結果而被降級或解雇的人，不會把敵意導向雇主身上。但如果她設計的人格測驗只會產生正面的結果，會怎麼樣呢？與其說是測驗，它更像是一種「指標」，是一種不帶批判或譴責提供人格資訊的方法。

她稱這種方法為「布里格斯－邁爾斯人格類型指標」的「表格A」(Form A)。她堅持要把母親的姓氏放在前面。似乎這麼做，才能銘記她對母親畢生付出的感激。

註釋

1 Katharine Briggs, "Type Moralities," Folder 62, Box 4334, KCB.
2 Henry Murray, "Notecards," HUGFP 97.45.4, Box 2, HAM.
3 Mumford and Murray, *"In Old Friendship,"* 170.
4 Henry Murray, "Analysis of the Personality of Adolph Hitler With Predications of His Future Behavior and Suggestions for Dealing with Him Now and After Germany's Surrender," October 1943, Box 1, Location 2000/06/02Records of the Central Intelligence Agency, U.S. National Archives and Records Administration.
5 Murray, "Notecards"
6 Adolf Hitler, *The Essential Hitler: Speeches and Commentaries* (Bolchazy-Carducci Publishing, 2007), 447.
7 Murray, "Analysis of the Personality of Adolph Hitler."
8 Herman Melville, *Moby-Dick* (New York: W.W. Norton, 2017), 154.
9 "The Study of Dreams," Folder 41, Box 4334, KCB.
10 Murray, "Analysis of the Personality of Adolph Hitler."
11 同前。
12 同前。
13 Murray, *Explorations in Personality,* 282.
14 Henry Murray, *Assessments of Men: Part 1* (New York: Rinehart and Co., 1948).
15 Murray, "Analysis of the Personality of Adolph Hitler."
16 "Newspaper Clippings," Folder 14, Box 4331, KCB.
17 Saunders, *Katharine and Isabel,* 31.
18 Albert Einstein to Theodore Roosevelt, August 2, 1939, Atomic Heritage Foundation, Washington, D.C.
19 Henry Murray, "World Concord as a Goal for Social Sciences," International Congress of Psychology, Stockholm, Sweden, 1951.
20 "Type Moralities."

21 Mary McCaulley, "Person Behind the MBTI 1988," PGP.
22 Dale Carnegie, *How To Win Friends and Influence People* (New York: Simon and Schuster, 1981), 12.
23 McCaulley, "Person Behind the MBTI 1988."

8

綿羊與山羊
Sheep and Buck

美國東岸的人格測驗業界龍頭是合益顧問公司（Edward N. Hay and Associates），這是費城的第一家人格顧問公司。這家公司的總裁是艾德華・諾索普・海伊，整齊如牙刷的八字鬍與筆挺的襯衫是他的正字標記。他本來是費城第一銀行的行員；做事奉公守法，安靜而專業地一路升職，成為銀行的人事主管。這個職位使他有機會用快速而敏銳的目光，看穿聘用、解雇與晉升辦公室職員的決策，本來就存在著明顯的隨機性。銷售人員、分行主管、副總裁，甚至像他年輕時做過的行員，全都不負責製造，而是負責管理客戶與同事各式各樣、時而特殊的需求。量化工作表現缺乏簡單可靠的方法。誰能掌握錯縱複雜的職場人際關係，就有機會成為下一個費德里克・溫斯洛・泰勒（Frederick Winslow Taylor）。泰勒被譽為「科學管理」之父，是工業效率研究的先驅，也是海伊崇拜的英雄。不過，這一次海伊掀起的職場改革不只發生在放著又吵又燙的機器、工人汗水淋漓的工廠裡，也將發生在過去瞧不起工人的白領階級身上。

一九四三年，海伊離開賓州第一銀行，創辦了合益顧問公司。這家公司專門開發白領階級的職場性向測驗，這些測驗能夠量化員工的表現、智力與人格，為他們找到最適合自身綜合條件的工作。海伊在短短一年間開發出來的測驗數量龐大、令人驚嘆，在東岸獨樹一格。入門等級的職員，可以做「速記測驗」、「手指靈活度測驗」、「工作速度與正確度調查」。銷售人員可以做社交能力與隨機應變的測驗（「商店人員測驗」、「銷售情境測驗」）。此外還有督導態度測驗（「如何督導下屬？」），會請受測者寫出公司對於工會與加薪方面的政策方向。經理與中階主管可以做「人格問卷評估」、「人格紀錄評估」與「管理階層人格評估」。他開發的測驗似乎無窮無盡，完全迎合企業客戶的喜好，例如奇異公司與標準石油。這兩家公司都是合益人格測驗的愛用者，它們認為合益的測驗比那些預測工作表現的測驗有用許多。這種忠誠度非常堅定，至少會持續到下一個新測驗出現之前，因為合益會不斷推出新測驗。海伊的成功仰賴於測驗產品有計劃的汰舊換新。

海伊跟妻子育有六個孩子，一家人住在賓州史華斯摩的郊區。他與伊莎貝爾・布里格斯・邁爾斯就是在這裡認識的，一開始他只知道她是兒子同學的媽媽。一九四二年一月，伊莎貝爾寫了封信給海伊。這一個星期，蘇聯軍隊把德軍趕出莫斯科；這一個月，希特勒威脅要消滅全世界的猶太人。她在信中說自己對「把人分門別類的方法」有興趣。這種方法能「把工作的人放在適當的職位上，不但工作開心，還能增加生產力」。[1]

她在《讀者文摘》看到的那篇文章提到當時很流行的杭姆－瓦茲沃斯性格量表（Humm-Wadsworth Temperament Scale），這個量表出現於一九三五年，發明人是心理學家鄧開斯特・杭姆（Doncaster G. Humm）與工業專家蓋伊・瓦茲沃斯二世（Guy W. Wadsworth Jr.）。他們對各種性格的了解，來自風格多元卻一點也不科學的參考資料：杜斯妥也夫斯基與福樓拜（Flaubert）的小說。他們仔細爬梳拉斯柯尼科夫*暴躁易怒的態度，以及愛瑪・包法利**反覆無常的個性；德國著名的憂鬱病理論家賓斯旺格（Ludwig Binswanger）的筆記；還有精神科醫師克雷培林（Emil Kraepelin）的論文，他發現思覺失調是一種精神疾病。杭姆－瓦茲沃斯性格量表分五級，第一級代表「正常員工」，第二級是反社會，第三級是躁狂抑鬱，第四級是妄想型思覺失調，第五級是癲癇患者（對強迫症患者的誤稱）。[2] 理論上，這個測驗能用來辨識與協助治療有精神疾病的員工或求職者。實際上，雇主用它來踢走有可能支持工會的人（反社會）或是支持共產思想的人（躁狂抑鬱）。但仔細看看這個性格量表的真實樣貌，它是當時市場上討論度最高的人格測驗，理論基礎是華而不實地摻和十九世紀文學跟心理學，而且嚴格說起來，它一點也不可靠。

海伊的客戶不在乎，他們相信海伊會幫他們把關。可是海伊的公司人手嚴重不足，

* 譯註：拉斯柯尼科夫（Raskolnikov），杜斯妥也夫斯基一八六六年的小說《罪與罰》的男主角。

** 譯註：愛瑪・包法利（Emma Bovary），福樓拜一八五七年的小說《包法利夫人》的女主角。

有天下午海伊的兒子跟彼得一起回家念書，伊莎貝爾因此得知了這件事。杭姆－瓦茲沃斯性格量表引發她的興趣，她決定要向海伊的測驗與人格類型事業請益。四十四歲的她做了許多轉換專業跑道的人都會做的事：主動提供免費服務。她願意成為海伊的學徒，分文不收地跟著他學習「把人分門別類」的祕訣。一、兩年之後，她會獨力創造自己的人力資源事業。「至於我最後會到哪裡工作，我很樂意把這件事交給眾神決定，」[3]她用開朗自信的口吻寫道。不過，海伊對她的熱情興趣缺缺。他反過來提出另一個方案：他願意付她時薪一．三三美元，這是一九四三年美國最低工資的四倍，每週工作三十個小時，工作時間是孩子去上學、丈夫去上班後的自由時間。

這是一九一八年夏天以來，她第一次進入職場。無論這時她心中有多麼不安，都比不上她對以新女性之姿獨力工作的期待。這次她是一個專業人士。二十年前，她親眼看見一場可怕的世界大戰如何讓像她這樣的已婚女性，大量走入職場。此刻歷史彷彿再度重演。一九四〇到一九四五年，投入勞動市場的女性從百分之二十七增加到三十七，這意味著又多了六百萬名女性每天早晨醒來、換好衣服、跟丈夫孩子吻別之後，離家前往工廠或辦公室上班。許多女性不確定工作的前景會如何，畢竟她們才剛剛走出家庭，小心翼翼地離開永無止盡、令人疲憊的家務與育兒工作。此外，她們也不確定自己是否喜歡上班。但是也有些女性跟她一樣，認為工作代表過去難以想像的自由。

職場，尤其是白領職場，給女性的不只是能夠暫時擺脫打掃清潔和照顧孩子。它也為智力上與情感上的創意提供了一個空間，根據技能安排專業任務和人際互動，同時還能兼顧家庭責任。現在就是讓「女性心智」（套用凱薩琳的用語）走出家門的時候。現在就是「善用」（leverage，這是兩次大戰之間上班族愛用的新詞）那些家政習慣的時候，不只是規劃預算和多工，還有管理那些爭搶你的時間與注意力的不同人格，而且是從小的、老的到中年的都有。事實上，維持良好家庭關係的情感付出，非常適合用在辦公室的管理上。平衡的團隊、雙向的溝通、優質的領導方式，這些觀念都是企業效率的關鍵，也是維持家庭幸福和諧的關鍵。兩者都需要專業人士用最不容易被發現的方式，去發掘以及管理員工和同事的人格。

沒人比伊莎貝爾更明白這一點，因為她一直都用人格類型來發揮自己身為妻子與母親的責任，而且以此自豪。她不像母親那般把榮格當成救世主，也不相信自我是什麼深刻且神聖不可侵犯的東西，但是她相信人格評估能使員工和雇主明白如何實踐自我認識，她相信這對美國愈來愈大、愈來愈蓬勃的職場來說非常重要。「每個人都是獨一無二的，這種說法現在正流行，」她在人格類型手冊的初版草稿中寫道，「他是先天遺傳與後天環境的產物，因此，他跟其他人都不一樣。但是從實用的角度來說，這種『獨一無二』的原則毫無用處，除非我們可以把自己教導過、諮詢過或雇用過的每個人，都納入一個龐大的案例研究。另一方面，期待每個人都是一樣的也很不實際。」[4]我們需要的是一個可以突顯「特定一群人的特定人格差異」的理論，同時把人類行為減少到只剩「幾個基本的、可觀察的差異」。此外，我們也需要一種能把理論變成工具的方式，也就是把理論變得既實用又好用。

她對人格測驗的主要考量是實用與收益。當海伊請她先驗證杭姆－瓦茲沃斯性格量表的時候，她告訴海伊這個測驗不但在科學上站不住腳，而且很不實用。她是管理理論家埃爾頓．梅奧（Elton Mayo）的忠實讀者，看過很多他以人類關係為主題的文章，這些文章都強調對工作表現影響最大的是員工士氣，因此她知道提高生產力的方式不是把員工定位成正常、反社會或躁狂抑鬱。管理階層該做的，是讓每個員工都覺得公司在某個環節上需要自己做某些事，無論這件事有多無聊。此外，還要多加關注員工的精神生活。重點是不要把工作當成殘酷的現實（眾所周知的苦差事），而是建立使員工願意且樂意把自己跟工作綁在一起的意識形態。工作是值得驕傲的事，是自我肯定的一種來源。凱薩琳曾在育兒文章中寫道：「我們常形容那些比較晚熟的年輕人是還沒找到自己。其實意思是他們還沒在世俗成年人的職業中，找到能讓他們忘我投入的工作。」[5]找到自己，只是為了忘我地工作。這股推動人格類型發展的衝動，也從凱薩琳傳承到伊莎貝爾手中。

當世界踩著蹣跚的腳步，踏進二次大戰最血腥也最殘酷的歲月時，伊莎貝爾開始為海伊工作。而海伊不知道的是，伊莎貝爾正在創造屬於她自己的人格類型指標。

❖ ❖ ❖

一九四二年一月，伊莎貝爾開始為海伊驗證杭姆－瓦茲沃斯性格量表。此時德國政府已開始把猶太人從波蘭中部的羅茲（Lodz）送往海烏姆諾（Chelmno）滅絕營。歐洲法西斯主義興起之後，「把人類分門別類」被賦予更黑暗、更致命的意義。凱薩琳著迷於希特勒的人格類型，萊曼則是參與了原子彈的研發，但是這場戰爭對伊莎貝爾唯一的影響，是令她決定放棄研究異常與墮落的人類心理，以及令人厭惡的政治。她想要設計的人格類型系統，會強調在可怕的痛苦與磨難之後，恢復到正常與快樂的狀態是很重要的。在這種狀態中，最重要而迫切的就是把工作做好，不要抱怨，跟同事好好相處，尊重上司，關愛家人。對伊莎貝爾來說，他們最好離海洋彼端那些恐怖的駭人事件愈遠愈好。

許多社會心理學家強烈反對。德國社會理論家提奧多．阿多諾跟伊莎貝爾差不多在同一時期寫作，他在納粹取得政權之後逃至美國。他在著作《威權人格》（*The Authoritarian Personality*，一九五〇）中，明確提及人格類型與法西斯主義之間的關聯。《威權人格》可說是二十世紀中葉最有名的社會學研究，猛烈抨擊海伊和伊莎貝爾發展的人格類型觀念，以及這些觀念跟希特勒的民族優越感之間的關係。「批評心理學的人格類型，是出於人道精神的衝動，」阿多諾寫道。人格類型「違背在既定的階級制度內對個人的包容，納粹德國把這種階級制度發揮到極致，他們不顧個人的特質，直接往活人身上貼標籤，做出攸關生死的決定。建立人格類型，這種渴望本身具有潛在的法西斯思想，」阿多諾指出。無論使用哪一種人格類型：杭姆－瓦茲沃斯性格量表、伯恩洛伊特人格問卷、各種簡略的種族或民族分類，想把人類分門別類的衝動本身就代表一種思想上的僵化，一種反人文、反啟蒙的傾向，想把個人扁平化成預設的類別，目的是方便管理和操縱。

阿多諾認為，這種情況不是人格類型與分類法創造出來的。它們只是症狀，反映出更具侵略性的一種心理疾病：社會現代性。工業資本主義的興起與社會階級的出現（雇主和員工、白領和藍領），在人類的靈魂裡留下無法抹滅的印記，也在他們的心靈上刻印固定的思維與感受方式。相信「個體」神聖不可侵犯的人，早已被階級地位制約。管理階級強調創意、魄力、「跳脫框架」的思考，所以他們容易認為自己是思想自由、行為自由的人類。在工廠上班的工人、技工或快遞員沒有學過這套自我實現的詞彙，因為這套詞彙對他們沒有任何好處。「人類想了解心理學人格類型其來有自，因為我們生活在一個類型化的世界，這世界『製造』不同『類型』的人，」阿多諾寫道，「批評類型學的人不能忽略這個事實，多數人不再是（或從來就不是）十九世紀傳統哲學所說的『個人』。」[6]多數人並未擁有真正的行為自由，或真正的個體性。「個人」的觀念是一層「意識形態的面紗」，阿多諾說。社會一方面努力把人分門別類，一方面假裝保護他們的靈魂。在這樣的社會，「個人」是一個浪漫的、資本主義的虛構故事。

但是阿多諾想要指出的是，並非所有的類型學都是用來把世界分成「綿羊與山羊」的工具。他認為有些類型學「言之有物」，觸及關於自我的模糊真相。也有不把人格當成疾病、不像杭姆－瓦茲沃斯那樣以「正常」與否區分人類的評估方式。有些人格類型系統提供的不是預設的心理等級，僅供人被動參與。這些人格類型系統為大眾提供明確的、自我覺察的詞彙做為防禦工具，從根源（也就是人類心智）對抗無所不在的政治與社會操縱。在理想的人格類型系統裡，「擁有自我」的概念是群眾抗爭的武器，從內部消除把人分類（進而控制）的衝動。阿多諾努力設計一張能夠辨識有法西斯傾向的人格問卷，他相信他的測驗（後來命名為「F量表」）可做為理想人格類型系統的第一個例子。

雖然伊莎貝爾對評論現代工業沒有興趣，也絕對不會像阿多諾那樣帶著批判的熱情使用充滿決心的詞彙，但是她從一九四三年開始測試的人格類型指標為她帶來同樣崇高的地位。其中一個原因是，她的人格類型指標並非誕生於現代企業，雖然那是它的第一個落腳處。伊莎貝爾謹記母訓，她設計人格類型指標的地方，跟母親設置嬰幼兒培訓宇宙實驗室的地方一樣：在她舒適又安全的家裡。凱薩琳曾用索引卡記錄萊曼夢中的黝黑西班牙舞孃和那些令他害羞的輕吻，伊莎貝爾使用母親用過的索引卡與卡匣，評估家裡每個人的人格類型。她在每張索引卡的頂端寫下一個家人的名字，名字下方是她推測的榮格人格類型和這種類型最明顯的特質。她說自己是家人的「人格類型觀察家」[7]，多年來以全方位視角觀察孩子成長，觀察丈夫茁壯，現在她決定認真發展這項能力。她愈仔細觀察家人互動，就愈相信人格類型不只是用來解釋人類行為差異或偏好的理論。人格類型是真實的自然存在。

她先用自己與母親的類型去比對丈夫與父親的類型。她和母親都是情感類型（至少她如此認為，雖然她不欣賞母親的理性），丈夫和父親都是思考類型。她寫下情感類型與思考類型之間的所有差異（凱薩琳曾用「魚」和「金絲雀」來比喻），並且盡量不去評斷哪一個比較好，也不展露自己的偏好。這兩種類型不一樣，僅此而已。情感類型做決定時，考量的是什麼對自己來說最重要；思考類型則是仰賴邏輯做決定。情感類型希望自己的決定能反映出同情心與公平等價值觀；思考類型卻希望自己的決定不會被個人的情感或希望影響。情感類型重視人際關係，扮演別人的「啦啦隊」；思考類型是科學家，偏好客觀事物，例如力學、電子學或化學定律。[8]女人通常屬於情感類型，男人通常屬於思考類型。「情感類型的女性多於思考類型，」伊莎貝爾在評估完家人後如此斷言。羅斯福呼籲空轉的美國經濟快點動起來，鼓勵企業和雇主把國家利益放在個人利益之前，這使她想起母親不喜歡羅斯福以及他外向感受類型的政治。「賦予女性投票權，就等於增加感受類型的選民人數，」她說，「如果回頭去看女性有權投票之後的立法趨勢，我認為可能有些法律確實受到了影響。」

隨著索引卡上累積的類型特質愈來愈多，她也愈來愈清楚每一種類型的具體偏好。接下來的挑戰是，確認什麼樣的問題能引導受測者展露自己的偏好。她想忠於榮格，但是榮格的類型配對靈魂理論太複雜，不符合她的目的。「如果我的題目很複雜，那根本沒人答得出來，」她告訴某個朋友，「我必須找到簡單的、無關緊要的、日常生活的題目，這樣大家都能回答。」[9]於是她著手簡化《榮格人格類型》對各種類型的描述，她用的方法是試誤法。屬於內向直覺感受類型的她會寫下一道題目，然後請內向實感思考類型的老大回答。

她會問丈夫：「你認為(a)感受比邏輯重要，還是(b)邏輯比感受重要？」「你比較喜歡怎樣的上司（或老師）：(a)脾氣很好，但朝令夕改，還是(b)疾言厲色，但維持一貫的邏輯？」

若他的答案令她意外，她會問他選擇這個答案的理由。「我以為你會選另一個答案，」她不解地問。

「如果你希望我選(a)而不是(b)，」他說，「就必須換個問法。你提問的方式沒有問到你真正想問的。」他說她的措辭既拙劣又不精準。問卷上的每道題目都受到老大的批評所影響，有些是建設性的批評，有些不是。身為思考類型，他不擅長讚美別人。伊莎貝爾估算結婚三十年來，他大概只稱讚過她五、六次。不過，她相信他願意把空暇用來幫她建立人格類型，這件事本身就是很大的讚美。

女兒安很容易評估：她是內向直覺情感類型，跟伊莎貝爾一樣。彼得的評估困難許多。她認為他是外向直覺情感類型，跟老大完全相反。這對父子經常為了課業與責任感大聲爭吵，她試著向丈夫解釋，外向直覺情感類型的人最重視隨心所欲。關於這件事，她是在跟彼得討論他為什麼討厭高中代數課時漸漸明白的。「我為什麼現在就要學這些？」他在學校努力解出x和y，放學後回到家問母親，「等我準備好學這些東西的時候，我會願意學。」伊莎貝爾告訴他，有時候人必須忍受「單調、平凡、重複、例行的事情」，這是在幫「未來的自由投資」。「如果你現在不做這些必須的事，將來只能過比較無趣的生活，到時候你會怨怪自己，」她告訴兒子。[10]後來她在彼得的索引卡上寫下：「情感類型可能會選擇性無視某些事情。你故意不去看那些違反你的價值的事情，或是與你在情感上想要做的事背道而馳的事情。但是，逃避現實帶來的短暫快樂對人生沒有幫助……你只是還沒鼓起勇氣去面對與處理可怕的嚴重後果。」

伊莎貝爾用「遊戲」的方式讓彼得與安填答初版問卷（她暫時命名為「表格A」），

朋友一起回答一連串有趣、刺激的題目，然後因為進一步了解彼此而開懷大笑。人格類型指標最早的版本，似乎是用來幫助青少年以輕鬆的方式認識真實自我，有點像二十世紀中期的時尚雜誌最末頁（或是現在的網路上），常見的那種打發時間的小測驗。「你感受到的這些情緒『起伏』(a)很明顯，(b)很輕微？」「你在學校喜歡的科目是(a)背誦事實的科目（地理、歷史、公民、生物），(b)運用大原則的科目（文法、數學、物理）？」[11]她鼓勵孩子把問卷拿給朋友和彼得的女朋友做，並且自己準備好索引卡，比對朋友表達的偏好是否符合她設計的測驗結果。

安與她的高中同學，是伊莎貝爾初次取得橫向分析「數據」的對象，包括安與她的三個女性好友。她們是兩個直覺、兩個情感類型。「其中一人是高中校刊編輯，我女兒是年刊編輯，第三個後來成為《鳳凰報》的編輯……」這是史摩斯華學院的學生報，「第四個雖然有天賦，卻顯然沒有體力做任何事，」[12]伊莎貝爾寫道。她邀請她們到家裡作客，請她們填答表格A，鼓勵她們討論自己的夢想和高中畢業後的打算。她們說話時，她用索引卡分別記錄她們閒聊的內容。她把這些索引卡拿給彼得與安的高中校長看，向他解釋人格類型指標可以用來簡化選課過程、預測紀律問題，並說服校長讓七、八、九、十這四個年級的學生接受人格類型測驗。令人驚訝的是，她也說服校長把學生的私人資訊跟智力測驗結果的副本給她，完全沒有事先獲得學生的同意，也沒有告知家長。

為了幫第一批受試者做橫向評估，伊莎貝爾用問卷上的答案，去對應她從榮格理論中發展出來字母縮寫組合：「內向」（I）與「外向」（E）、「直覺」（I，在最初的版本，直覺的縮寫也是「I」）與「實感」（S）、「情感」（F）與「思考」（T）。在榮格原本的設計之外，她多加了第四個組合：決斷（J）與感知（P）。凱薩琳曾說它們是榮格理論中內含的、尚未探索的兩種類型。「每當你為了任何目的運用心智時，都是在發揮**感知**（覺察到某件事）或**決斷**（對一件事做出結論）能力，」她寫道。井然有序又有紀律，「以規範和控制生活為目的」的人屬於決斷類型；相反地，感知類型會「用靈活的、接納的、隨心所欲的方式生活，以了解和適應生命為目的。」[13]凱薩琳的「J/P」組合是人格類型發展的最後一塊拼圖，區分出一個人的「掌控」和「輔助」功能，用她的話來說，就是一艘船的「船長」與「大副」。[14]感知類型（P）的人喜歡接收訊息，而他的主導功能不是實感（S），就是直覺（I）。決斷類型（J）喜歡做決定，他的主導功能是兩種決斷功能的其中之一：思考（T）或情感（F）。她相信J/P組合是「完美融入」這套人格類型系統的最後一個二分法組合，使榮格原本的三個組合變得更加完整。[15]

隔年彼得和安離家上大學，漫漫長夜，她用人格類型指標排遣寂寞。她增刪問卷上的題目，直到完成「表格B」。她為自己的努力成果感到驕傲，但老大卻不以為然。過去曾經大力提倡女性外出工作的丈夫，現在卻開始抱怨她忽略了老公和家務。她這麼努力是為了什麼？延續年邁母親的宗教狂熱？在一次「災難性的爭執」中，他諷刺地叫她「執行長夫人」，嘲笑她的創業抱負。這個傷害她終生難忘。他甚至說過一、兩次離婚或許才是明智之舉。[16]

但榮格的類型學為她提供了有用的詞彙，讓她可以把丈夫的要求視為雖然無法和解，但仍可處理的心理差異。「我告訴自己，同樣的話從老大嘴裡說出來（他是思考類型），跟從我嘴裡說出來的意思完全不一樣，」[17]她告訴朋友。如果是情感類型的伊莎貝爾說要離婚，會有不同的意思。她的丈夫是「思考類型」，他習慣說出自己的觀察結果：或許離婚是合理的作法。「我不用擔心，」她強作淡定地說。

但她還是對凱薩琳傾訴了擔憂，她說如果她和母親合力設計的人格類型系統出現時，她還沒認識老大，她絕對不會嫁給他。她是ＩＩＦＰ*，老大是ＩＳＴＪ。就像凱薩琳那個魚跟金絲雀的故事，她認為自己和老大之間毫無共通點。她的情感決定什麼對她來說是重要的，她說自己是「容易馴服的」，老大則是非常頑固。他們唯一的共通點就是對別人的意見漠不關心，這是典型的內向特質，對二十幾歲的年輕人來說似乎很浪漫，因為那個年紀才有餘裕去嘲笑權威人物，對革命高談闊論。當時，她以為這樣就夠了。

* 編註：最初版本的類型縮寫，「內向」與「直覺」都是I，本書依據事件的時空，保留原本的表記，並未全部改寫為最終版本的縮寫。

一九四三年結束前，她已經完成了一項足以使老大停止發牢騷的人格測驗，但是母親反而成了更大的阻力。凱薩琳反對伊莎貝爾嫁給老大，也不喜歡伊莎貝爾當個懸疑小說家，現在女兒設計的人格類型指標也令她不開心，儘管她被列為主要設計者。她譴責女兒對待人格測驗的態度太隨便。她在日記中寫道，用「以科學定義為基礎的『科學』測驗」評估外向與內向類型的心理學，是「最膚淺」的作法，「此類測驗廣為學術界的心理學家接受，被視為『科學』測量的『科學』方法，能做為『科學』工作的基礎！」[18]（她用筆沾深色墨水，把已有括號的「科學」圈起來，還在頁邊空白處寫下：「不要那麼尖酸。」）她提醒伊莎貝爾，她不需要問卷，只要靠她訓練有素的雙眼就能清楚看出：彼得是外向類型，安是內向類型。他們還不到一歲半，外婆就已經看出他們的人格類型，結果跟伊莎貝爾的測驗結果一模一樣。身為人格類型觀察家，她對自己的角色感到驕傲。雖然她曾經鼓勵跟她一樣的業餘人士利用人格顏料盒自我評估，但是她不明白伊莎貝爾為什麼認為，人格類型必須用最膚淺、最愚蠢的形式對大眾開放。「我已經給你一份能用來檢驗自身完整性的問卷，這份問卷可以為那些尚未質疑過類型信念的人做調整，」她在給女兒的信中寫道，「我們或許可以問：從神的寶座上賦予你安全感的是什麼？你可以為了什麼而輕鬆犧牲、辛勤付出？」但回答這些問題並不容易。「這不是一張趕時髦、只須回答『是或否』的問卷！」她得知伊莎貝爾的測驗只有選擇題時，如此責罵女兒。[19]

伊莎貝爾不願意聽母親的話，原因包括觀念差異，也包括個人因素。凱薩琳心目中的人格類型詞彙猶如一種「個人宗教」，就像威廉．詹姆斯所說的：信仰的經驗不需要外在驗證，無論是科學或其他方式。人格類型對伊莎貝爾來說，是完全不一樣的東西。它是一種職業，一種召喚。是一個有更高目標的任務，卻依然根植於現代工業的專業準則和行為。她曾在修改問卷的過程中告訴彼得，教會所說的「神示」，她稱之為「直覺感知」。她用這種方式把人格類型從個案特例（兒子、女兒、丈夫和母親的人格），變成一般性的理論。神示要有價值，就必須是實用的、能展示在世人面前的，而不是只展示給一個坐在自家餐桌旁、想像自己正在跟偶像對話的婦女。[20]伊莎貝爾寫的東西並未對榮格不敬，也沒有對母親曾經思考過的自我不敬。她從一開始就懷抱著商業企圖心。她確實是執行長夫人。

❖ ❖ ❖

想要了解今日的ＭＢＴＩ測驗，就必須了解一九四三年七月一日，伊莎貝爾送到海伊面前的人格類型是什麼。想像一下，她站在海伊的辦公室裡，身上穿著自己最喜歡的洋裝：寶藍色打底，點綴粉紅小花。她準備說服海伊為什麼自己設計的這套測驗應該加入他的產品線。她告訴海伊，雖然她的懸疑小說創作之路已隨著《賜我以死》悄然結束，但是她心中有個謎團一直揮之不去，那就是聰明的分工方式。對她母親來說，世上最重要的分工是男女分工，女人負責家務，男人負責上班，也就是情感類型與思考類型的分工。但是二次大戰結束後勞動力暴增，她跟海伊都知道這種分工方式已不符合勞動市場現況。他們需要為剛剛投入職場的男性和女性提供一種測驗，測驗的目的不是懲罰受測者的弱點，而是說服受測者和雇主所謂的弱點並不存在，因為每個人都有適合特定工作的興趣與偏好。除此之外，他們也需要一個具備「足夠探查本能」的人，可以「樂於追蹤」測驗結果發掘出的「任何線索」。[21]

她告訴海伊，那個人就是她。她想告訴他的人格類型故事，比她能想出的任何偵探故事都更引人入勝。那是一個愛的故事，一個配對的故事，就算不是猶如置身天堂的配對，也是有人格科學支持的配對。「你愈了解一個人，就愈能有效地與他共事或為他工作，或是幫他指派合適的工作，」她在給海伊的信中寫道，「當然，透過試誤法，最後你也能發現他的優點跟缺點，他如何看待事物，他擅長哪些事，不擅長哪些事。但這種方法曠日廢時，有時甚至很痛苦。就好像走進鞋店試穿了每一雙鞋，只為了找到最合腳的那一雙。若找人也像買鞋子一樣，鞋盒上就有尺寸跟樣式等關鍵資訊，便可省略許多痛苦的試穿過程。」[22]

這是加入現代元素的童話故事。玻璃鞋在套上灰姑娘的腳之前，會先經過篩選、檢視、貼上標籤，雇主像王子一樣，急著想找到合適的員工。這個例子正好是阿多諾所譴責的、對浪漫資本主義的追求。伊莎貝爾說，想要解決員工不適任這個令人頭痛的問題，「最合邏輯的答案就是蘇黎世榮格醫生的理論」以及他的「四個基本心智『功能』：E/I、S/N、T/F、J/P。（她沒有告訴海伊J/P是她另外加上的組合。）」每一種功能的個人偏好都可以「透過一份問卷形式的類型指標呈現出來」，問卷上有一一七個選擇題，受測者只要從兩個選項中擇一回答即可。問卷以人工閱卷完成計分之後，受測者會得到一組四個字母的「人格模式」。總共有十六種組合，也就是十六個想要在最適合自己的工作中全心投入的類型。海伊被這個故事的「理論原理」打動，他同意使用並銷售這款人格類型指標。他相信它將在「工業界、學校與就業輔導方面帶來重大影響」。[23]

看了初次正式出版的問卷（這個版本叫「表格C」），就能明白伊莎貝爾努力想要把這份測驗做得跟其他心理測驗不一樣，例如杭姆－瓦茲沃斯性格量表。問卷封面的說明寫得輕鬆有趣又令人安心。做這種自我詢問的心理測驗是一件極不自然的事，但封面的說明卻強調這份測驗很自然。「嚴格說來，這不算是一份測驗，因為沒有限時，答案也沒有對錯，」測驗說明用一種母親安撫孩子的語氣告訴緊張的受測者。「最好的答題方式是輕鬆、自然地回答，就像跟家人聊天一樣。不用在乎答案是否前後一致，這一點也不重要。無須擔心測驗結果。你可能是幾種不同人格類型的其中一種，而且……」「……**每一種類型有屬於自己的優勢。**」[24]沒有提到要區分正常員工跟反社會或神經質的員工。只有稍微提到在未來理想的企業環境中，每個人都能適得其所，根據每家公司的需求發揮自己的能力。

表格C的題目有一種古雅的、幾乎是迷人的復古感。措辭完全取自一九四〇年代的美國郊區生活，例如街角的商店、休閒俱樂部與午後的撲克牌聚會。例如，第六十一題是：「通常你是（a）擅長與人打交道，（b）在群體中比較含蓄？」第六十六題是：「你是否（a）非常喜歡小吃攤的食物，（b）寧願花錢吃別的東西？」第一〇八題設定的情境，除了寧靜的郊區，很難想像會發生在其他地方：「消防車經過時，你會（a）想要尾隨去看一看火災現場，（b）繼續做原本在做的事？」

同樣復古的還有答案卷。伊莎貝爾設計了「男人與男孩」答案卷跟「女人與女孩」答案卷。測驗剛推出時，後者尚未出現，但是請稍安勿躁。當時他們認為幾乎所有的受測者都是男性。「有好幾個問題果然只對單一性別有效，」伊莎貝爾在信中告訴海伊。[25]評估受測者的思考與情感偏好的題目，還沒有辦法解釋女性在生理上會比男性感受敏銳，男性「天生擅長思考」，不容易受情緒影響。[26]性別之間的心理差異陰魂不散，最初有凱薩琳在她的文章裡強調「女性心智」，後來被伊莎貝爾納入人格類型測驗。這種差異在婚姻裡最為顯著，進一步強化男性不願表露情感的傾向。伊莎貝爾在幫海伊做的一項研究中觀察到，男人「認為娶一個女人，就已展現自己對她的珍視超越其他女子。努力工作、為她提供生活所需，就是日日展現對她身心健康的基本關心（用『幸福』來形容或許會有點太過感性）。把這兩件事掛在嘴邊是很多餘的行為，所以他不會說。只有在值得一提的場合，他才會說出口。例如她在哪些方面偏離了理想，在哪些方面如果她換個作法，他們的身心健康（她的與他的）都會改善。這種情況無法令女性的情感得到滋養，她的反應亦如是；這種情況也無法令男性的情感得到滋養，導致他愈來愈不可能表露溫柔的一面。」

伊莎貝爾在女性的「身心健康」與「幸福」之間畫的那條界線是什麼？她所說的「太過感性」是不是隱約揭露了自己的婚姻狀態？畢竟，她就是自己所描述的那種婦女。自從伊莎貝爾認識老大之後，老大一直以無論自己「提出的批評有多嚴厲」她都能夠承受，來評價伊莎貝爾對他的價值。這件事，他也曾在信中對凱薩琳提過。但是，久而久之，他的批評愈來愈嚴厲、愈來愈多，現在他的不認同已破壞了他們的人生，就像她不再洗的那些碗盤跟衣服。思考類型與情感類型的故事（魚跟金絲雀），說的就是她的人生嗎？沒有欣賞，只有怨恨，任由情感慢慢乾枯？這是每對已婚男女的命運嗎？如果她不能使這兩種類型和平共處，它們就只能分開了。於是它們真的分開了：她把答案卷分成男性與女性。

她完成問卷與答案卷之後，她跟海伊開始討論定價。一九四三年，一本布里格斯－邁爾斯測驗的售價是五十美分。答案卷五美分。再加五美分，就能收到人格「側寫卡」，能用連連看的遊戲呈現你的人格類型，每個點都代表一種類型特色。購買《人格類型指標》（*Type as the Index to Personality*）要價三美元，這本小書共有七十二頁，伊莎貝爾寫這本書的目標讀者是不熟悉榮格詞彙與理論的人。隨測驗附上的詳細答案卷是免費的，受測者可以看到令人愉快的人格概述。每種類型都很生動，使用豐富的形容詞（「注重現實」或「注重理想」，「我行我素」或「樂於合作」）、暱稱（ISTJ類型是「超級可靠的人」，EITJ類型是「標準主管」，ESTP類型是「適應力強的現實主義者」，EITP是「熱情的創新者」）以及令人愉快的類型描述。[27]

十六個人格類型的描述，都是基於她對家人的觀察以及她個人的直覺，她說這是「經驗與理論」的綜合體。[28]「整理人格類型的過程，使我聯想到從摘棉機上取下棉花，」她後來回憶道。「你有看過棉花被捲進一個長長的滾筒裡，只突出一點點棉花嗎？捉住這一點點棉花往外拉，棉花就會源源不絕地被你拉出來。就像這樣，我從無意識的寶庫中不斷取出想法。」受測者收到測驗結果之後，伊莎貝爾會請他們拿鉛筆，劃掉人格類型側寫裡不適合的指標，寫下她忽略的特質。「最重要的是，」她告訴受測者，「了解哪

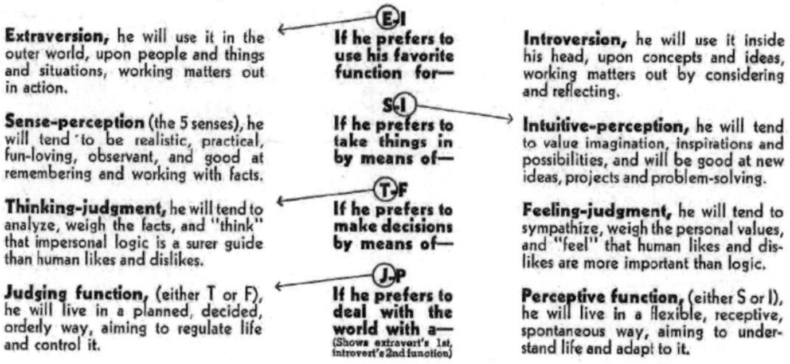
E-I
If he prefers to use his favorite function for—
Extraversion, he will use it in the outer world, upon people and things and situations, working matters out in action.
Introversion, he will use it inside his head, upon concepts and ideas, working matters out by considering and reflecting.
S-I
If he prefers to take things in by means of—
Sense-perception (the 5 senses), he will tend to be realistic, practical, fun-loving, observant, and good at remembering and working with facts.
Intuitive-perception, he will tend to value imagination, inspirations and possibilities, and will be good at new ideas, projects and problem-solving.
T-F
If he prefers to make decisions by means of—
Thinking-judgment, he will tend to analyze, weigh the facts, and "think" that impersonal logic is a surer guide than human likes and dislikes.
Feeling-judgment, he will tend to sympathize, weigh the personal values, and "feel" that human likes and dislikes are more important than logic.
J-P
If he prefers to deal with the world with a—
(Shows extravert's 1st, introvert's 2nd function)
Judging function, (either T or F), he will live in a planned, decided, orderly way, aiming to regulate life and control it.
Perceptive function, (either S or I), he will live in a flexible, receptive, spontaneous way, aiming to understand life and adapt to it.

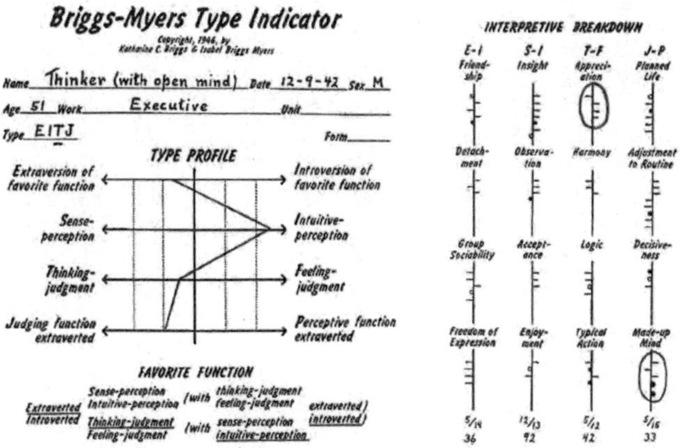
Briggs-Myers Type Indicator
Copyright, 1946, by Katharine C. Briggs & Isabel Briggs Myers
Name Thinker (with open mind) Date 12-9-42 Sex M
Age 51 Work Executive Unit
Type EITJ
Form
TYPE PROFILE
Extraversion of favorite function
Introversion of favorite function
Sense-perception
Intuitive-perception
Thinking-judgment
Feeling-judgment
Judging function extraverted
Perceptive function extraverted
FAVORITE FUNCTION
Extraverted Introverted
Sense-perception Intuitive-perception (with thinking-judgment feeling-judgment extraverted)
Thinking-judgment Feeling-judgment (with sense-perception intuitive-perception introverted)
INTERPRETIVE BREAKDOWN
E-I Friendship
S-I Insight
T-F Appreciation
J-P Planned Life
Detachment
Observation
Harmony
Adjustment to Routine
Group Sociability
Acceptance
Logic
Decisiveness
Freedom of Expression
Enjoyment
Typical Action
Made-up Mind
5/18 36
13/13 92
5/12 42
5/16 33

上｜布里格斯－邁爾斯人格類型指標的原版註釋，一九四三年
下｜布里格斯－邁爾斯人格類型指標的原版側寫卡，一九四三年

些種類的工作（或工作裡的哪些部分）是你特別喜歡的，哪些是絕對不喜歡的，這是很有價值的一件事。」[29]

戰事進入最後一年，伊莎貝爾已做好推出產品的萬全準備：問卷、答案卷、人格類型側寫、使用者手冊。這些東西是她與母親為了掌握所愛之人的靈魂，對他們長期進行深入、甚至痛苦的分析之後，才終於得到的最終結果。現在她要做的，是等待有人來做她的測驗。

令她驚訝的是，她的第一位客戶不是經常光顧合益顧問公司的那些大型企業，例如奇異公司、標準石油、貝爾電話。這些公司兩年後才會上門。第一個向她購買測驗手冊與答案卷的單位，地址位於華盛頓特區，她或許曾經從父親參與的機密原子彈工作耳聞過這個組織：戰情局。他們的戰時心理學家團隊由哈佛心理學診所的前主任亨利・莫雷領導，現在他們想根據人格特質來為祕密特工跟祕密任務配對。對方告訴伊莎貝爾，這是需要保密的行動。為了表示自己的謹慎，伊莎貝爾在客戶名單上將戰情局寫成「莫雷公司」。[30]我們不確定她是否知道戰情局如何使用她的測驗，或是她協助阻擋德軍的渴望是否得以實現，雖然不是以她想像過的方式實現。

註釋

1 "People-Sorting Instruments," *Reader's Digest,* 1942.
2 Doncaster G. Humm and Guy W. Wadsworth, Jr. "The Humm-Wadsworth Temperament Scale," *The American Journal of Psychiatry* 91, no.1 (July 1935), pp. 163-200.
3 Saunders, *Katharine and Isabel,* 2.
4 Isabel Briggs Myers, "The Myers-Briggs Type Indicator Manual," 1962, Palo Alto, Calif., Consulting Psychologists Press.
5 "Getting Ideas."
6 Adorno, *The Authoritarian Personality,* 746-47.
7 Mary McCaulley, "Person Behind the MBTI 1988," PGP.
8 Isabel Briggs Myers, "IBM typology 71 transcript," PGP.
9 Mary McCaulley, "Person Behind the MBTI 1988," PGP.
10 Isabel Briggs Myers, "IBM 72" PGP.
11 Isabel Briggs Myers, "Form C of the Briggs-Myers Type Indicator," Folder 13, Box 3, Edward N. Hay Papers, Kheel Center, Cornell University. Hereafter ENH.
12 Myers, "IBM typology 71 transcript."
13 Isabel Briggs Myers, "Thumbnail Description of the Type Indicator," July 1, 1945, Folder 13, Box 3, ENH.
14 Isabel Briggs Myers and Peter Myers, *Gifts Differing* (Mountain View: Consulting Psychologists Press, 1980), 9-10.
15 同前, 22.
16 Myers, "IBM 72."
17 McCaulley, "Person Behind the MBTI 1988," PGP.
18 "Getting Ideas."
19 Katharine Briggs, "A Real Questionnaire," Folder 13, Box 4334, KCB.
20 Saunders, *Katharine and Isabel,* 116.
21 Myers,"The Myers-Briggs Type Indicator Manual."

22 Myers, "Thumbnail Description of the Type Indicator."
23 Saunders, *Katharine and Isabel,* 112.
24 Myers, "Form C of the Briggs-Myers Type Indicator."
25 Isabel Briggs Myers to Edward N. Hay, August 30, 1943, Folder 13, Box 3, ENH.
26 Isabel Briggs Myers, "Contributions of a Man's Type to His Executive Success," Box 3, Folder 13, ENH.
27 Isabel Briggs Myers, "Type and What It Tells You," Folder 13, Box 3, ENH.
28 Isabel Briggs Myers, "IBM construction," PGP.
29 Isabel Briggs Myers, "Results on the Briggs-Myers Type Indicator," Folder 78, Box 4, ENH.
30 Isabel Briggs Myers, "Briggs-Myers Test Account," Folder 13, Box 3, ENH.

9 完美間諜 A Perfect Spy

一九四三年秋天或冬天的某個時候（確切的日期至今仍是機密），亨利・莫雷幫美國政府租了一座又大又可愛的鄉村莊園，地點是距離維吉尼亞州費爾法克斯（Fairfax）一英里左右的百畝農地。每週五下午五點半左右，費爾法克斯的居民就會看到一輛覆蓋帆布的軍用卡車快速從城裡經過，駛到莊園門口。等衛兵開門之後，它繼續沿著泥土路往前開，越過一條貫穿莊園的隱蔽小溪，然後在房舍前方停下。三十名男女走下卡車，從頭到腳都穿著草綠色軍裝。他們在衛兵陪同下走進房舍，接下來會在莊園裡四處遊蕩，躲進樹叢、跳過小溪，或是看顧貌似無害的石堆。

據說這座莊園（韋勒家族〔Willard family〕的老房子）現在是軍方的精神療養院，在戰爭中遭受可怕暴行的軍人，被政府送來這裡療養。費爾法克斯的居民互相警告，聽說住在莊園裡的人從歐洲回來時，都是飢餓、殘缺、受損的靈魂，他們是空襲倖存者與酷刑的受害者，是納粹同情者和共產主義者。謠言傳得夠久就會變成事實，儘管沒人記得誰對誰說了些什麼。令大家安心的是，莊園的住民從未進城，城裡的居民也從未靠近莊園的大門。

事實上，費爾法克斯的這座莊園不是政府的精神療養院。它是S站（Station S）的總部，美國第一個祕密特工的人格評估中心。這是由戰情局規劃與出資的特別計畫。做為中央情報局的前身，戰情局的成立要歸功於綽號「野人比爾」的威廉・多諾萬（William "Wild Bill" Donovan），一個眼神明亮的大鼻子陸軍少校兼律師，朋友都說他是狂野的愛國主義者。他決心滿足美國政府的每一個間諜與反間諜需求，不計任何代價與成本。一九四二年戰情局剛成立，經常執行一些野心過大、雜亂無章的任務。包括類似祕書的、乏味的情報收集工作（集結研究報告、進行地理調查），當然也有更加刺激的任務。多諾萬的特工攔截與解碼軸心國的通訊內容，監視歐洲戰場的關鍵人物，協助和訓練東歐的反抗組織，發動大規模的「瓦解敵軍士氣」宣傳，也就是莫雷曾經提過的、抹黑希特勒的心理戰術。

S站只是戰情局諸多特別計畫的其中之一，精神療養院是多諾萬與同僚故意放給當地居民的煙幕彈，他們相信居民會自行添加各種恐怖小說該有的元素。如果他們知道搭乘帆布卡車進出莊園的人是誰，應該不會刻意保持距離。他們是美國某家大銀行的總裁、著名的法國芭蕾舞蹈家、專業美式足球員、日本數學家，以及即將變得惡名昭彰的間諜珍・佛斯特（Jane Foster）。包括這些小有名氣的人物在內，這裡共有五千三百九十一人接受過幾十次的人格類型測驗以及現場真人評估，目的是判斷怎樣的特務工作跟他們的能力最速配：傘兵、反抗軍領袖、破壞活動、間諜、聯絡工作、飛行員、信鴿訓練員。他們將學習如何藉由自我認識來巧妙應用人格特質，如何戴上許多真實的和比喻的面具，幫助他們滲入反抗組織，取得機密資訊，推翻魁儡政府。二戰結束前，S站將成為許多單位使用人格評估的範本，例如企業、大學、教會、醫院。這些單位想透過人格評估把運作方式推入現代，把自我發現的工具以及操縱和社會控制的技巧結合在一起。

布里格斯－邁爾斯人格類型指標，是S站引入美國心理學界的諸多工具之一。契機是一九四四年，莫雷指導的研究生唐諾・麥金儂向合益顧問公司購買了這套測驗，因為它保證能幫戰情局的特工找到最適合自己的任務。對伊莎貝爾來說，她的第一批客戶使她可以宣稱，這套人格測驗在二戰中發揮了部分作用，儘管只是微小、不起眼（她後來如此說道）、令人失望的作用。「我們顯然不能靠它獲得勝利，」[1]她嘴上這麼告訴朋友，但是她的堅定語氣透露出希望自己的作品有機會名留青史。畢竟，若想贏得戰爭，還有什麼比為盟軍間諜配對最適合的任務更重要？有誰比內向實感類型（IS）的「軍官」更適合消滅納粹？她在第一版手冊裡如此寫道，實感類型的「軍官」能夠「掌握完整、實際、實用的事實」以及「保持冷靜」，是最完美的情報員。

她不知道的是，當莫雷帶著這份人格測驗跟同事一起初次踏進S站的時候，他對自己的任務其實毫無頭緒。他招募了一個七人團隊來協助人格評估任務，成員包括臨床精神科醫師、社會學家、人類學家與各個派別的心理學家：佛洛伊德、榮格、華生，甚至還有動物心理學家。但是，他們沒有人了解破壞工作跟信鴿訓練的工作內容，遑論如何預測怎樣的人選或人格類型適合這些工作。他們也不知道戰情局的特工派駐在何處，有怎樣的政治或文化環境。海外聯絡人提供的資訊很少，也很不可靠。莫雷坦言，他對間諜活動的認識完全來自小說。例如毛姆（W. Somerset Maugham）的《英國特工》（*Ashenden, or The British Agent*）、麥克因（Helen MacInne）的《布列塔尼任務》（*Assignment in Brittany*）、歐本海因（E. Phillips Oppenheim）的驚悚小說、傳說中的間諜英雄。但虛構故事再精采，碰到現實問題很快就會變得黯淡無光。莫雷必須先問自己這些現實問題，才能決定要不要送人上戰場，而且這些人很可能有去無回。

這支團隊評估的第一個特工（代號：巴德〔Bud〕），是個將以空降方式進入西歐的男性，他的任務是潛入各個城市，揭發納粹特務的真實身分。「他能應付空降之前，在飛機上的那種焦慮感嗎？」莫雷一邊思考，一邊觀察巴德吃飯、跑步、回答面談問題。「他能跟英國人相處愉快嗎？法國人呢？他能承受孤獨嗎？他能控制酒量嗎？」第二個特工（代號：羅伊〔Roy〕）將在加爾各答指揮情報局。莫雷對他的考量跟巴德完全不一樣。

「他耐得住雨季嗎？酷熱呢？香港腳？」他一邊思考，一邊旁觀羅伊吃午餐時把鹽遞給巴德。「他去夜店跟女人打情罵俏的頻率有多高？他會尊重印度人嗎？」[2]隨著特工人數漸漸增加，華盛頓指派的任務內容愈來愈複雜多元，莫雷發現自己思考的問題數量也有暴增趨勢。法國反抗組織的實力有多強、有多少武器？特工剛抵達南斯拉夫或希臘會碰到什麼情況？能否信任中國人跟美國特工合作？健康的美國中西部男孩對緬甸瘧疾病毒有多少抵抗力？角落那個看似頑固、身材魁武的特工，會不會被阿爾巴尼亞的游擊隊看上？這些問題都沒有明顯的答案，甚至沒有明顯的方式能找到答案。「無論以科學為基礎的心理學有多進步，**個人**事業的最佳系列預測（這是一種統覺運作）一定會牽涉到有經驗的制度、臨床直覺、無意識感知與統整的症狀產物，」莫雷寫道。「評估人類……是以不充足的數據做出充足結論的科學技術。」[3]

時間至關重要，但戰爭令每個人措手不及。莫雷沒有餘裕針對人格理論進行漫長的討論，或是裁決佛洛伊德派和榮格派學者、生物學家與行為學家之間無可避免的爭吵。他告訴團隊：「信念本身的重要性微不足道。」[4]他們沒辦法邀請不同團隊的分析師來評估美國、法國與日本的特工，仔細調整訪談與測驗，反映出跨文化與跨語言的差異。他們也沒辦法個別訪談每位新兵，從數千位申請者篩選出一個特別適合某項任務的人。比深度心理分析更重要的，是S站的團隊能設計出以心理學為基礎的「事實、行為與配備」，以便快速產出明確的答案，讓巴德和羅伊能在執行任務時保住性命。他們需要知道的是完美間諜的一般特質，任務、地點或語言不拘。因此，他們需要能夠評估新兵是否具備這種特質的系列測驗。

定義完美間諜不具備的特質，比定義他們具備的特質更容易。首先，莫雷想淘汰跟人互動時「愚笨、冷漠、陰沉、怨恨、自大或無禮」的人，無論是跟盟軍夥伴或是跟外國人互動。「此外，還得加上洩密可能造成的無法彌補的傷害，」莫雷強調。評估計畫的主要目標是減少可能危害國家安全的「懶惰鬼、易怒的人、演技差的人跟大嘴巴」。次要目標是找到符合七項條件的人選（有些是內向實感類型，有些不是），團隊一致認為這七項條件對有效執行戰情局的海外任務來說，極為重要：

執行任務的動力：戰爭士氣，對指定任務的興趣。

活力與主動性：活動力，熱情，努力，主動性。

有效情報：選擇戰略目標的能力……快速又實用的思考。

情緒穩定：控制負面情緒的能力，面對壓力的穩定性與耐受力，對混亂情況的忍受力，沒有神經質傾向。

社交能力：與人愉快相處的能力，善意，配合團隊，機智圓滑，不會成為偏見的目標，沒有惱人的特質。

領導能力：社會主動性，開啟合作的能力⋯⋯

安全性：保密的能力，謹慎、小心，說謊與誤導他人的能力。

針對風險特別高的任務，他們又加上三個條件：

體能：動作敏捷，大膽，強健，耐力。

觀察與報告能力：觀察與正確記住重要資訊的能力。

宣傳技巧：察覺敵人心理弱點的能力，設計破壞活動的技巧，以口說、書寫或繪畫說服他人的能力。[5]

這就是莫雷在韋勒家族的老莊園迎接踏著夕陽走進來的受測者時，S站內部亂中有序的實況。「我們永遠無法確知，自己是戰情局的資產還是負累，」[6]莫雷在工作紀錄中寫道。但是對他的受測者來說，這是個截然不同的經驗。

❖ ❖ ❖

假設你嚮往成為一個完美間諜。政府的招募人員告訴你，你很快就會被送去鄉間的評估學校上課三天。他沒有明確告知課程內容，只有說你必須匿名前往。所有的書信、書籍和照片，有姓名縮寫的襯衫、毛巾、手帕和任何物品，統統不准帶。學校裡沒人會知道你的姓名，你對在學校裡碰到的人同樣一無所知。他們會請你選一個新名字，做為你的代號。招募人員說，這些預防措施是為了保障你與「組織」的安全。

動身那天，你前往華盛頓特區二十四街與F街口的學校與訓練總部（Schools and Training Headquarters）報到。這是一幢沒有標示的廢棄磚造校舍，你在那裡脫掉所有衣物，銷毀內衣褲上任何能辨識身分的標誌。他們會發給你兩套軍方雜役的制服，也就是你往後三天的制服。換上制服後，你會被送進一個房間，裡面有二十九個跟你穿著相同制服的人，你們被指示安靜地等待。若有人無法忍受沉默，開口說個笑話和緩緊張氣氛，那個人就會消失。五點鐘一到，一位士官走進來點名。他大聲喊出你的新名字，你愣了一下才回答：「是，長官！」你走上一輛蓋著帆布的軍用卡車，它行駛十五英里之後，來到一個士官稱之為「S」的地方。你永遠不會知道「S」代表什麼意思。你只知道，無論這是什麼地方，它剝奪了你和身旁同伴的社會自我：姓名、地址、職業、階級，每樣能夠證明你的存在以及你在這世上定位的東西，每樣能讓別人認得你的東西。

一抵達「S」，你就為這座莊園的美景與田野的開闊感到驚訝。你以為會被送到一個髒亂的地方。所長和他的助理也親切到令你詫異。他簡短而親切地致詞歡迎大家。「我們的任務，」他說，「是發掘你們的特殊技能、獨特能力與才華，讓組織能夠充分利用它們……我們在這裡要做的是確定不會把工作指派給不適任的人。」[7]接下來三天，你將會接受幾十種評估。你會填寫一張個人經歷與健康狀況的問卷，寫下身高體重，描述自己做過什麼重複出現的惡夢。你會接受智力測驗、詞彙測驗、閱讀測驗、文化敏感度測驗與記憶測驗。記憶測驗是看一張手繪地圖八分鐘，看完之後回答湖泊、鐵路跟機場在哪裡。你也會被要求寫填空題，例如「我這輩子最主要的生活動力是＿＿＿＿」，或是「我在＿＿＿＿時候最害怕」。你會被要求在繩子上擺盪、爬牆、走獨木橋、涉水、打棒球。其中有一個測驗叫布里格斯－邁爾斯人格類型指標，做完這個測驗，你會知道自己是ＥＩＴＪ類型（「標準主管」、「充滿主動性與創意衝動」）或是ＩＳＴＰ類型（「超級可靠」、「分析與客觀」）。這些測驗結果將決定哪些任務最適合你的個人才能。

　　但你必須先完成一個更戲劇化的任務，這是為了考驗你唬人的能力。你必須為已被剝奪的自我創造一個新角色。所長會指示你發展、維持和散播一個假的故事，以你的新名字為起點，編織出一個人生故事。有幾個最基本的要求。你必須假稱某個地方是你的出生地，假稱自己是某些學校畢業的，假稱自己的職業，假稱自己住在某個地方。自我創造的故事沒有邊界。無限的可能會使你感到興奮，或是害怕到驚呆。所長察覺到你的興奮或不安之後，會提醒你不要讓角色脫離個人經驗太遠。「如果你對醫學一無所知，假扮醫生或許不太明智，」他說，「同樣地，如果你宣稱自己住在芝加哥，實際上卻從未去過芝加哥或是對那裡毫無了解，也是不太明智的作法。」[8]你必須以一定的流暢度扮演新角色。所長提醒你，其他學員會試著騙你曝光真實身分。你必須隨時保持警覺。

他宣布完指示之後，工作人員立刻把個人經歷問卷發給大家。他們請你以「真實自我」填寫這張問卷。

「開始！」所長說。「真實填答！」雖然他保證這不是陷阱，但你心中仍有擔心。他們現在要你扮演的，到底是哪個版本的你？

疑惑使你分心，你沒有發現動筆填問卷之前，評估早已開始。從你走下卡車的那一刻，他們就已經開始觀察你。由於他們沒有任何判斷人格的外在線索（例如西裝的剪裁與狀態、領帶的圖案、帽子的皺褶、皮鞋的亮度），所以只能非常辛苦地評估你的舉止儀態。無論你是靈活、孩子氣地跳下卡車，熱情地向迎接你的軍官自我介紹，還是小心翼翼、帶著遲疑走向大門，一切都在他們的觀察之中。他們特別注意你說出新名字的模樣。你有沒有看著對方的眼睛，帶著自信說出名字？你第一次說出假名字的時候，是不是說得又輕又慢？你是不是已經忘了自己選了哪個名字，結巴又含糊地想要掩蓋錯誤？他們觀察你穿上雜役制服是否感到自在，抹煞了自我的制服令你感到安心還是羞恥？他們觀察你對所長指示的反應，誰的身體向前傾，迫不急待想要跟工作人員鬥智？誰整個人靠在椅背上，裝出叛逆高中生的冷酷姿態？

雖然少了人格的公共標記，但是人格的外在線索（臉部肌肉動作、身體姿勢的角度、聲調）依然清晰可見。優秀的間諜必須學會刪除這些更深層的自我痕跡。他必須學會用新的、不熟悉的方式生活，而且要用一派輕鬆的態度，讓人忘記這其實是一場表演。完美的間諜必須說服自己，你不可能把「真實自我」的概念從你必須扮演的許多角色中抽離。所謂的「扮演」，就是以不同的角色在這世上觀察、操縱、防禦與逃避。完美的間諜必須學會當個破壞者、間諜、飛行員或信鴿訓練員，但更重要的是，當個愛國者。

❖ ❖ ❖

對莫雷來說，「完美間諜」跟「自我型領袖」一樣自相矛盾，是碰到任何情況，都能調整人格加以配合的大師。他不是光芒耀眼的「神祕男子」，至少不是榮格、莫雷或凱薩琳從深層心理分析的角度詮釋的那種人，而是一個永遠的演員，能扮演各種人格。一如毛姆的短篇故事裡出現的情報員，莫雷的完美間諜可以自在扮演希臘船業鉅子、滲入義大利街頭混混，或是執行俄國革命分子的破壞行動。自我型領袖利用人格，以自己剛愎自用、反覆無常的形象改造國家。完美間諜堅定捍衛現況，保護政府的利益。雖然他的角色經常改變，但是他對人格的運用基本上相當保守。間諜的人格，追本溯源，就是一個忠誠的叛徒。

做為第一個使用布里格斯－邁爾斯人格類型指標的機構，戰情局也率先承認「真實自我」（伊莎貝爾在早期的手冊中，稱其為「本性的事實」）只有在特定情況下才能發揮效用。偷偷摸摸、虛張聲勢、保守祕密等高壓的人際情境（莫雷認為這些都是間諜的專業活動），似乎比較適合其他的建立自我模式。間諜的靈活程度無法光靠紙筆測驗評估。他們需要一個能夠說明變幻莫測的間諜工作需要的理論，符合莫雷的比喻：戰情局的計畫是在想像和即興發揮的「劇場」情境裡發生，因此需要好的演員才能演出成功。此外，他們也需要新的測驗方式來幫他們籌組一支「劇場騙子」連隊。這是莫雷一九四四年底在戰情局簡報中提出的建議。[9]在那之後，他把行動交接給他的得意門生唐諾・麥金儂。麥金儂不但掌管S站，也在戰後把布里格斯－邁爾斯人格類型指標引入其他領域。

哪一些自我模式最適合幫S站找到「劇場騙子」？麥金儂手下的社會學家厄文・高夫曼（Erving Goffman）偶爾也兼做通訊記者，他認為理解社會互動（從親密的握手到大型軍事演習）最好的方式，是把它想像成一場連續的演出，每個人都或多或少意識到自己正在扮演某個角色。生活在這世上，你必須衡量自己各種表達方式之間的距離，以及這些表達方式給觀眾留下的印象：跟你握手的男士、盯著你踢正步的士官。對方也會試著確認自己給你留下的印象：握手的力道、聲調的高低等等。生命就像一連串的表演與回應，一邊表演一邊調整，確認你的演出確實製造了你想要的印象。這不是演戲，至少不是刻意的或直接的「演戲」。但高夫曼的理論確實含括了間諜的靈活程度、自我的建構與拆解。這是人格類型指標之類的問卷無法評估的能力，它們只評估「自我」與天生偏好。

S站第一天的評估都是紙筆測驗，第二天則是要求學員準備晚上的「即興發揮」練習，也就是以學員的虛構故事量身打造的各種戲劇情境，用來考驗學員扮演指定角色的能力。這個角色會要求他們應付棘手的人際情況。「我們對你的演戲能力沒興趣。事實上，在這裡演戲通常效果都很糟，」麥金儂告訴學員，「我們想知道的是，你演出自己被安排的角色時，能發揮多大的效用。」[10]他說明高夫曼提出的，有意識的演戲與無意識的表演之間存在著微妙差異，並鼓勵學員不要把自己當成「劇中人」。他們的說話方式跟行為舉止都應避免矯揉造作，否則就違反了這項練習的本意。若一個人全心投入角色，從頭到腳都相信自己就是這個角色，反而更有可能展露真實的人格。

即興發揮的情境有些是平凡的日常，有些是痛苦的折磨，例如職場衝突、婚姻摩擦、軍事演習。無論是哪種情境，工作人員都會依據學員的個人經歷，安排一個他們不相信自己能成功扮演的角色，一個會製造高度緊張、焦慮和尷尬的角色，進而影響學員正常的反思能力，改變平常的行為模式。以下是即興發揮的幾個例子：

一、某組織的F先生擔任行政助理的工作兩個月。他覺得自己表現良好。他的上司G先生卻對他的表現不滿意，所以決定把他叫進辦公室。請表演F先生和G先生的對話。

二、E是游擊隊的隊長，他必須命令手下F去執行一個可能會喪命的任務。他不認為自己能親自出馬，因為他必須領導游擊隊。F認為這個任務不太可能成功，他應該留著一條命去進行比較適合自己的其他任務。他向E發出抗議。請表演E和F的這場會面。[11]

假設有十五個學員，其中一個扮演F先生，另一個扮演G先生，那麼剩餘的十三個學員就扮演觀眾，旁觀劇情發展，視情況發出歡呼或嘲笑（當然，觀眾的反應也會被記錄下來，存留在檔案裡）。他們觀看的情境會隨著演員的人格類型而改變。如果工作人員指派一個愛出風頭的、外向的人飾演失望的經理G先生，這種個性的人需要認同跟威望，他會在觀眾面前展現才華來提升自尊，所以會用盡全力超越自己跟對戲的人。他或許扮演一個寬宏大量的上司，輕拍F先生的背，遞給他一杯威士忌，假裝關心地問他家裡是否一切都好，鼓勵他說出心中的擔憂。他也有可能會扮演一個暴君，怒罵、羞辱助理，甚至在F先生開口打招呼之前就已把他開除，並且相信這種奔放的自信才是「通過」評估的正確策略。如果飾演游擊隊長E的人屬於內向類型，他知道自己真實的個性會傳達不好的印象，所以他可能會「誇大演出」，故意說話結巴、大舌頭，或是絆倒自己博取觀眾一笑。或是努力改變自己的癖好跟習慣，導致演出變得生硬又呆板，就像小孩子的課後表演。無論是哪種情況，即興發揮都讓受測者展現出真實自我，這是紙筆測驗做不到的。[12]

有些被指定角色的學員，會覺得這個練習很沒意義而感到生氣。莫雷記得有位學員是幹練又有抱負的年輕軍官，工作人員猜測他對批評的容忍度很低。他們為他設計了一個情境，他的角色是知名演員X，他的對手是一個「很酷、口才很好的人」，飾演的是嚴詞批評X上一次演出的劇評家。進入X這個角色後，學員「表現出發自內心的勃然大怒，他怒罵『劇評家』，最後甚至假裝射殺他，」莫雷在紀錄中寫道。觀眾對射殺的橋段表達恐懼時，他變得更加憤恨難平。最後他衝出去喝酒。工作人員經常故意把酒櫃的鑰匙交給學員，考驗他們的自制力。他回來時已喝得酩酊大醉，瀕臨嘔吐邊緣。他對工作人員大吼大叫，責罵這場練習和這個週末完全是在浪費時間。他們在他身上發現的不只是洩密或惹惱上司的傾向，還有更危險的事：事態發展不如所願時，他可能會霸凌、懲罰別人，甚至訴諸肢體暴力。[13]

為了辨識出哪些學員可能有暴力或獨裁人格，莫雷和麥金儂設計了「謀殺之謎」遊戲。在測驗的最後一天，麥金儂會把學員集合起來，用非常嚴肅的態度發放當天的《費爾菲德紀事報》（*Fairfield Chronicle*），這是一份假造的報紙。頭版是在通往S站的路上發現了一具屍體，死者是威克斯太太（Mrs. J. W. Weeks），費爾菲德的檢察官判定這是自殺事件。學員擠在一起看報紙時，最近剛進城採買的工作人員會說，他們在費爾菲德雜貨店聽說威克斯太太的死因不單純。聽說這是謀殺，而且跟S站裡的人有關。其中一位叫做「席德」（Sid）的工作人員說，他有更重要的資訊要告訴大家。這時麥金儂會打斷席德（例如大聲說：「閉嘴，少說廢話」或是「回去工作吧」），然後走到一旁，看看學員敢不敢主動來問他這件事。

當學員向席德提出問題時，他會根據莫雷和麥金儂幫他寫的粗劣腳本即興發揮。

學員A：（小心翼翼地輕聲說）嘿，席德，我們可以跟你聊一下嗎？

席德：當然可以。我有碼表，可以幫你們計時……

學員A：（喃喃說出問題）你知道威克斯的事嗎？*

席德：我知道星期嗎？……當然知道。一年有五十二個星期，一星期有七天。

學員A：（顯得不耐煩）不是啦，是威克斯，那個死者的先生？

席德：（搖頭）喔對，也許吧。不認識，對。

學員B：（對學員A的猶豫不決感到不耐，加入對話）你今天有進城嗎？

席德：有。

學員B：你有聽說（暫停製造戲劇效果）謀殺案的事嗎？

席德：謀殺案？

學員B：（恢復耐心）對。

席德：去拉椅子吧。我要說的故事保證會讓人寒毛直豎。[14]

對莫雷與麥金儂來說，學員有沒有發現誰殺了威克斯太太（是一個叫克許〔Kirsch〕的德國間諜）、為什麼殺她（她是戰情局的特工），一點也不重要。重要的是觀察學員在面對席德喋喋不休的說話方式時，如何調整自己的詢問技巧。許多學員會被他的俏皮話跟岔題逗笑。有些人會被他拉著走，用文字遊戲回敬他的雙關語。但也有些人會對席德發脾氣，試著說服其他學員一起把他架到地下室的詢問室。那裡很黑，沒有家具，而且

＊ 譯註：「weeks」也是「星期」的意思。

隔音良好。一個本來很害羞的美國大兵對席德咆哮，說要是他不肯直接回答問題，就要揍他一頓。另一個內向直覺類型的害羞學員在席德每次說笑話時，就直接給他一巴掌。莫雷和麥金儂注意到有多少學員會在想像遊戲中扮演權威角色時，趁機行使不受控制的權力，用超乎人格類型預測的方式傷害他人。在想像的間諜遊戲中，自我發現與自我創造之間的界線逐漸模糊，直到有些人開始訴諸暴力。

「S站是一個社會，就像船員出於暫時需求而聚在一起，過著與世隔絕的生活，」莫雷在簡報中寫道。這裡不只是做測驗與模擬情境的地方。他們在這裡吃、住、睡覺，彼此競爭，一起玩遊戲。有些人在這裡出類拔萃，有些人跌落到神祕的階級底層。這是個完全匿名的地方，而且矛盾的是，莫雷說，唯有如此，「才能看見一個人真實的全貌。」有時候，真相很可怕。

❖ ❖ ❖

莫雷與麥金儂的即興發揮練習，比米爾格拉姆（Stanley Milgram）的實驗早了幾十年。米爾格拉姆一九六一年以「服從權威」與「個人良知」的衝突為實驗主題，請部分自願者扮演「老師」，當扮演「學生」的自願者答題錯誤時，他們可以對「學生」施以愈來愈強的電擊。此外還有金巴多（Philip Zimbardo）一九七一年的史丹佛監獄實驗，他請某些大學生扮演獄卒，某些扮演被獄卒虐待的囚犯。S站的角色扮演完全呼應阿多諾的法西斯理論，他是流亡至美國的德國批判理論家。阿多諾發展法西斯理論的同時，莫雷和麥金儂正在韋勒莊園的地下室，旁觀受試者尖叫、掌摑、假裝射殺彼此。

阿多諾在散文集《道德底限》（*Minima Moralia: Reflections on a Damaged Life*）裡回憶希特勒的演講：鼓聲、火炬，狂熱的氣氛引領德國人「半知半覺地走向滅亡。」[16]阿多諾逃離德國，他先逃到英格蘭，然後是紐約，最後去了加州。他在加州等待戰爭結束，並試著思考在奧斯維辛集中營的酷刑之後，社會理論的目的應該是什麼。他逃亡至美國的情況，種族屠殺的恐怖，都令他想不出在哲學的明鏡碎裂之後，人類應該如何好好度日。他能做的是悲觀地思考邪惡，而且不只是思考，還要設法把它從看似民主的社會中搜查出來。他希望透過這種作法，德國的遭遇永遠不會在世上其他地方重演。「你眼中的碎片，是最棒的放大鏡，」他寫道。他用雖有裂縫卻依然銳利的凝視，望向法西斯主義的未來。

戰爭結束後，阿多諾與柏克萊分校的心理學家桑福德（Nevitt Sanford）、弗倫克爾－布倫斯威克（Else Frenkel-Brunswik）以及萊文森（Daniel Levinson），參與了一個共同計劃。這項計畫由美國猶太委員會資助，研究法西斯主義的認知與行為。《威權人格》就是這項計畫的研究結果，為讀者提供「潛在法西斯分子」的粗略樣貌：就算從未使用暴力行為，但心理構成容易受到反民主宣傳影響的人。不同於莫雷的人格學，阿多諾與他的團隊感興趣的不是希特勒的異於常人，而是被納粹意識形態吸引的觀眾。他們容易被相同的偏見、敵意與非理性吸引，只是藉由希特勒的嘴說出來。「法西斯宣傳的任務……」作者群寫道，「在反民主的潛在意識已存在多數人心中的時候，比較容易達成。」[17]納粹發揮的作用，僅止於他們能夠「完全激發」德國人的反民主潛在意識，同時一面踩熄「最微弱的反對火花」。

若法西斯主義是現代工業社會的延伸，光是剖析一個胡言亂語的瘋狂法西斯領袖，無法防止法西斯主義在其他地方崛起。社會階級使人有上下之分，這意味著社會壓迫的印記，早在蠱惑人心的政治領袖開口之前，就已深深印在群眾的靈魂上。阿多諾相信唯一的解決之道，是消除靜態的、假借生物學的人格類型觀念，以全然自我反思的人格測驗取而代之。戰後世界需要的，不是把人類區分成「正常」和「不正常」類型的自我探索測驗，而是一種「批判式的類型學」，這種類型學的二分法主要是「一個人是不是標準化的自己，並且以標準化的方式思考；還是真正的『個體化』，反對將人類經驗標準化。」關鍵在於設計一種人格類型測驗，而且矛盾的是，這種測驗可以消除以類型學思考的衝動。[18]

無論從理論還是實用的觀點來說，問題都在於如何預測一個人可能發展出法西斯行為。不是他明顯的偏好，也不是他過去的行為，而是在未來某個不確定的時間點，可能會導致他出現法西斯行為的潛在欲望。阿多諾與他的團隊著手設計「F量表」，這張問卷有四十四道題目，受測者回答自己對每道題目有多同意或多不同意。每道題目的基礎都來自阿多諾的信念：法西斯領袖的獵物是那些傳統的、阿諛奉承的、尊重中產階級價值觀的、想要讚揚和屈服於權威的人。（其中一道題目是：「順從和尊重權威，是孩子應該學習的、最重要的美德。」[19]）不懂得批判的大腦，容易接受迷信與刻板印象，而且不相信有想像力的想法。（「商人和製造商對社會的重要性，高於藝術家跟大學教授。」）這種人會被敵意振奮，被偏執誘惑，而且過度關注性愛「活動」。（「跟現在這個國家的某些情況比起來，甚至在人們最料想不到的領域，古希臘羅馬人的狂歡性愛簡直就是小兒科。」[20]）阿多諾和他的團隊相信，藉由有系統的方式研究邪惡，就能夠在邪惡發展成可怕的政治現象之前，辨識出這種新生的心理狀態。

《威權人格》指出，法西斯傾向不一定會以最明顯的方式誣陷。為了驗證F量表，阿多諾與桑福德訪談了兩名男大學生，代號分別是「邁克」（Mack）與「賴瑞」（Larry）。邁克有明顯的威權思考傾向，高談闊論他對自己視為脆弱的人或制度感到蔑視：老羅斯福總統、羅斯福新政、公務員和所有的少數族群。他相信同性戀、性罪犯、政治異議分子以及沒有對父母表現出「不朽的愛」的人，都應該被視為異常並接受政府的處罰。他的人格裡最突出的特質正是憤世嫉俗。在問卷上的所有題目中，他最同意的題目是：「戰爭與衝突，是人類的天性使然。」[21]

相反地，賴瑞既溫柔又包容，自稱是個「哲學家」，非常注意自己和他人的感受。他不想為了任何事去責怪或懲罰任何人：經濟大蕭條、一次大戰、二次大戰。他相信人類生而平等。跟邁克的憤世嫉俗不一樣，賴瑞「對世界有一種天真的樂觀和友善」。[22]他懷抱著希望，阿多諾相信，他也能讓其他人在歐洲的法西斯主義結束之後，對批判的、個體化的自我重新復活心懷希望。

但是，如同阿多諾與共同作者在《威權人格》的結論中所述，這樣的希望取決於改變工業社會的整體結構，而不是改變由每一個邁克自己形塑的心理構成。「政府不斷塑造群眾，目的是為了維持整體經濟模式。塑造群眾所耗費的能量，與群眾內在朝不同方向移動的潛能之間，有直接的關係。」[23]從二戰之後人格類型的發展看來，令阿多諾與共同作者悲嘆的經濟模式不但獲得延續，甚至變本加厲。人格類型將繼續滲入戰後美國的所有機構，包括企業、大學、醫院、心理學實驗室。如同伊莎貝爾一九四四年發出的惋惜，人格類型並未幫助美國贏得勝利，但它卻在美國工業界的核心築起穩固的軍營。

註釋

1 Myers, "IBM typology 71 transcript."
2 OSS Assessment Staff, *Assessment of Men: Selection of Personnel for the Office of Strategic Services* (New York: Rinehart, 1948), 15.
3 同前, 8.
4 同前, 27.
5 同前, 31.
6 同前, 9.
7 同前, 64.
8 同前, 65.
9 同前, 14.
10 同前, 169.
11 同前, 170.
12 同前, 175.
13 同前。
14 同前, 192.
15 同前, 221.
16 Theodor Adorno, *Minima Moralia: Reflections from a Damaged Life* (New York: Verso, 2005), 104.
17 Adorno, *Minima Moralia: Reflections from a Damaged Life*, 10.
18 同前, 476.
19 同前, 255.
20 同前, 239.
21 同前, 227.
22 同前, 277.
23 同前, 976.

10 人民的資本主義 People's Capitalism

伊莎貝爾在合益顧問公司當兼職員工七年，總收入一一〇八美元：五〇四美元來自時薪，五一四美元來自一九四三到五〇年的人格測驗銷售。除了與「莫雷公司」的第一份合約之外，她的收入一開始並不多：一．二〇美元，紐約的乾塢儲蓄銀行（Dry Dock Savings Bank）購買兩本測驗簿，四份答案卷；〇．八〇美元，費城的湯林森出版社，購買一本測驗簿，六個員工一起做。她為老里丁啤酒廠（Old Reading Brewery）的行銷經理評估了一位員工，這家啤酒廠位於賓州的里丁。她評估的員工是一位莫先生（Mr. Moe），評估的職位是外出啤酒推銷員。測驗結果說他是EIFP類型：外向、直覺、實感、感知。「莫先生的布里格斯－邁爾斯人格類型指標顯示，雖然這個人有豐富的想像力與規劃新計畫的主動性，但某些工作他可能會半途而廢，」她把結果口述給海伊的助理謄寫，「他必須對你的公司有非常誠摯的關懷，你們才能信賴他執行許多計畫。表面上看起來，他不像是適合里丁地區的推銷員，也欠缺優秀外出推銷員需要的紀律。」[1]她的結論是：

進一步評估莫先生，只是浪費她的時間跟啤酒廠的錢。

有了獲利之後，她想買賣股票。她持有通用汽車、菲爾普斯道奇礦業（Phelps Dodge）、費城壽險（Philadelphia Life Insurance）與聯碳公司（United Carbon）的股票。這些都是她經常買賣的優質美國股票，偶爾會把獲利捐給史華斯摩學院的校友基金會，金額都不大，五美元、十美元或二十五美元。她不太相信直覺，她在經濟大蕭條時期吃過虧，幾乎把小說的獎金輸光。「或許我應該在股價技術性上漲時賣掉通用汽車的股票，我認為這波上漲已經開始了，」一九五四年二月，她在給母親的信中寫道。「問題是，我跟你同時賣掉菲爾普斯道奇的股票，就是春天跌價的時候。我到現在還覺得很難過，很想用自己的錢試試『退出市場』。」她在股價五十・二五美分時賣掉通用汽車的股票，但立刻就感到後悔，接著又對後悔的情緒感到後悔，因為她的後悔似乎證明了她的猶豫不決。「或許我就是個膽小鬼，」她擔憂地說。不過她的信心很快就回彈了。「重要的是學習。目前我們的投資很充裕，前提是我們可以明智而謹慎地運用資金。」[2]

伊莎貝爾學到的不只是如何取巧獲利，她也在學習如何管理豐富的感受。失望、渴望、快樂、不安、後悔，這些都是資本主義者會體驗到的感受。這些企業壯大美國，擁有它們的股票是件驕傲的事。一九五五年，為她買賣股票的沃斯頓、霍夫曼與古德曼證券經紀公司（Walston, Hoffman, & Goodman）告訴客戶，「艾森豪牛市」即將到來，因為親商的共和黨總統當選，而這位總統曾預言「人民資本主義」的興起，也就是民有、民治、民享的資本主義，並預告工業生產的獲利將分出部分做為員工的退休金與儲蓄。[3]人人都可以是資本家，是志得意滿的肥貓。艾森豪與廣告委員會主席瑞普利爾（Theodore Repplier）想把這張閃閃發光的期票賣給美國的工人，因為冷戰宣傳與共產黨要求由無產階級領導的政治、經濟和社會全方位改革，已將美國工人團團包圍。人民的資本主義是「跟蘋果派一樣的美國特色」，瑞普利爾驕傲地說，而且好處不限財務方面。美國工人可以享受更多休閒時間。他們可以賺到錢去看球賽和裝修房子。他們可以學習熱愛工作，因為他們將擁有「**全然的**自由，」瑞普利爾堅稱，「想去哪裡工作、投資、創業都可以。」伊莎貝爾大學畢業滿三十年前夕，她在填寫史華斯摩學院的校友問卷時，職稱欄位不再是「家庭主婦與母親」。她已經離開合益顧問公司，她認為自己是「布里格斯－邁爾斯人格類型研究的老闆」，總部在她家的地下室，地址是賓州史華斯摩狄克森大道三二一號，一幢有山牆的殖民風格房屋。從她揮灑的字跡看得出她很自豪，或許更重要的是，看得出她對人格類型事業的熱愛。[4]

喜歡或甚至熱愛工作可以給人強大的解脫感，這種普遍的觀念與二次大戰期間，布里格斯－邁爾斯人格類型指標如何擄獲美國職場密切相關。伊莎貝爾第一次把這套人格類型指標交給海伊時，二次大戰尚未結束。根據社會學家懷特（William H. Whyte）所寫的暢銷書《組織人》（*The Organization Man*），一九五六年有多達六成的美國企業使用人格測驗。不只用來篩選潛在員工，也用來「檢驗」原本的員工，目的是確定員工都心滿意足、無憂無慮，並且依然相信工作本身的好處。「以前的上司必須自己推敲。現在他們可以先諮詢心理學家，看看測驗怎麼說，」懷特諷刺地寫道。[5]他認為，人格測驗代表組織與規定的控制。「讓我們好好思考這些問題真正的目的，」懷特對讀者發出邀請。「請回答同意、不同意或不確定：〔6〕我一定會下地獄。〔7〕我經常全身長滿紅點。〔8〕性行為很噁心。〔9〕我喜歡有主見的女人。〔10〕我聽見奇怪的聲音跟我講話。〔11〕我爸爸很獨裁。」[6]從這些問題的措辭，就能看出這家公司對他們所重視的人格類型，有怎樣的集體期待。

但人格測驗代表的不只是一家公司，而是新興的白領工作文化。一九五〇年代中期，在奇異公司、標準石油、貝爾電話、華盛頓燃氣照明公司、賓州公司、國家統計局等企業和機構裡，人格類型的詞彙協助推動了資本主義的新精神。員工將與最適合他們的工作配對，也就是能讓他們發揮專長與創意的工作，帶給他們最大的個人滿足感，獲得上司與同僚的喜愛，這等於鼓勵他們把自我意識深深嵌入朝九晚五的工作裡。大規模人格測驗，是懷特稱之為「組織人」的自由人文主義者出現的原因之一。組織人「出門上班，心靈和身體都誓言投入組織生活」，相信工作能讓自己變得完整。組織人是戰後職場的「思想與靈魂」，他們是某種世俗信念的先知，亦即相信合理化的階級勞動是良善的。他們是和善、正常、努力工作的人。更重要的是，他們是忠誠的員工。若放在今日，他們會是經理人口中「有團隊精神的人」。他們透過人格測驗聽見組織的聲音，而且既大聲又清楚，而他們也以承諾回應組織的聲音：我們將肩負美國企業的命運起伏。[7]

身為虔誠的組織人，伊莎貝爾將發現她的命運會隨著一九五〇年代人民的資本主義與白領工作起飛，而她母親的期望將漸漸凋零。凱薩琳不適合這個新的世界秩序。八十歲的她已蒼白、衰弱、健忘到令伊莎貝爾跟萊曼害怕的地步。在慶祝伊莎貝爾的生日與兩個孫子畢業的家族合照時，凱薩琳一直在鏡頭外徘徊，用空洞、驚訝的眼神盯著女兒跟孫子。

雖然癡呆症逐漸加劇，但凱薩琳從未遺忘榮格。他們在紐約的飯店碰面的多年之後，她鼓勵伊莎貝爾寫信給榮格，把她們在人格類型理論上的成就告訴他。「功能類型理論非常重要，值得每個領域參考：教育、職業選擇、婚姻、人際關係，」伊莎貝爾堅定地告訴榮格。「家母和我等了十八年，期待人格類型理論獲得應用，最後我們決定親自上場，因為我以人格類型理論持家的過程中，發現它是促進家人理解與幸福的無價之寶。」[8]她隨信附上一份表格C問卷，並詢問榮格下次她和丈夫去歐洲時是否有機會碰面，因為伊莎貝爾的兒子彼得拿到牛津大學的羅德獎學金，他們打算再次去英國探視兒子。

當時榮格久病未癒，他讓祕書回了一封態度親切的信，但他一九二〇年代對待凱薩琳的熱情已不復見。「既然你們對這件事付出大量心思，我想你們的進展已超出我能夠評論或建議的程度，」他寫道，「我已經很久沒做這方面的研究，因為我的興趣已轉往其他方面。但我認為，對人格類型理論的未來發展而言，你們的類型指標將是一大助力。」[9]這是他最後一次跟這對母女通信。他在回信之後不久便過世了，現在看來似乎時機恰當，因為他永遠不知道自己的名字將與布里格斯、邁爾斯以及她們奇特的發明連在一起。

❖ ❖ ❖

從二次大戰結束到一九五〇年代初期的軍備競賽，布里格斯–邁爾斯人格類型指標在賓州、紐約與華盛頓特區掀起熱潮，位高權重的客戶都滿意得大力支持它。在老大與鄰居忙著建造避難室、孩子們在學校裡進行防攻擊演習的時候，伊莎貝爾則是忙著接案，她的客戶數量呈倍數增長。她接到了來自大學、政府機關與大型製藥公司的大量訂單，包括她的母校史華斯摩學院、父親長期服務的國家標準局、波士頓第一國家銀行、貝爾電話公司，以及羅安–安德森公司（Roane-Anderson Company），這是一家原子武器的包商，是她父親透過曼哈頓計畫的人脈幫忙介紹的客戶。她不羞於向家人求助或利用家人的社交網絡。從不錯過機會自我宣傳的海伊也以她的名義寫信給自家客戶，宣稱人格類型指標的成功也有他的一份心力，雖然他顯然對它的起源和理論基礎都缺乏認識。「這項測驗的基礎是榮格的心理學類型心智，」他告訴一位客戶，「伊莎貝爾・布里格斯・邁爾斯太太之所以設計出這項測驗，是因為一九四二年曾與我合作。我提供的顧問服務稍微使用過這項測驗。」[10]

到了一九五〇年代中期，她的客戶已包括美國的大型公共事業與保險公司。他們每年固定購買五十美元以上的測驗簿與答案卷。紐約的家庭壽險公司（Home Life Insurance Company）買過兩次，一次是判斷求職者能否成為優秀的壽險業務員，一次是計算某個壽險要保人是否應該調高保費（根據伊莎貝爾的評估結果，外向直覺類型（ＥＩＴＰ和ＥＩＦＰ）比較容易出現高風險行為）。奇異公司請伊莎貝爾幫層級最高的主管做人格類型評估，用來建立人格類型與管理能力之間的關聯理論。「主管面對的問題形形色色，但他必須做的事情只有三件，」她寫道：

一、他必須做決定。

二、他必須是正確的。

三、他必須說服關鍵人物他是正確的。[11]

對決斷類型（J）來說，做決定是最簡單的事。但管理的成功與否不能只靠決定，因此奇異公司的主管中只有百分之五十屬於決斷類型，另外百分之五十屬於感知類型（P），他們擅長考慮別人的觀點，「更容易做到停、看、聽」。內向思考類型（ISTP或IITP）較有可能「做出影響最深遠的決定」，而外向情感類型（ESFJ或EIFJ）較有可能以自然而圓融的溝通方式來說服他人。她認為完美的主管人格類型並不存在。「沒有一種人格類型**天生具備**有益於必要決定、必要分析與必要溝通的所有條件，」她寫道。不同人格類型的主管，各有各的強項。她的工作是幫助他們克服弱點，也就是他們的「劣勢功能」。

她給這些主管出了練習題。情感類型必須做邏輯練習，在自己的備忘錄裡加入客觀事實與金額數字。思考類型必須詳列批評的「慣用句」，先以「少量的同情或讚賞」做為開場白。伊莎貝爾請這些主管特別注意（a）與（b）這兩種說法的差異：

（a）「我認為你對瓊斯的看法完全錯誤……」

（b）「我明白你的感受，但我認為你對瓊斯的看法或許錯了。」

（a）「貝茨失去那個職位是當然的事。他當初不該……」

（b）「貝茨失去那個職位很遺憾。他當初不該……」

（a）「那件外套肩膀的地方不合身。」

（b）「這個顏色很適合你。可惜肩膀的地方不合身，影響了效果。」

「十有八九，」她建議這些主管，「就算完全是貝茨咎由自取，思考類型……也不認為貝茨失去那個職位很遺憾。他認為那件外套的顏色很好看，但是他無法接受不合身的剪裁。他大可以提及這些能夠和緩氣氛的地方，只是他覺得何必多此一舉。」不過，考慮到良好的人際關係（以及工作繁重的人事部門），這種麻煩絕對值得。這麼做能防止員工為了大大小小的意見分歧而反抗主管。下屬就算受到責備，或是像貝茨一樣丟了工作，也依然覺得自己受到尊重與欣賞。最後，這會為主管帶來深刻的自我滿足感。「他太少發揮的情感也會變得更正面，」伊莎貝爾如此下結論。

她的業務範圍從測驗變成諮商，似乎是很自然的發展。畢竟，只知道自己的人格類型卻不知道如何應用，有什麼意義呢？她最有力的概念盟友是海伊介紹的客戶奧利佛・亞瑟・歐曼（Oliver Arthur Ohmann），他是標準石油的副總裁助理，也是企業開發部的部長。歐曼也是率先提出「工作與生活平衡」觀念的管理理論家之一，現在這個觀念已是廣為接受的共識。不過在當時，這個想法對它的意義不同於對現代工作者的意義。歐曼認為標準石油的經理與工人，以及一般勞動階級，都有心靈匱乏的情況。「我們的經濟生產力蓬勃，生活水準也達到歷史新高，但我們卻活得緊張、沮喪、缺乏安全感，而且充滿敵意和焦慮，」他在《哈佛商業評論》（*Harvard Business Review*）中發出哀嘆。問題不在於「勞工組織試圖要大家相信的利益分配」，歐曼信誓旦旦地告訴讀者，以免他們誤會他同情工會領袖或社會主義者。他指的是「工作的意義」這個觀念裡特有的某種東西，從最高層的主管到最基層的鑽油工人都受其影響。「我們對工作的不滿，難道不是在表達我們渴望工作能為自己帶來更崇高、更持久的精神價值嗎？」他問道。「如果我們星期天膜拜上帝，星期一到五膜拜金錢，要如何維持人格的完整性呢？」[12]工作與生活之間的衝突，不是單純的時間分配。而是無論工作或休閒，在職場或家裡，都要抱持精神與心理上的完整。

歐曼想找到一種新的宗教，處理資本主義疏離勞工的老問題：員工的心理狀態與生產行為分道揚鑣。他之所以這麼做，不是基於道德或倫理，而是因為身為主管，他認為這是讓公司蒸蒸日上的唯一選擇。一九四九年，歐曼初次向海伊購買布里格斯－邁爾斯人格類型指標，用來評估標準石油的員工。他找到維持「人格完整性」的完美解決方案，那就是讓員工認識他們的真實自我，並說服員工他們因上帝的創造而存在，而這份工作是自我存在的自然延伸。這種觀念或許有助於增加生產力，歐曼認為這是「更崇高、更持久的精神價值」與現實工作之間的完美結合。「工作與生活平衡」最初的意思是在上帝和金錢之間取得妥協，歐曼告訴海伊和伊莎貝爾，這個觀念大體上是由布里格斯－邁爾斯人格類型指標促成的。[13]

歐曼的先見之明，必定使伊莎貝爾想起母親深信人格類型的心靈力量。儘管如此，伊莎貝爾卻不像歐曼一樣，認為人格類型可以使每個人的心靈都受惠。知道自己的人格類型，不會為每位員工帶來平等的好處。如果公司的主力員工是非技術性的勞工，她就不鼓勵這些公司花太多錢評估他們，也就是這些員工被剝奪了自我認識的預設益處。她告訴海伊：「智力與發展程度較高的人類，才能反應出人格類型的差異。」[14]這個想法呼應凱薩琳多年前提出的基本觀念，她把世人分類為「原始人」與「文明人」兩種階級。伊莎貝爾在信中告訴海伊，根據她自身的經驗，主管「在每項評估條件上」都顯現為高度發展。[15]除了國家標準局的某些頂尖科學家之外，主管超越每個她評估過的各類員工。她年近八十的父親退休前在國家標準局服務，她剛結束羅德獎學金研究的兒子現在也進入標準局工作。相比之下，工廠工人、技工與其他藍領階級，人格類型的發展程度最低。

當然，因為缺乏對照研究與實證，所以無法驗證伊莎貝爾的想法：智力與人格類型偏好的強度成反比。但如同一九四〇年代最有名的「智商測驗」，證據並不重要，重要的是這項指標能否證實早已被世人認定為「自然的」或「正常的」差異，例如富人、白人與有上進心的人，自我覺察的能力優於其他人。沒有人（包括伊莎貝爾）發現，其實成功、自信、大權在握的男性反而呈現最強烈的偏好，這裡的權力指的是金錢或制度權威。

花錢請她處理煩人或無趣的人事問題的客戶，通常就是這些成功男性。以抽象的、偽科學的人格類型詞彙做為掩護，談起聘雇、解雇、升遷與人事精簡變得更加容易。伊莎貝爾的假設是：「把員工放在符合人格類型的職位上，他們就能把工作做得更好、更喜歡工作，而且做得更長久。」她用軍事比喻說明這種觀念能對「員工流動率造成雙重打擊」。[16]這個假設的證據來自五百五十位受測者的測驗結果，他們是華盛頓燃氣照明公司的員工，伊莎貝爾認為這是既清楚又明確的證據。她從一九四六年開始為這家公司評估員工，從那時候至今，已有兩百二十三人離職或遭解雇，兩百九十六人仍在職，其中有三十一人的「員工紀錄上留有警告或其他不良紀錄」。仍在職且工作前景看好的員工之中，大多在做「適合自身人格類型的工作」。伊莎貝爾總結：內向類型適合會計與事務工作，外向類型適合抄表與機械工作。當然，這個結論依然缺乏對照研究與實證。「驗證的嘗試因為數據不足而失敗，」她在信中告訴海伊。但是，這家公司的人事部門依然根據她的建議調動員工，讓他們去做符合布里格斯－邁爾斯人格類型的工作，或是在找不到合適配對的情況下開除員工。

經常會有銀行或醫院請她去評估女性員工（打字員、護士），看看人格類型與女性能否「勝任」一份工作之間有何關聯。有時候，她會被自己熟知的理論嚇到。她驚訝地發現，最優秀的護士是內向類型。內向與工作表現之間的關聯性如此顯著，她雖然覺得奇怪卻沒有深入探究。她碰到的可疑結果不只這一個。有些重複測驗的受測者，人格類型彷彿一夜之間徹底改變。思考類型變成情感類型，決斷類型變成感知類型。她重新閱讀榮格的著作後，發現這種情況的術語叫做「反向轉化」（enantiodromia），意思是「轉移到對立面」，在轉移的過程中，原本沒有表現出來的偏好會在心靈裡上升到「更尊貴的位置」。[17]她向海伊保證，她之所以無法驗證人格類型指標（亦即無論何時進行測驗，都能從受測者身上獲得一致的結果），原因出在榮格心理學的理論本身。

伊莎貝爾為海伊說了以下這個故事為例，主角是一位女祕書，她的主管請伊莎貝爾評估她的人格類型，第一次的測驗結果發現她是直覺（I）思考（T）類型。第二次測驗後，她卻成了實感（S）和情感（F）類型，違反了人格類型終生不會改變的假設。伊莎貝爾懷疑可能的原因有兩個，一個是她第一次測驗時沒有誠實回答，另一個是學會人格類型的詞彙之後，她的無意識心智產生戲劇化的、劇烈的心理轉變。為了判定原因，伊莎貝爾決定直接訪談她。

某個週日夜晚，她突然到祕書家登門拜訪，並且像當年凱薩琳為丈夫記錄夢境那樣，拿出索引卡請祕書把最近的夢境告訴她。她靜靜等待祕書開口，她說忽然之間，祕書猶如進入催眠狀態般從無意識湧出「大量象徵與比喻」。祕書說夢到自己買了一棟破舊的房子，正要準備裝修。她在屋外碰到「一位能與她進行平等對話的黑人女性」。「黑人與次等種族，代表心靈受到壓抑和被視為劣勢的部分，這是很典型的象徵，」伊莎貝爾告訴海伊。以前伊莎貝爾和瑪莉·塔克曼夢中出現其他族裔的人，凱薩琳也是如此解釋。祕書夢中的黑人女性能被視為地位平等，伊莎貝爾認為這似乎是個徵兆：受測者已準備好要對心靈裡的劣勢部分（實感與情感功能）與優勢部分（直覺與思考功能）一視同仁。

分析這位受測者的夢境令伊莎貝爾停下來思考，但不是因為這個小故事裡的種族歧視前提（她已經很久沒有對平等或公正有過任何強烈感受），而是因為她知道自己必須設法解決受測結果與人格類型不一致的問題。她告訴海伊，她相信這種轉化意味著人格類型不只會被動反映真實自我，它還會從藏在內心深處、包裹著不確定與自我仇恨的繭裡，激發出更好的自我。這位祕書內心的繭裡藏著被社會貶低為沒有效率、軟弱或女性化的感知功能（例如實感）與判斷功能（例如情感）。伊莎貝爾推斷，「這樣的揭露，這樣的發現，是在被**她與他人**都低估了的心靈部分裡找到價值。」她對夢境的詮釋驚人地延伸了母親的種族想像，而且還藉由人格類型把這種想像世代流傳下去。

❖ ❖ ❖

這位祕書有沒有可能造假測驗結果？她可能在沒有正確答案的測驗中作弊嗎？懷特的《組織人》有一個附錄很出名，叫「如何在人格測驗中作弊」。他鼓勵受測者盡量作弊。懷特的語氣既無情又現實，當然如果你認同他的想法，會覺得非常有趣。他認為人格測驗愈是強調自己是一項「個人測驗」（客觀的自我發現，『鼓勵差異，而非從眾』），就愈是「把個人全面整合」在有組織的社會風氣裡。[18]「科學至上主義的各種應用，」懷特說，「都是在把社會價值觀吹捧成神聖不可侵犯。基本上，人格測驗都是忠誠度測驗，或是潛在忠誠度測驗。這些測驗從題目到結果的評估都不是中立的。它們充滿價值觀，組織的價值觀。測驗結果是一組衡量標準，只對聽話、平庸、缺乏想像力的人有利，犧牲了社會與任何組織賴以繁榮昌盛的特殊個體。」[19]

因此，懷特鼓勵求職者無論自身特殊與否都要作弊，而且要用最有策略的方式作弊。如果人格測驗是求職條件之一，不要把自我發現或誠實當成測驗目的。你的目的應該是盡量投射出完整而澈底的平庸人格。「你必須知道重點不是沒有得到好成績，而是避免得到壞成績，」懷特寫道，「至於什麼是壞成績，取決於這家公司用怎樣的標準衡量你，這種標準因公司與工作類型而異。你的成績通常是以百分等級的方式呈現，也就是你的答案與其他人的答案對比的結果。」「你能否安全過關，」他提醒讀者，「要看你的成績是否落在百分之四十到六十之間。也就是說，你必須用一般人的角度去答題。」[20]

當然，要知道某家公司裡的一般人該是什麼樣子不太容易。在奇異公司跟標準石油工作的人，彼此之間可能存在著某些差異，無論是多麼微小的差異。但是你可以根據組織人的形象做出假設。根據懷特的形容，組織人徹頭徹尾毫無特色。組織人很保守、很親切、枯燥無味，除了努力工作以及跟別人一起盡責工作之外，他們沒有其他想法。這種一塵不染、令人尊敬的人物，一年前史隆·威爾森（Sloan Wilson）曾在小說《穿灰法蘭絨西裝的男子》（*The Man in the Gray Flannel Suit*）裡詳細剖析過。懷特鼓勵受測者把以下幾句話背起來，這樣無論碰到什麼題目，都能提供最「傳統、普通、平庸」的答案。

a. 我愛我的父母，但是愛父親稍微多一點。

b. 我對現況頗為滿意。

c. 我向來對任何事都不太擔心。

d. 我不太喜歡看書和聽音樂。

e. 我愛老婆跟孩子。

f. 我不讓他們阻礙公司的工作。

懷特的這張清單之所以可笑，第一個原因是這個人似乎毫無個性。從「我對現況頗為滿意」或「我不太喜歡看書和聽音樂」等如此單調、模糊的宣言，根本無法推斷出一個人的人格。此外，這種建構在對雇主忠誠到誇張的無人格或非人格也很可笑。對雇主忠誠超越對妻子與孩子的愛，驅使人故意對閱讀跟聽音樂漠不關心，也就是不做充滿想像力的活動（根據布里格斯－邁爾斯人格類型指標，這是典型的內向特質），因為此類活動可能會削弱組織人的人格賴以存在的社交能力。不過，這張清單的可笑本質在於捏造人格，任何人格，甚至是過度平淡的那種人格。記住清單上的句子，然後一邊默念一邊拿著鉛筆填寫答案卷，就是用某種難以操縱的、故障的機器取代自我。[21]用社會學家米爾斯（C. Wright Mills）的話來說，這是把自我變成「興高采烈的機器人」，或是阿多諾口中的原始法西斯工人。

就連像布里格斯－邁爾斯這樣的人格測驗，雖然宣稱沒有標準答案，作答時也必須極度小心。懷特提醒讀者：「儘管這些『核對清單』類型的測驗，每一道題目都沒有正確答案，但若是不小心回答，累積起來的測驗結果可能使你陷入麻煩。」[22]例如第六十一題（「通常你是（a）擅長與人打交道，（b）在群體中比較含蓄？」），你可以承認自己參加聚會時不善交際。但是，如果碰到類似的題目你給了太多相同的答案，肯定會惹禍上身。例如第四題：「在社交場合上，你會（a）盡量只跟你喜歡的人聊天，（b）跟大家打成一片？」或是第二十四題：「必須認識陌生人時，你通常會覺得（a）很愉快，或至少是一件輕鬆的事，（b）必須費很大的力氣才能順利完成？」沒有雇主會想要雇用壁花當員工。

因此，答題的訣竅不是像布里格斯－邁爾斯人格類型建議的那樣，自然或真心地回答。應該要遵循懷特給讀者的建議，扮演受測者的角色，「在不偏離真實自我太遠的情況下，設法取得盡可能接近標準的成績」。他告訴讀者，你做測驗時必須「融入角色」，而且要盡量「留在角色裡」，也就是堅定不動搖地提供前後一致的答案，就像莫雷的戰情局間諜一樣。你創造的角色必須包含你的「真實自我」、受測者（據你所知）的價值觀，以及工作性質。從最基層的事務員到總裁，每個職位都有理想的人格特徵。[23]「想被視為具有主管潛力，強調自己在經濟方面的動機或許能取得高分，強調美感與宗教則會得到低分，」懷特寫道，「想要申請研究單位的工作，最好說你認為牛頓對人類的貢獻超越莎士比亞，這樣能增加理論傾向的分數。不過，若想申請公關方面的工作，那你最好投莎士比亞一票，因為此類工作在美感拿高分包準不會出錯。」[24]

懷特的諷刺與伊莎貝爾的誠摯恰好相反。就算受測者知道雇主會根據人格類型的偏好來決定升遷或解雇，就算受測者在躲過解雇命運後人格類型突然改變，她也從未懷疑受測者不會誠實填答。她從未想過人格測驗題目裡奉行的價值觀，其實是母親與榮格傳承給她的價值觀。人格測驗先以她的聲音提問，再用她丈夫與孩子的聲音加以調整。她沒有誇耀人格測驗的客觀性或經驗實證，她誇耀的是它能夠激發出簡單、深入、有用的自我揭露。「重點在於，這些題目都是簡單、無威脅性、無負擔的日常問題，」她寫道，「它們比那些探索靈魂的問題更容易回答。題目本身完全不重要，重要的是在偏好光譜這一端的人會這樣回答，另一端的人會那樣回答。」[25]

她對這套人格類型指標愈來愈有信心，它的普及範圍也隨之擴大。她的橫向分析受測者人數，也遠遠超過第一次在廚房裡評估安跟她的三位朋友。彼得跟安的朋友以及海伊的客戶都做過人格測驗之後，她向父親求助。當時她的父親是喬治華盛頓大學醫學院的董事，她請父親幫忙說服系主任約翰・帕克斯（John Parks）讓醫學系的學生接受測驗。她認為，「對醫學來說，把合適的人放在合適的工作上非常重要。」[26]跟企業相比，這是真正攸關生死的領域。在父親的安排下，她與系主任碰了面。她告訴系主任人格類型指標是一種多功能分類工具，不但可用於決定是否要錄取新生，也可用來預測學生在醫學院的表現、在偏鄉服務的意願、專科領域的選擇以及臨床能力。系主任對簡化招生過程的可能性很有興趣，於是請她到學校評估學生的人格類型。收集到這批答案卷之後，她發現自己可以把研究做得更大、更廣。

老大在一九五二與一九五三年的夏天擔任她的司機，兩人一起「對付其他醫學院」。在漫長的公路上驅車橫越美國，說服醫學院讓伊莎貝爾為學生做人格評估，他們造訪了西儲大學（Western Reserve）、霍華德大學（Howard University）、醫學傳道學院（College of Medical Evangelists），以及各家州立大學，包括新墨西哥州、猶他州、田納西州、俄勒岡州、加州、紐約州與賓州。到了一九五四年底，她已經為全美四十二所醫學院的學生做過人格評估。[27]「人格類型指標發展順暢，」[28]她在途中寫信告訴母親。這是一次愉快且令人振奮的任務，輕鬆的日常工作與儀式給他們一種二度蜜月的感覺，若非兩個孩子都已離家，可能很難做到。每天早上，她和老大在城市之間公路旁的汽車旅館起床後，他們會先確認前晚藏在後座底下的答案卷還在不在。確認之後，他們就出發前往下一個目的地。碰到週日，他們會在房裡待久一點，賴床或是尋找最近的餐館吃一頓早餐。這每週一次的約會花費三十美分，你可以想像伊莎貝爾把它換算成六份布里格斯－邁爾斯人格測驗答案卷。

醫學院學生是她的第一個大規模研究，她從四十五間學校收集到五千三百五十五位受測者。伊莎貝爾親手批改了五千三百五十五份答案卷，有些是在合益顧問公司的辦公桌上，有些是在車上，批改時她的雙腳放在儀表板上。這是她第一次想要澈底改變一整個行業，而不只是在一家公司裡調動幾名員工。她的研究發現，直覺類型（I）提供「最令人印象深刻的入學資格，因為他們所依賴的感知功能對醫學院入學考試的成績發揮關鍵影響」。他們對選擇題的半意識直覺反應，使他們在限時測驗中占有明顯優勢。實感類型（S）的入學考試分數雖然沒那麼厲害，但是他們在學校與臨床能力測驗的成績比較好。直覺類型會選擇能賺錢的專科，實感類型會選擇在偏鄉提供基礎醫療。[29]只靠入學考試決定招生，真的比入學考試加上人格測驗的綜合結果，更能滿足醫學院的訓練目標嗎？或者這麼做是個錯誤？

「人格類型指標研究顯示，這麼做是個錯誤，」伊莎貝爾在給美國醫學會（American Medical Association）的信中寫道。她鼓勵他們為醫學院的招生流程寫新的指導方針，取消限時測驗。招生委員會應該納入更多實感類型的委員，因為物以類聚。「我們需要這些作法來幫助解決基礎醫療與偏鄉的醫生短缺問題，」她寫道。霍華德大學醫學院*的受測者在她的數據中占最大比例，因此她也在信中提及：「採用這些作法才能公平對待實感類型或其他種族的人。」

在把測驗從個人拓展到機構的過程中，她發現自己需要的是正當性：取得專業證

* 譯註：霍華德大學位於華盛頓特區，是一所歷史悠久的黑人大學。（source: wikipedia）

照，讓美國醫學會之類的組織和醫生認真看待她。「有一位醫學系的學生非常生氣，因為我們居然認為這種無謂的小事跟他將來會成為怎樣的醫生有關，」她寫道。[30]解救她的是一位老朋友：麥金儂。他和莫雷曾在一九四四年為S站購買了人格類型測驗。現在他是加州大學柏克萊分校的教授，他正在做高等教育和創意人（作家、藝術家、建築師）的系列實驗，想在實驗中加入這套人格類型指標。他邀請伊莎貝爾到加州，親眼見證人格類型從美國東岸蔓延到西岸的成功之旅。

註釋

1 Milton L. Rock to George Citron, March 24, 1950, Folder 13, Box 3, ENH.
2 Isabel Briggs Myers to Katharine Briggs, February 21, 1954, Folder 22, Box 4331, KCB.
3 Theodore Repplier, "People's Capitalism," *V.F.W. Magazine* 43 (1955).
4 Isabel Briggs Myers, Swarthmore College Alumni Questionnaire, May 1, 1951, Swarthmore College Archives, Swarthmore, Penn.
5 William H. Whyte, *The Organization Man* (New York: Simon & Schuster, 1956), 174.
6 同前, 180.
7 同前, 3.
8 Isabel Briggs Myers to Emma Jung, June 8, 1950, Hs 1056:16886, ETH.
9 C.G. Jung to Isabel Briggs Myers, July 1, 1950, Hs 1056:17287, ETH.
10 Edward N. Hay to O.A. Ohmann, July 19, 1949, Folder 13, Box 3, ENH.
11 Myers, "Contributions of a Man's Type to His Executive Success."
12 O.A. Ohmann, "Skyhooks: With Special Implications for Monday through Friday," *Harvard Business Review*, 1955.
13 同前。
14 Isabel Briggs Myers, "The Measurement of Dissatisfaction as a Trait in Job Applicants and its Differing Effect Upon Turnover in Type Suitable and Type Unsuitable Hirings," Folder 13, Box 3, ENH.
15 Myers, "Contributions of a Man's Type to His Executive Success."
16 Myers, "The Measurement of Dissatisfaction."
17 Isabel Briggs Myers to Edward N. Hay, n.d., Folder 13, Box 3, ENH.
18 Whyte, *The Organization Man*, 171.
19 同前, 182.
20 同前, 405.
21 C. Wright Mills, *The Sociological Imagination* (New York: Oxford University Press, 2000), 171.

22 Whyte, *The Organization Man*, 406.
23 同前。
24 同前, 410.
25 Myers, "IBM MBTI history 74."
26 Myers, "IBM typology 71 transcript."
27 同前。
28 Isabel Briggs Myers to Katharine Briggs, February 21, 1954, Folder 12, Box 4331, KCB.
29 Isabel Briggs Myers and Mary H. McCaulley, "Relevance of Type to Medical Education," PGP.
30 Myers, "IBM MBTI history 74."

11 家庭派對測驗
The House-Party Approach to Testing

一九四九年八月的這一天特別涼爽，一家當地的建築公司把位於加州柏克萊皮耶蒙大道二三九五號的兄弟會宿舍抬起來，搬遷到距離不到半英里外的空地上，新地址是皮耶蒙大道二二四〇號。這棟宿舍將成為人格評估與研究中心（IPAR，Institute of Personality Assessment and Research）的總部。雖然搬遷工程花了學校三萬四千五百美元，但這棟宿舍已非完好如初。宿舍在皮耶蒙大道上緩慢移動時，牆上的灰泥裂開，灰漿鼓起剝落。好不容易抵達新的基座，飾板已紛紛掉落在街上。儘管如此，IPAR主任麥金儂博士在灰塵與殘骸中初次踏進這幢房子的時候，他相信自己比過去都更清楚地看見了人格測驗的未來。

那是個光明燦爛的未來，名流與星光熠熠。麥金儂與他的研究人員在這裡招待過的，都是有名、有錢、有才華的人。創意是他最感興趣的主題。他曾在戰情局的S站花了兩年的時間，為間諜安排與他們的人格最相配的任務，但現在他想做的事更加特別。

有些人對現實擁有獨特想像，旁人無法模仿，他想探索這些人的內心深處。這些人在核武威脅的憤怒與焦慮之中，預見了世界仍有恢復愛、和諧、幸福與美好的可能性。他相信創意類型的人，能幫助世界抵擋阿多諾在《威權人格》中所警告的法西斯集體思維。為了達成這個目標，麥金儂提出所謂的「生活評估」。他將邀請學者、作家、畫家、建築師與企業主管到舊金山灣區，讓他們在同一棟房子裡共度連假的週末，並在這段時間進行一連串的人格評估、治療課程與友誼賽。「受試者將在監控的情況下住在一起並且彼此競爭，這樣的評估製造出適當的壓力和緊張狀態，以便進行人格研究，」[1] 麥金儂寫道。他想知道，當美國最優秀的人物放下禮儀、展現真實面貌的時候，會發生什麼事。

從某種意義上說來，IPAR的這項實驗可說是美國最早實境節目之一。現在的實境節目都愛秀「特殊生活環境」：豪宅、飯店套房、沙漠孤島。對麥金儂來說，這樣的環境都是理想的實驗設定。兄弟會宿舍是他和手下能找到的、最能夠深入心理狀態的特殊環境。這是觀察人類行為與即時互動的難得機會，沒有病人躺在治療師的躺椅上或是受測者在安靜的房間裡接受測驗的種種限制。但不是每個受邀入住的人都跟他一樣對實驗充滿熱情。普立茲獎作家波特（Katherine Anne Porter）在收到飛往奧克蘭度連假週末的人格評估邀約時，如此回覆：「對於你們的人格研究，我想說的是：你們可以用某種方法研究心中預設的某個問題，直到受試者開始天馬行空，導致你們對受試者的了解比起可憐的金賽博士（他是個好人！）對性的了解，也高明不到哪裡去。」[2]就連同意參加實驗的人，也對麥金儂的人格研究表達了疑慮。「別再用『人格』這個詞了吧，它已變得廉價，」[3]小說家卡波提（Truman Capote）如此懇求。一九五七年他一踏進皮耶蒙大道二二四○號，就立刻向訪談他的心理學家坦言：「我對自己的人格類型早已失去興趣。」[4]

從卡波提對「人格」這個詞的反感，可以看出一九五○年代晚期「人格」已招致諸多抱怨，成了美國文化中的陳腔濫調。人格測驗是勞動人口與工作配對的標準程序，人格類型是個有價的概念，代表一份穩定工作帶來的薪水，或是升遷的機會。人格凝固成實體商品，而且卡波提的直覺沒有錯，它還是種廉價商品。人類在社會理論家佛羅姆（Erich Fromm）所說的企業「人格市場」上成為交易貨物。「成功大致上取決於一個人如何在市場上銷售自己，如何表現自己的人格，他的『套裝內容』有多好，他是不是『樂觀』、『穩定』、『積極』、『可靠』、『上進』，」[5]佛羅姆寫道。人格是一組性格特質，是個人不可侵犯的神聖性，這種浪漫的想法似乎只是模糊記憶中一閃而過的畫面，因為人類本身已被人格類型遮蔽。

關於這一點，沒人比麥金儂更清楚。他是合益顧問公司第一個購買布里格斯－邁爾斯人格測驗的客戶，並且用它簡化了二次大戰的心理戰。雖然現代工業的心理影響無法消除，但是他與下屬都決心要復興十九世紀關於自我的某些觀念，目的是抵禦近代歷史留下的恐懼。IPAR研究團隊的許多成員，對戰爭的苦難與集中營的悲劇並不陌生。例如佛洛伊德夫婦的學生艾瑞克森（Erik Erikson），他逃離納粹占領的維也納，在美國成為傑出的兒童心理分析師。生性衝動的空軍飛官兼熱衷於設計紙筆測驗的高夫（Harrison Gough）。年輕的研究助理拜倫（Francis Xavier Barron），他的名字跟個性一樣浪漫，經常跟嬉皮和頹廢青年混在一起，偶爾會跟好友利里*一起去墨西哥中部的奎納瓦卡，一邊嗑藥一邊放大意識。還有一位女性研究員叫赫爾森（Ravenna Helson），她是研究團隊中至今唯一尚在人世的成員，也是研究報告裡唯一的匿名成員，僅以「年輕女性」代稱。與阿多諾合著《威權人格》的桑福德，也是這支團隊的成員之一。流亡者、退役老兵、詩人、女性、反法西斯主義者齊聚一堂，齊心重振真實自我。在美國高速奔向冷戰的年代，他們正好代表了美國人口的縮影。

他們並非孤軍奮戰。為了成立這所機構，柏克萊從洛克斐勒基金會收到大筆捐款，原因是洛克斐勒基金會對社會心理學這個新興領域有信心，也相信它對人類精神健康的興趣，能夠消解種族大屠殺留下的陰影。洛克斐勒基金會的葛雷格（Alan Gregg）說，西方世界必須重新創造能讓「人類這種文明動物發揮最佳表現」的條件。[6]葛雷格是基金會的醫學組組長，也是IPAR最早的支持者之一。麥金儂曾於一九五〇年代中期邀請伊莎貝爾造訪柏克萊，為所謂的「家庭派對」測驗提供建議。葛雷格也跟伊莎貝爾一樣，相信人格心理學執著於「異常心理研究」太久了。[7]他相信是時候停止研究精神病患與法西斯主義者，試著「找出哪些人格特質才能成功並快樂地適應現代工業社會。」[8]當他把第一筆資金交給麥金儂時，他跟這個領域的許多人一樣，深信IPAR正引領人格測驗邁入新的生命週期。他們背後的動力，是詩人奧哈拉（Frank O'hara）所說的，令「人格的……這場災難／再度變得美好／有趣與摩登」的渴望。[9]

❖ ❖ ❖

人格類型從美東擴展至美西的旅程始於一九四五年五月，德軍最高指揮部向盟軍投降之時。這一年稍早，莫雷把戰情局S站交接給麥金儂。麥金儂在這座維吉尼亞州的神祕莊園又待了兩個月才離開，他們必須封存檔案、聽取特務匯報、拆除審訊室。接著，加州大學柏克萊分校的校長斯波羅爾（Robert Sproul）對他提出一個有趣的邀約。他想知道麥金儂是否願意到柏克萊成立一所人格評估機構，希望麥金儂在S站設計或發現的測驗，能用來提升大學部與研究所的招生成效。在《美國軍人權利法案》**通過之後，申請入學

＊ 譯註：提摩西．利里（Timothy Leary）是美國心理學家，晚年熱衷於迷幻藥研究。（source: wikipedia）

的人數暴增，招生成效是急需處理的問題。「單以醫學院為例，就可看出如何決定錄取哪些申請者有多困難。醫學院每年約有三千人申請入學，可是只錄取七十五人，」[10] 麥金儂說。醫學院如何確定這七十五個學生，都擁有最適合成為醫生的人格特質？

我們現在很容易把招生過程當成一場比賽，或者應該說，在擁有適當資源與訓練的前提下，這是可被視為比賽的制度。高等教育的機會是一場競爭，遵循一組判斷成敗的規則，這些規則寫在SAT練習本和大學文選集的文章裡。有些人或多或少了解這些規則，也有人完全不懂，差別在於你的背景。但是一九四七年，當麥金儂初次踏進柏克萊校園，招生仍是個帶點理想主義的過程，他們誠心相信有些人應當成為醫生、律師或大學畢業生，從申請者之中找出這些人，對大家都有好處。這是高等教育邁入英才教育年代的第一步，伴隨著一套新的詞彙與新的工具，用來衡量過去被認為無法衡量的人類特質。「廉潔、責任、溫暖、魅力、獨立、勇氣、主動性和領導能力」……對招生辦公室主任來說，這些描述就是申請者必須具備的「優異個性與人格」。麥金儂的任務是整理出一套人格測驗（布里格斯－邁爾斯人格類型正好就是其中之一），區分出理想和不理想的學生、成功與懶散的學生。

這張錄取標準清單背後，是一個與人格與招生過程有關的、更誘人的幻想。只要擁有適當的評估工具，任何申請者都能在招生委員面前無所遁形。你甚至不需要跟對方見面或對話，就能清楚而肯定地掌握對方的內心世界。光看測驗結果，就能建構出一個人的完整樣貌，在原本的輪廓線裡填補血肉。這種類似羅夏克墨跡測驗（Rorschachian）的幻想投射，S站也使用過，因此麥金儂對它並不陌生。但是柏克萊的長官相信，招生的篩選會造成更加深遠的影響，這是成為專業菁英的終生門票。如果像許多人所相信的一樣，擁有大學學歷才能實現美國夢，那麼人格測驗就是應許之地的守門員。

在卡波提、波特和其他作家、建築師、創意人受到測驗邀請之前，IPAR的第一批白老鼠是研究生。一九五〇年的春天，共有十六組研究生接受測驗，每組十人。每組受試者都是在週五下午四點半抵達這棟兄弟會的舊宿舍，週日下午離開，參加麥金儂口中的「週末派對」。受試者的專業領域包括化學、經濟學、歷史學、物理學、政治學與動物學，但是沒有少數族裔和女性參與。[11]「雖然有幾個來自東方的研究生，但是他們沒有成為受試者，因為他們來自不同的文化背景，可能需要特殊安排，」[12]麥金儂在研究簡報中提出說明。至於沒有女性，他承認原因只是「女性在以男性為主的專業領域取得成功，這個問題我們討論得不多。」他說這是下屬「無意識的遺漏」。[13]從這群白老鼠的黑白照片看來，他們的週末派對跟這棟兄弟會舊宿舍過去的生活，應該差不了太多。

** 譯註：《一九四四年軍人復員法案》（Servicemen's Readjustment Act of 1944），又稱G.I. Bill，用來安置二戰退伍軍人，提供包括高等教育與職業訓練在內等經濟補貼。（source: wikipedia）

於是一群被精心挑選出來的菁英白人男性，「參與了遊戲、競爭、合作、社交對話，並接受有組織的訪談」。[14]三天內，這群年輕人漸漸適應尷尬的親密感。他們睡同一間夏季陽台臥房，裡面有十個木製的上下舖床位。

麥金儂給舊宿舍取了個俏皮的綽號叫「金魚缸」，受試者受到的監控程度遠超過以前住在這裡的兄弟會學生。[15]實驗開始前，IPAR先請每位學生的導師填寫一張人格問卷，評估這名學生的「專業前景」、「想法的原創性與新意」，以及「整體的心理健全」。麥金儂與手下事先知道哪些人的潛能被認為很「高」或很「低」。他們相信自己知道哪些年輕人將來可能會發現新的宇宙定律，哪些一頭亂髮的邋塌鬼幾乎跟不上進度。這兩天的實驗目標，是把高潛能與低潛能受試者的表現，與一組固定的人格特質做對照，也就是佛羅姆所說的「套裝內容」，能在大學招生的人格市場上享有最高的回報率。IPAR將根據實驗結果，設計能夠辨識高潛能特質的人格測驗，讓負責招生的人錄取高潛能學生，剔除低潛能的申請者。

想像一下週五傍晚的兄弟會舊宿舍。喝著調酒輕鬆交談（他們必須讓受試者放鬆一點、真實一點），酒過三巡，測驗正式開始。第一個測驗是「形容詞清單」。每個受試者都要從兩百四十八個形容詞裡，勾選出最符合自己人格的形容詞。他是不是像許多高潛能的人一樣「盡責」、「謹慎」、「勤勞」、「樸實」？還是像低潛能的人一樣，選擇了「愛冒險」、「霸道」、「粗心」、「平凡」、「雜亂無章」、「遲鈍」、「情緒化」、「愛生氣」？受試者不能花太多時間猶豫。這裡所有的測驗都有限時，十五分鐘後，這張清單會被收走，接著發下高夫設計的IPAR問卷。問卷的題目都是肯定的陳述句，受試者必須選擇「是」或「否」。例如，「我承認我不相信跟自己相同領域的女性適合當妻子或母親。」……是或否？「我的個性比較像媽媽，不那麼像爸爸」……是或否？做完問卷就是晚餐時間，研究人員一邊吃飯，一邊記錄受試者針對一個預選主題的討論內容。

「過去五十年來，世上最偉大的十個人是誰？」一位研究人員問他隔壁的受試者。「如果你的導師突然再也不來上課，你會怎麼做？」另一個研究人員問坐在他對面的受試者。若受試者沒有回答，他會繼續追問。「你會向院長報告嗎？還是什麼也不說，直接幫他上課？」

隨時隨地都有測驗。睡前的測驗包括：評估社會地位測驗、句子填空測驗、主題統覺測驗，還有黑白影像投影在一間特別的暗房牆上，受試者一起坐在地板上，潦草寫下連自己都看不太懂的故事。測驗週六早上九點開始，一直持續到週日清晨，包括阿多諾用來判斷法西斯傾向的F量表、男性化與女性化特質測驗、幽默感測驗，當然還有布里格斯－邁爾斯人格測驗。二十幾個測驗輪番登場，受試者面前出現永無止盡的照片、圖案與填空題。為了舒緩測驗疲勞，受試者可以玩猜字遊戲。玩遊戲時，研究人員會在遠處觀察，根據手勢的獨創性、肢體語言的想像力為受試者打分數，從一分到五分。此外，還有半夜的冰箱突襲。這項活動沒有打分數，至少沒有明顯的分數。發生在這棟舊宿舍裡的每件事，都會為了後人而受到觀察與記錄。

儘管IPAR的方法很創新，但是這種家庭派對型態的測驗卻出奇地復古。十八世紀初，英國哲學家邊沁（Jeremy Bentham）提出「圓形監獄」（Panopticon）的觀念。[16] 圓形監獄的目的是隨時監視囚犯，或者應該說，由於隨時監視囚犯很難真的做到，圓形監獄的作用是讓囚犯覺得自己時時刻刻都受到監視。監獄、工廠、精神病院、醫院、學校，原則上這些機構都能利用邊沁想出來的設計，營造既密集又牢固的監視氣氛。將近兩百年後，偉大的法國社會控制理論家傅柯以冰冷的科學詞彙，把圓形監獄描述為「權力實驗室」。它是一個「特殊的人類實驗場」，這些實驗如此強烈、澈底，具有「看穿人類行為的能力」。[17] 傅柯的話隱藏著更驚人的涵義：圓形監獄不只是一個觀察的空間，也是一種制度，這種制度以觀察為手段，把一種特定的自我理解語彙強加在觀察對象身上。透過不能放鬆警戒的恐懼，被監禁的人會開始接受囚犯的身分，學童會把自己當成信徒，IPAR的受試者會開始相信自己是固定的、可分類的類型。

也就是說，那些遊戲、冰箱突襲與善意的嬉鬧，只是金魚缸善良無害的包裝。請再次想像一下週五傍晚的舊宿舍，但這次從受試者的角度來想像。一個年輕的研究生被導師選中參加一項心理學研究，但是他對研究內容一無所知。整整兩天，他在不同的房間接受一個又一個測驗，深思自己到底是誰。每次翻開一張答案卷，他都會反覆思索自我，把ＩＰＡＲ告訴他的各種人格詞彙套用在自己身上。「我是太冷漠或太情緒化？謹慎或雜亂無章？內向或外向？」碰到像布里格斯－邁爾斯人格測驗這種二選一問卷時，他相信這些人格特質是相互排斥的，他必定只能是其中一種。測驗之間的短暫休息，他仍在跟其他人討論人格特質。口中說出「內向」和「外向」這樣的詞彙，就像第一次流利說出外語般急切興奮。他做的測驗愈多，跟其他受試者討論的頻率也愈高，他的自我觀念無形中份量愈來愈重，變得跟木製的上下舖床位一樣真實。他住在這樣的觀念裡，這個觀念也反過來占據他。

「這些實驗都對評估有幫助，」[18]麥金儂在一九五二年的ＩＰＡＲ年度報告中寫道。就這些研究生在舊宿舍裡的日常活動而言，確實是如此。但是從更廣泛、更具歷史奇特性的意義來說，亦是如此。伊莎貝爾登上飛往奧克蘭的飛機時，麥金儂已經把人格類型指標從東岸企業空運到金色加州，並漸漸吸引到下屬與學生的支持。現在這座人格評估工廠運作得比以前更快、更有力，不僅是因為人格測驗拓展到新的地區，也因為新的測驗能根據過往的測驗結果更新設計。ＩＰＡＲ一開始專為柏克萊的招生辦公室設計測驗，現在也開始增加產品種類。先是當地高中，接著是當地企業，然後是加州的監獄系統。他們請麥金儂和高夫幫忙設計測驗，用最適合的人格來決定監獄官應該分發到低度、中度或高度安全級別的監獄。高夫在一九七〇年代離開ＩＰＡＲ創立測驗公司之前，設計了三十幾種人格測驗（他的公司叫諮詢心理學家出版社，即將出版伊莎貝爾的人格類型測驗）。他相信擴大測驗的規模和專屬性，總有一天將有助於「預測一個人在特定情況下的言行。」[19]

回顧起來，不禁令人懷疑不斷設計新測驗，而且每個測驗都使用新的檢驗與分類方法，這件事本身比測驗產生的任何社會或心理洞察更有價值。ＩＰＡＲ每年都推出一至三個新測驗，每個測驗都必須經過測試、再測試與修改，才能成為不同於舊測驗的新測驗。同樣地，新測驗也會繼續經過測試、再測試和修改，到最後發行的測驗數量多達幾十種。測驗如漩渦般愈轉愈大，漩渦的核心（至少在美國西岸）正是ＩＰＡＲ。最初的動機是要讓自我回歸現代心理學。但是自從ＩＰＡＲ承諾柏克萊設計一個更有效率、更實用的招生流程，這個動機就變得黯然失色。

人格測驗對幸福與生產力的好處，無論在理論上還是實際上依然虛無飄渺。呈交實驗結果給柏克萊的期限到了，但麥金儂和他的下屬對於怎樣的人格特質最適合現代工業社會，幾乎沒有定論。麥金儂發現，優異的學生「節奏比較慢」，表現出「一種平靜」、「沉穩」與「社會責任感」；差勁的學生「非常不穩定，會激怒他人」。[20]但是這樣的觀察結果該如何應用?如此被追問時,麥金儂建議唯一的方法是設計更多測驗,或許(只是或許)會出現一個測驗能找到幸福的心靈結構。

❖ ❖ ❖

一九五五年八月二日,蘇聯領袖赫魯雪夫(Nikita Khrushchev)向世界保證蘇聯將在隔年發射衛星上太空。於是IPAR不再關注適應良好的人格類型,就像火箭升空後,凝結尾蒸發得無影無蹤。個人的幸福或中產階級的專業秩序,無法幫助美國飛得比蘇聯更快、更高,至少卡內基公司的總裁加德納(John Gardner)如此認為。加德納也是美國總統詹森(Lyndon Johnson)的衛生、教育與社會福利部長。加德納認為,美國的祕密武器是「創意火花」,它需要「滋養,或至少不能熄滅,尤其是在年輕人身上」[21]。當時蘇聯科學家與工程師在政治領袖的施壓下,在莫斯科郊區埋頭苦幹。至於美國,根據加德納的說法,創意天才不會受到這樣的限制。美國出現了一個完全自主、具有高度生產創意的族群:年輕的發明家、實業家與藝術家。他們不受束縛的才華將永遠成為自由個人主義超越政府控制的實證。「我們不相信受到束縛的頭腦能像自由自在的頭腦一樣靈活機智,也不相信邪惡的聰明才智比得上創意願景、勇敢籌劃與大膽開拓,」[22]一九五五年十二月的舊金山《亞哥報》（*Argonaut*）如此申明。美國培育的創意將發光發熱，先點燃世界，再點燃天空。

但是別誤把美國的一九五〇年代，想像成充滿自由思想與創意火花的年代。「這可是一九五〇年代呢。噁心的、做作的年代，」[23]漢娜．鄂蘭*說。這十年的美國飄散政治偏執的惡臭，點綴廉價汽油與蘋果派的氣味。柏克萊的校長斯波羅爾要求每一位教職員簽署反共宣言，導致IPAR的兩位關鍵成員艾瑞克森及桑福德辭職以示抗議。自我研究在高等教育蓬勃發展，但贊助這種研究的機構卻努力壓抑個人創意的典型特質，亦即信念、複雜性、拒絕服從。個人創意的崛起必須等到一九六〇年代，在甘迺迪總統執政與披頭四流行到美國之後，在越戰遊行與自由乘車運動**之後。利里博士（他曾是前景看好的IPAR研究生）也在一九六〇年代號召三萬名嬉皮在金門大橋公園集合，要他們「打開意識、表達內在、獨立自主」（turn on, tune in, drop out），堅持「行動、選擇與改變」，接受「自己的獨一無二」。[24]

現在回頭看，不難發現我們受到一九五〇和六〇年代一種非常奇特的想法所影響。那就是順從與創意互相搏鬥，是一種跨文化的現象。但加州卻不是這樣，人格類型與性格在這裡幾乎緊密交織，利里的好友拜倫就是最佳例證，他也是IPAR的創意專家。同事笑說，一頭亂髮、一臉滄桑的拜倫看起來像個詩人。拜倫說話和開玩笑的方式也像個詩人，他幫高夫寫的問卷題目經常帶有諷刺意味與重大存在意義。「對我來說，生命的辛酸往往具有毀滅性」……是或否？「我從靈魂深處感到寒冷」……是或否？[25]但他也相信創意必須為功利的政治目的服務，尤其是在人類互相毀滅已成為新的現實之後。「做為一個物種，」他寫道，「我們站在無法回頭的歷史轉捩點上，我們有必要以造物主之名集中所有力量，有意識地去解決人類演化帶來的問題……快發揮創意吧！」[26]

多數人都對創意人存在著既定印象。我們聽說這樣的人很反常、有怪癖，我們也接受聰明才智與人情世故之間，必定存在著取捨。失眠和酗酒、不信神、憤怒……為了文化的進步、譜寫交響樂或創作小說，這些代價顯得微不足道。拜倫對這個想法堅信不移，他的創意人理論把創意的浪漫幻想從一個低劣的刻板印象，昇華成一個偽科學理論。「創意人有兩個明顯的基本特質：一、他的大腦能記錄、保留並隨時取用自身的各種人生經驗。二、相對缺乏控制衝動的壓抑機制。」[27]他的（拜倫的創意人總是男性）警覺心與適應力都很強，擅長「解決問題」，發揮高超的專注力，表達出常人會壓抑的一面，例如

* 譯註：漢娜．鄂蘭（Hannah Arendt）是知名的美籍猶太裔政治理論家，也是二十世紀最重要的政治哲學家之一。（source: wikipedia）

** 譯註：自由乘車運動（Freedom Riders）指的是美國黑人民權倡議者從一九六一年開始，刻意搭乘跨州巴士進入依然實施種族隔離政策的南方各州，抗議政府的不作為。（source: wikipedia）

脾氣過度火爆與性愛狂熱等拜倫稱之為「衝動的生活」。[28]

拜倫不知道創意人是天生的，還是後天養成的。但是對一九五〇年代晚期與六〇年代早期的美國高等教育政策來說，這是必須立即找到答案的問題，唯有如此，自我、國家與社會才能抵禦蘇聯的威脅。「為有創意的學生找到更好的測驗」[29]，這是加州教師協會（California Teachers Association）新聞布告欄上的一則廣告。《時代》雜誌曾刊登過一篇封面文章叫〈冷戰：創意任務〉（The Cold War: The Creative Task）。這篇文章把創意形容為美國最強大的武器，並鼓勵家長和教師從小培養孩子的創意思考。「創意是可以教出來的嗎？」[30]加德納發出疑問。這不是一個假設性的問題。為了尋找答案，一九五六年他命令卡內基公司支付十五萬美元給IPAR做一項新的創意類型研究（小說作家、建築師、數學家與實業家），主持人是IPAR最有創意的拜倫，至少他自認是如此。

一九五八年一月二十四日，如果你碰巧經過皮耶蒙大道二二四〇號，或許會看見拜倫的第一批受試者之中的某個人。他身材矮小單薄，髮量不多，戴著牛角框眼鏡。他微微癟著嘴，研究人員會看到他的個人檔案裡寫著：「最詳盡澈底的牙牙兒語。」[31]這名男子正是卡波提，研究人員將推斷他屬於EIFP類型。三十三歲的他已是美國最傑出的作家之一，同為受試者的小說家梅勒（Norman Mailer）盛讚卡波提是「我這一代最完美的作家」。[32]因此對拜倫的創意研究來說，他是最合適的樣本。卡波提是出櫃的同志，聲音輕柔，有一雙大手。起初，許多研究人員都說他的「怪癖」令人不舒服。「他的行為舉止既像小孩又像女人，一開始會令對方及其他在場者感到尷尬、驚訝，但接著會給人一種防禦感，讓人想要快速找出這層表面底下值得尊重的東西，」負責記錄卡波提簡歷的心理學家佩瑞（John W. Perry）寫道。記錄卡波提，是他抵達皮耶蒙大道二二四〇號的第一項任務。

簡歷完成後，卡波提會接受十幾種的評估。早上十點到十一點，他將跪在書房地上，從散亂的小磁磚裡挑出他最喜歡的顏色拼湊成畫：紅色、黑色、綠色跟黃色。「既然都是基本色，我想不如就走蒙德里安*風格，」[33]他告訴負責記錄過程的緊張博士生。十一點，他來到樓下的暗房做格紋測驗（Tartan Test），從投影在牆上的九種蘇格蘭氏族格紋中，選出他最喜歡的一種。中午他跟麥金儂兩人四手在一塊通靈板上漂移。這棟舊宿舍很老舊，地板走起來雖然吱咯作響，但是沒有鬧鬼。通靈板其實是感受暗示的基本測驗，目的是觀察研究人員最輕微的手部動作，能否帶領受試者做出相同回應。

面對各種心理刺激，卡波提既沒生氣也沒戒心，研究人員很快就為他們對卡波提的第一印象感到羞愧，想向他賠罪。他很愛炫耀自己認識許多名人，研究人員聽他說那些

* 譯註：蒙德里安（Piet Cornelies Mondrian），荷蘭「風格派」畫家，被視為二十世紀最偉大的藝術家之一。（source: wikipedia）

知名、悲慘、美麗的朋友發生的故事，都聽得很興奮。「你會覺得這個文人雅士和演員的世界是他獨有的特色。」這是他的檔案中出現的一句評語。「我跟田納西．威廉斯*是多年朋友，但我們對彼此都很刻薄，」他向拜倫坦言，「我不認為作家能成為真正的朋友。」[34]研究人員幾乎不需要鼓勵他敞開心扉，他主動聊自己的「情緒問題」，一聊就是好幾個小時。他對名聲有一種強迫式的渴望，他相信這是他母親造成的。他母親是嫉妒心很強的酒鬼，父親則是招搖撞騙的精明律師，在卡波提三歲時拋家棄子。卡波提是三個阿姨照顧長大的，其中有兩個阿姨是女同志。青少年時期的他常做預知夢。第一次做預知夢是十九歲，當時他正在參加羅伯特．佛洛斯特**主持的作家研討會。「我感冒了不太舒服，所以在樓上休息，」他說，「我夢到我在演講廳裡，佛洛斯特正在講跟我有關的事，他開始大吼大叫，然後這個夢成了惡夢。後來我去了演講廳。我的脖子扭傷了，所以碰到需要起立或抬頭的時候，我都做不到。佛洛斯特以為我是故意的，結果他把書用力闔上，憤怒地朝我扔過來。」研究人員推斷，他藉追求名聲來逃離沒有安全感與愛的家，他讓自己成為澈底的公眾人物，這是他撫平私人創傷的方式：用最魅力四射的定義來詮釋「人格」。

結束一天的測驗之後，卡波提會搭上巴士前往附近的克萊蒙飯店（Claremont Hotel）（大部分的作家都不願意住兄弟會的舊宿舍）。住在他隔壁的房客是同樣受到拜倫邀約的作家，包括詩人霍華德・貝克（Howard Baker），IITJ類型；短篇故事作家潔絲曼・韋斯特（Jessamyn West），IIFJ類型；普立茲小說獎得主麥金利・坎特（MacKinlay Kantor），EIFP類型；文學評論家肯尼斯・波克（Kenneth Burke），IITJ類型。隔天他們返回舊宿舍，參加團體說故事比賽，方法是每人輪流建立「一個角色或個性」。「年齡、性別、職業不拘，」帶領這項活動的心理學家羅伯特・納普（Robert Knapp）博士說。「發展複雜的結構或情節」，把每個作家的角色一起綁在「人類行為或糾葛裡」。[35]大部分的作家都不願意搶當主要作者，因此他們只創造次要的低調角色，只有卡波提主動提供故事主角和主要情節。他的角色是一個十七歲的女孩，名叫安娜・布查利（Anna Bouchari），她的母親在一個小鎮當餐廳服務生。「但是她把自己的名字改為安娜・班森（Anna Benson），」他告訴大家，「她想當模特兒，所以搬去紐約。她經常看時尚雜誌跟電影雜誌，而且個性非常天真。她過著精緻的生活，告訴大家自己已二十三歲。她被一個男人包養，而且同時跟好幾個男士交往。」她是卡波提筆下最著名的角色的前身：《第凡內早餐》（*Breakfast at Tiffany's*）的女主角，荷莉・葛萊特利（Holly Golightly），這一年就會刊載於《哈潑雜誌》（*Harper's*）。

* 譯註：田納西・威廉斯（Tennessee Williams），二十世紀美國最重要的劇作家，《慾望街車》（*A Streetcar Named Desire*）是他的代表作之一。（source: wikipedia）

** 譯註：羅伯特・佛洛斯特（Robert Frost），二十世紀美國知名詩人。（source: wikipedia）

IPAR是她以安娜的身分初次登場的地方，她即將與一個貧窮但正派的人私奔，他叫做湯姆。「這是我的角色與情節的開頭，」卡波提說。

卡波提的自信造成不小的衝突。被心理學家診斷為擁有「嚴密」與「焦慮」頭腦的肯尼斯．波克不喜歡卡波提的「神童造作姿態」，也不喜歡他用安娜這個角色霸占故事主軸。[36]研究人員發現，「波克先生不但沒有愛上這個故事，而且覺得自己有必要用一種隱密的方式對抗它。」納普鼓勵這幾位作家繼續發展這個故事，結果卡波提和波克開始爭論故事的走向。「上演了爭搶上風的一流搏鬥，」納普的檔案寫道。「波克先生針對人類與藝術的本質，說出愈來愈深刻的觀察所得，像個有份量的學者。卡波提先生避重就輕，從舞台及螢幕的角度提供有趣的觀點。」這個時候，研究人員已經對卡波提非常偏心，他們推斷波克「有社會自卑感，所以用『傲慢』來回應。」這個活動傷了大家的感情。

拜倫在卡波提身上驗證了他需要的創意類型特質。卡波提的檔案中寫著：「描述非常豐富的幻想內容毫不費力，而且態度若無其事，像個藝術大師。」[37]他的夢境生動多彩，拜倫說這表示他的無意識奮力對抗壓抑。他被認為擁有「精緻美感」，「跟現實世界相比，在虛幻世界裡更加自在」。他「覺得解決審美上的衝突有點緊張」。最重要的是，他有一個非常痛苦的背景故事。他來自一個充滿酗酒和行為偏差的家庭。做為一個人，他在許多方面都苦苦掙扎。這些掙扎為他提供了必要的原料，幫助他把個人經驗轉化成一個明亮的想像世界。

「冷酷、不安、輕浮草率。」「懷疑和不信任愛。」「被一種宿命感推動。」拜倫對創意類型做出的結論，也呼應他對波克、詩人雷克斯洛斯（Kenneth Rexroth）、梅勒與坎特的評估，把男性藝術家定調成浪漫、飽受折磨、相信宿命的靈魂。卡內基公司很快就發現，他的研究在實驗設計上漏洞百出。樣本數太少，也沒有「非創意」作家當對照組，比對創意作家的評估結果。對於這個缺失，拜倫的補救方法是邀請廣告文案寫手與《讀者文摘》的編譯來參加實驗。但無論這項研究在方法上有何缺陷，它對創意類型的描述後來被廣泛接受，成為美國藝術家根深柢固的形象。

接下來幾年，IPAR的男性受試者來來去去。幾乎沒有人注意到躲在測驗背後的一名女子。她在暗房裡開燈關燈，整理散落在地面上的彩色小磁磚，坐在餐桌旁等待、觀察，但從來不曾像男性研究員和心理學家那樣從容自在。這名女子最近才從東岸加入團隊，在IPAR的文件裡，她的名字變來變去，有時候叫做「奈爾森太太」（Mrs. Nelson），有時候叫做「赫爾森太太」（Mrs. R. Helson）。她跟伊莎貝爾一樣，迫不及待希望人格研究的意義能延伸到她和同世代的女性身上。伊莎貝爾於一九六二年再度造訪IPAR，這次她努力爭取女性參與IPAR研究計畫的機會。

❖ ❖ ❖

瑞雯娜・赫爾森（Ravenna Helson）是史密斯學院的新任心理學教授，三十一歲，她最近剛做完婦科檢查，知道自己的生育期限已漸漸逼近。在一九五四年，她已算是「高齡初孕婦女」。她的婦產科醫生是虔誠天主教徒，鼓勵她在接下來五年內生得愈多愈好。那天晚上，瑞雯娜夢到自己打開木製衣櫃抽屜，裡面有一個嬰兒在睡覺。於是她不再猶豫。她的丈夫亨利是數學教授，剛剛收到柏克萊的錄取通知。雖然瑞雯娜在那裡沒有工作機會，但是她把夢中的寶寶當成一個徵兆，這是放下工作、專心當個母親的適當時機。「所以我就那麼做了，」[38]她回憶道。第一個寶寶一九五六年誕生，第二個是一九五八年。出乎她意料的是，一九六〇年她又生了老三。雖然四年內生了三個孩子，但她一直無法全心全意實踐那個夢境的寓意：把事業埋葬在發霉的床單跟淘汰的嬰兒衣服裡，一輩子只做家務、專心育兒。

瑞雯娜第一次到皮耶蒙大道二二四〇號面試研究助理的工作時，大兒子還是個小寶寶，幾個月後她又懷了老二。麥金儂帶著她走進辦公室，或許他有注意到她是孕婦，但他並未對此做出評論。她記得麥金儂是個害羞、謙遜的人，很容易被像他太太邁咪（Mamie）那樣的女人牽著鼻子走。她覺得邁咪自私又霸道。麥金儂很吝嗇，但瑞雯娜本來的期待就不高。他來自緬因州，瑞雯娜來自德州奧斯丁。她離開家鄉後漸漸發現，美國東岸和西岸的人在時間跟金錢上都比南方人小氣。IPAR只有兩具電話，麥金儂一具，他的祕書一具。沒有電腦計算測驗分數，只有一位機敏的女士每週來一次，徒手計算所有的分數。麥金儂告訴瑞雯娜，雇用女性比買電腦便宜。不過，他立刻就雇用了瑞雯娜，還允許她請長達數月的帶薪產假。他的慷慨令人驚訝。「麥金儂認為環境對創意非常重要，」她說，「他知道為我爭取薪酬，我會更加努力工作。」

工作的頭幾年，她協助拜倫進行作家的人格評估。她為溫柔的愛爾蘭短篇故事作家法蘭克·歐康納（Frank O'Connor）做街道圖形測驗（Street Gestalt Test），這是一種視覺測驗，她請歐康納看幾個黑色圖案，然後請他把圖案拼成一個可辨識的圖形。她為七十四歲的內科醫生兼詩人威廉斯（William Carlos Williams）測驗垂直感知。他們一起進入暗房，裡面有一道光，長度三十公分，寬度一公分，但是歪歪的。威廉斯用清脆好聽的聲音請瑞雯娜旋轉這道光：往左、往右，再往左一點點，直到他相信這道光很筆直。結束後她跟他聊到生產時的疼痛。威廉斯曾在一首叫〈怨言〉（Complaint）的詩中寫道：「偉大的女人／側躺在床上／她不舒服／或許正在嘔吐／或是正在分娩／她的第十個孩子。」瑞雯娜在威廉斯抵達之前先看了這首詩。他聽瑞雯娜抱怨時雙手微微顫抖，因為他前陣子中風。她覺得威廉斯應該很想聽聽她受苦的故事。「跟他相處時，你很快就會覺得他真是一個充滿關懷的人，」[39]她在威廉斯的檔案中寫道。

沒過多久，瑞雯娜就厭倦了擔任拜倫的助理。她發現拜倫對受試者作家的占有欲很強，任何人只要對作家的行為或才華提出質疑，都會遭到責罵。她想要獨立做研究，發揮她在創意方面的研究經驗。每週二她會請一位保姆帶孩子，跟兒子親吻道別後，到IPAR跟同事一起進行一週的午餐會報。「我離開時，他總是悶悶不樂，」她回憶道。她以為同事會跟他討論神祕難解的人類心靈，但是自負一如往常的高夫想考考她的記憶力，不是問她美國五十州的首府，就是問她舊金山各家頂級飯店的宴會廳叫什麼名字。其他研究人員雖然友善，但沒人會問她的意見，也沒有跟她志同道合的同伴。有天晚上下班後，亨利對她提出警告。他說當妻子無論用何種方式重視自己的「創造力」時，都會讓丈夫覺得自己的創造力不重要。當某位朋友從加州大學戴維斯分校打電話給她，請她接受心理學系的專任教授工作時，她想起亨利的話。她一手拿著電話，另一手壓在寶寶身上（她記不得是哪個孩子），當時尿布換到一半，寶寶動來動去把她的手都弄髒了。她看不出自己怎麼可能接受那份工作。

她在史密斯學院任教時，讀了法國女權主義者西蒙・波娃（Simone de Beauvoir）的書《第二性》（*The Second Sex*）。波娃對女性創意的問題分析令她印象深刻。女性承受育兒和家務的雙重身心負擔，只能在藝術與文學裡尋找出口，才不會憤恨到發瘋。「但是引導女性走向創作的環境，通常也會構成她無法克服的障礙，」波娃寫道，「當她決定作畫或寫作時……她的畫作跟文章會被當成『女性作品』。」[40] 瑞雯娜初次看到這些文字時，對女性運動只有抽象的概念。法國遠在海峽另一端，一九五〇年代這些觀念還沒在美國落地生根。一九六〇年代，瑞雯娜思索自己在職場和家庭的定位時，波娃的觀念一下子湧入腦海。麥金儂建議她開始研究女性創意，她出於一種切身利益感接受了建議。

從柏克萊往南大約車程十五分鐘的奧克蘭山麓，有塊特別綠意盎然的土地，這裡是米爾斯學院（Mills College）的所在地。這是洛磯山脈以西第一所女子大學，一八七一年由賽洛斯（Cyrus）與蘇珊．米爾斯（Susan Mills）創辦。他們是基督教傳教士，結束夏威夷群島的傳教之旅返回美國後，來到剛剛加入聯邦的加州。他們發現這裡的女性沒有機會接受高等教育。不過這裡有一所青年女子學校，米爾斯夫婦以五千美元買下這所學校，創立了米爾斯學院。這所大學創下許多「第一」：創辦密西西比州以西第一所實驗學校，一九五〇年代第一間提供電腦科學主修的女子大學，一九五八年二月他們為IPAR提供了第一批女性受試者。

瑞雯娜邀請三十位一九五八年的畢業生，到IPAR接受為期一天的創意評估。三十位女性進駐這棟舊宿舍，這會是個令人愉快的改變，她想。可惜的是，這些女孩對未來的想像千篇一律、令人失望。她們都想奉獻一生照顧丈夫與孩子（平均四個孩子），對自我發展幾乎毫無概念。十月的時候，她邀請一九六〇年的畢業生做了相同評估，這才發現拜倫、高夫和麥金儂設計的測驗，無法預測她們從做夢的青少女變成現實的成年人之後，會變成什麼樣子：離開學校、結婚、生四個孩子、步入中年，最後慢慢老去。

她靜待時機。十年後，這批受試者滿三十歲，她為了追蹤她們跑到德州的煉油廠、紐約的廣告公司、研究所的教室與美麗的郊區住宅，為她們再做一次剛進大學時做的相同測驗。她發現已婚有孩子的女性「創意」分數較低，「女性化」分數較高。這是一種同情、恐懼、依賴和脆弱的綜合衡量。單身或是與丈夫分開的女性自我感覺較差。十五年後她請同一群受試者再度接受測驗，這時她們都已四十五歲。無論是單身、已婚、有子或無子，許多受試者都對過往的人生方向，有一種揮之不去的懷疑。

她們的人生故事，也是瑞雯娜的人生故事。她的四十歲有個愉快的開端，以愛爾蘭之旅慶祝生日，因為麥金儂派她去那裡評估愛爾蘭實業家的創意潛能。這是她跟亨利第一次把孩子留在加州，兩個人單獨在愛爾蘭田野牽手散步。有天早上，天色還沒亮，他們點了蠟燭走進紐格萊奇墓（Newgrange）的石造遺跡，裡面有座太陽神廟。他們穿過長長的內部通道，手指輕觸石牆上的古老記號，進入中央神殿。瑞雯娜在那裡看見一道光，一則來自太陽神的訊息，它穿透屋頂的一道縫隙。每過一分鐘，光照區域就變得更寬廣，直到整個石室都沐浴在朝陽的光芒裡。她覺得內在有個地方裂開了，應該是她的心，她想，或是她的容忍度。她想起自己在都柏林街上聽到一首流行歌曲的副歌：「有一天，我們會變得整潔、乾淨又謹慎／英國人會很驚訝吧？」有生以來第一次，為了自己對亨利與IPAR的男人如此順從而感到憤怒。她認為這是殖民生活殘留的影響：專橫、剝削，再也無法忍受。

她做了每個理智的女性都會做的事。她愛上兩個男人。一個是那天晚上她在一場派對上認識的詩人。她跟亨利在人群中走散了，但是她不在乎。她與那位詩人聊了好幾個小時，她記得兩人的對話沒有明顯的形狀或方向，只有小鹿亂撞的慾望。另一個是她要評估的商人，這個粗魯的男子在一個乾冷的早晨走向她，當時她獨自坐著，穿著合身針織套裝，外面罩著一件愛爾蘭毛衣。「這件毛衣很美，」他說，「我相信毛衣底下的身體也一樣美。」他的讚美使她發昏，也令她感動到「直達慾望的最後階段」。她事後回憶，那是她感受過最強烈的高潮。那天晚上，她夢到一個有鳥喙和羽毛的男人。那是太陽神，她跟亨利那個星期造訪過祂的神廟。祂警告她，若她不回去照顧孩子與工作，也就是她的兩個創意源頭，她將會在柱子上受火刑。說到夢境分析，瑞雯娜跟凱薩琳一樣是榮格心理學的信徒。她認為這個夢象徵她的心靈因為受到偽神的影響而崩解：憤怒、情慾、自我輕視。她必須回去加州，回IPAR工作，重新忠於真實自我。

對瑞雯娜來說，這個夢也象徵許多米爾斯學院受試者的情況，因為她們也將步入中年。有個瑞雯娜最喜歡的受試者叫席拉・巴蘭廷（Sheila Ballantyne），是個風趣又誠懇的人。她寫了一本暢銷小說叫《白蟻后諾瑪珍》（*Norma Jean the Termite Queen*）。瑞雯娜覺得女主角諾瑪珍，一位受過高等教育、瀕臨精神崩潰的家庭主婦，是她認識或研究過的每一位女性的守護神。「諾瑪珍在不同的申請書上這樣描述過自己：家庭主婦、主婦（心中偷加「有創意的」）與母親。」這是小說的開頭。「當然這些名詞都不適合放在『職業』欄裡，它們一直都不是職業，因為它們無法充分描述你的工作內容。醫生、老師……這些名詞都很一目瞭然，它們已在大眾心裡留下固定印記，一看就知道工作性質。家庭主婦？我們都知道家庭主婦有多懶散。」[41]巴蘭廷和她的同學滿五十三歲的那年，瑞雯娜再度訪談她們。她欣喜地發現，大部分的受試者在孩子成年後都有兼職工作。她們在信心、堅定和獨立等人格特質上，分數都變高了。她們的創意與認知能力分數也達到高峰。她們都主動找到新的幸福感。

伊莎貝爾在一九五四年和一九六二年造訪IPAR時，瑞雯娜都沒見到她。瑞雯娜曾用布里格斯－邁爾斯人格測驗評估米爾斯學院的受試者，但是出於反射式的性別觀念，她覺得設計測驗的是男性，因為當時她只聽說過男性設計人格測驗。若她知道伊莎貝爾的事，她肯定會邀請伊莎貝爾跟住在舊金山與奧克蘭的米爾斯學院受試者見面。她自己、伊莎貝爾與米爾斯學院受試者一定會很高興，即使她們並不符合拜倫所描述的創意類型，但她們在追求創意的路上並不孤單。伊莎貝爾在ＩＰＡＲ停留的時間不夠久，她們沒機會碰面。伊莎貝爾向麥金儂道歉，說自己在東岸一所受人尊重的人格測驗中心還有工作要做，這所新機構叫教育測驗服務社，是她的新雇主，它將為人格類型指標做一系列的新實驗。

註釋

1 Donald MacKinnon, "Proposal for an Institute for Personality Assessment and Research," March 21, 1949, Folder 18, Box 3, RG 1.2 (FA387), Series 01.0002/205: California; Subseries 205.A: California - Medical Sciences, University of California - Psychology - (Institute of Personality Assessment and Research) - (MacKinnon, Donald W.), 1946-1955, The Rockefeller Foundation. Hereafter TRF.

2 Katherine Anne Porter to Frank Barron, November 21, 1957, Box 51, Folder 4, Katharine Anne Porter Papers, Special Collections, University of Maryland Libraries, Baltimore, Md.

3 Eugene Walker, "A Rainy Afternoon with Truman Capote," *Intro Bulletin: A Literary Newspaper of the Arts,* December 1957.

4 Truman Capote, "Personal Interview," January 24, 1958, Institute for Personality Assessment and Research, Berkeley, California. Hereafter IPAR.

5 Erich Fromm, *The Erich Fromm Reader,* ed. Rainer Funk (New York: Humanity Press, 1994), 41-42.

6 Ellen Herman, *The Romance of American Psychology: Political Culture in the Age of Experts* (Berkeley: University of California Press, 1995), 120.

7 同前, 120.

8 同前, 46.

9 Frank O'Hara, "Mayakovsky" in *Meditations in an Emergency* (New York: Grove/Atlantic, 1956).

10 MacKinnon, "Proposal for an Institute for Personality Assessment and Research."

11 同前。

12 Donald MacKinnon, "Interview with The Rockefeller Foundation," February 8, 1952, Folder 18. Box 3, TRF.

13 同前。

14 MacKinnon, "Proposal for an Institute for Personality Assessment and Research."

15 同前。

16 Jeremy Bentham, *Pantopticon; Or, The Inspection-House* (London: T. Payne, 1791).

17 Michel Foucault, *Discipline and Punish: The Birth of the Prison* (New York: Vintage Books, 1991), 196.
18 Donald MacKinnon, "IPAR Annual Report, 1952-1953," Folder 18, Box 3, TRF.
19 Harrison Gough, "Interview with the Rockefeller Foundation," February 8, 1952, Folder 18, Box 3, TRF.
20 MacKinnon, "IPAR Annual Report, 1952-1953."
21 John Gardner, *Self-Renewal: The Individual and the Innovative Society* (New York: Harper and Row, 1964), 192.
22 "Research into Creativity Booming," San Francisco *Argonaut*, December 16, 1955.
23 Quoted in Frederic Prokosch, *Voices: A Memoir* (London: Faber & Faber, 1983).
24 Timothy Leary, *Turn On, Tune In, Drop Out* (Oakland, Calif.: Ronin Publishing, 1965).
25 Frank Barron to Timothy Leary, May 22, 1956, Timothy Leary Papers, Box 10, Folder 13, New York Public Library, New York
26 Frank Barron, "Putting Creativity to Work" in *The Nature of Creativity: Contemporary Psychological Perspectives* (New York: Cambridge University Press, 1988), 76.
27 Frank Barron, "Proposal for Research on the Creative Personality," September 1954, Folder 18, Box 3, TRF.
28 同前。
29 "Better Testing Sought for Creative Students," *Long Beach Independent*, November 24, 1961.
30 Gardner, *Self-Renewal*, 192.
31 Capote, "Personal Interview."
32 Norman Mailer, *Advertisements for Myself* (Cambridge: Harvard University Press, 1992), 465.
33 "Mosaic Key," January 24, 1958. IPAR.
34 Capote, "Personal Interview."
35 Storytelling," January 24, 1958. IPAR.
36 Kenneth Burke, "Personal Interview," January 24, 1958. IPAR.
37 Capote, "Personal Interview."
38 Ravenna Helson, Interview with author, July 18, 2016.

39 William Carlos Williams, "Personal Interview," October 20, 1957. IPAR.

40 Simone de Beauvoir, *The Second Sex* (New York: Vintage, 2011), 725.

41 Sheila Ballantyne, *Norma Jean, the Termite Queen* (New York: Penguin Books, 1983), 3.

12 那個討厭的女人

That Horrible Woman

一九六〇年十月，人格評量的第一場全美研討會在教育測驗服務社（ETS）位於普林斯頓大學的總部舉辦，美國不同派別的人格研究有機會和諧地齊聚一堂。與會者包括來自東岸和西岸的老面孔，有理論家，也有業界人士。麥金儂代表「家庭派對」人格評估法，這個方法在戰情局S站誕生，在IPAR去蕪存菁。他在S站的拍檔莫雷受邀代表主題統覺測驗之類的心理投射測驗發表演說，心理投射測驗探索幻想與敘事的內在世界裡的無意識。ETS的研究員湯姆金斯（Silvan Tomkins）也出席了這場研討會，他是情感理論（affect theory）的創始人，情感理論研究九種天生的遺傳情緒反應：喜悅、興奮、驚訝、憤怒、厭惡、反感、困擾、恐懼和羞愧，他相信每種人格都包含這些反應。除了純理論家，現場還有一群生理學研究者，他們似乎能從各種身體動作解讀隱蔽的生理渴望，包括微微傾斜的下巴和最誇張的揮手。雖然這些方法和這些與會者之間找不到最大公約數，但是教育測驗服務社的創辦人兼社長喬恩西還是決心要讓他們團結起來，推動自我的科學研究。最後，有一位女士也參加了這場研討會。ETS的工作人員稱她為喬恩西的「寵物計畫」：六十三歲的伊莎貝爾・布里格斯・邁爾斯。[1] 他們就連當著她的面也不隱藏對她的蔑視，稱呼她為「邁爾斯太太」。在他們彼此之間的信件中，說她是「穿網球鞋的那個老太太」，或是更直白的「那個討厭的女人」。[2]

伊莎貝爾的人生經歷過許多轉折，她與喬恩西的故事跟精準的時機有關。喬恩西當過哈佛大學的教務長，一九四三年，他開啟了美國大規模認知測驗的時代。當三十萬名陸軍與海軍儲備軍官等待上戰場與德軍交戰的時候，他讓他們做了第一個現代版本的SAT。一九六〇年代，SAT已是大學招生流程的標準作法，喬恩西轉而想把大規模人格測驗變成工具，用來補充認知測驗。麥金儂與莫雷等研究者在二次大戰結束後離開「異常人格的領域」，改成研究「正常人格的科學原理」，這使喬恩西備受鼓舞。[3]「長期而言，人格測驗發展或許能提高人類的適應力與幸福感，」他寫信告訴他的朋友兼合作對象戴爾・沃夫（Dael Wolfe），人力資源委員會的主席。這是一個新的政府單位，成立的目的是辨識與培養冷戰期間對美國文化發展有幫助的特殊人類專長。「我認為，」他說，「發展測驗的研究獲得的知識，將有助於理解和處理人類，尤其是在育兒跟教育方面。」[4] 但喬恩西擔心人格研究已經開始分裂，各自形成專業化的「派系」，而且每個派系「各自為政，各自發展成半私有的專門術語和學說體系（這種情況早有先例：佛洛伊德、阿德勒、羅夏克、莫雷）。」[5]人格研究最糟的可能性，是「天才」研究者變成獨立的「專家」，在各自的學術小圈子裡專心研究「現在很吸引人」的想法，而不是攜手合作共同「發展五年或十年後會很吸引人的想法。」

為了對抗智慧分散的問題，喬恩西提議在ETS內部建立一所新的人格研究中心（Personality Research Center），驗證不同的人格評估方式，選出科學上信度最高的測驗供大眾使用。他在二戰期間開發SAT的經驗讓他學到，「受到有組織、有計畫的攻擊」可使研究突飛猛進。[6]他的軍事野心曾「刺激認知測驗達到前所未見的進步，因此我們希望並相信它也將加速非認知測驗的進步，」他在提案中如此寫道。[7]他的提案也建議了顧問人選，除了麥金儂與莫雷，還包括學術界著名的心理學家，例如大衛・麥克利蘭（David McClelland）、凱瑟琳・麥克布萊德（Katharine McBride）與加德納・墨菲（Gardner Murphy）。墨菲是美國心理學協會的會長。墨菲為喬恩西提供了這所新機構應如何運作的初始想法。「我想像人格心理學中心將會有幾隻等級很高的雙頭怪，負責到全國各地收集好的想法與假設，」他在董事會上開玩笑說，「然後交給一個能夠驗證各種假設的複雜機制。」[8]

在召開這場研討會的前幾年，喬恩西完全遵照墨菲的建議，扮演類似巡迴推銷員的角色，只是行為跟推銷員相反。他到全美各地尋找自製的人格測驗工具，邀請設計者到ETS，由他的統計學家、心理統計學家與心理學家，以科學的嚴謹態度檢查這些業餘設計與方法。一九六〇年代，ＥＴＳ隨時都有幾十個測驗等待驗證，例如高夫的加州心理學問卷（California Psychological Inventory），這是高夫在ＩＰＡＲ設計的測驗，他希望能由ＥＴＳ出版。湯姆金斯的圖片評估測驗（Picture Assessment Test），用來評估受測者的情緒，方法是請受測者描述圖片裡畫著開心、哀傷或生氣表情的主人翁，湯姆金斯自己後來把這項測驗斥為無稽之談。吉爾福德－齊默曼性格調查（Guilford-Zimmerman Temperament Survey），評量人格的十個面向：一般行為、克制、優越、社交能力、情緒穩定、客觀性、友善、體貼、個人關係、男性特質與女性特質。喬恩西相信從這些測驗中可以篩選出類似ＳＡＴ認知測驗的人格測驗，它可以重建育兒與教育的基本作法，為公民營單位的徵才方式帶來更新、更民主的過程，當然也能為ＥＴＳ的董事會賺進可觀利潤。

一九六〇年十月，這場研討會舉辦的同一天，美國民眾家裡的電視機播放了副總統尼克森與參議員約翰．甘迺迪辯論的畫面。這是美國初次電視轉播總統候選人辯論會的其中一場。這也是一場針對年齡的人格競賽，大病初癒的尼克森蒼白虛弱，對上英俊的未來總統。喬恩西順勢介紹他心目中最有前途的人格測驗：邁爾斯－布里格斯人格類型，也就是大家所熟知的ＭＢＴＩ測驗。他說服伊莎貝爾把自己和母親的姓氏對調，因為有一位ＥＴＳ編輯發現，最受歡迎的人格測驗幾乎都是縮寫。而「布里格斯－邁爾斯」的縮寫是「ＢＭ」，容易讓人聯想到「腸道蠕動」（bowl movement），最好盡量避免。

MBTI加入ETS之後做了許多改變，改名只是其中之一。喬恩西的統計學家花了三年的時間檢驗與改善測驗，刪除舊題目、加入新題目、重新校準答案，並且拆解和重組問卷，好讓測驗符合ETS的科學效度。經過兩萬多名受試者的驗證與三次大修改，他們相信MBTI已做好準備，能承受美國最優秀的研究者及理論家的嚴格檢驗。不過有些研究者和理論家，例如麥金儂，早就使用改版前的測驗很多年了。

當喬恩西向與會者描述MBTI的好處、榮格理論基礎與十六種不同的人格類型時，站在他身旁的是三位男士（兩個ETS編輯和麥金儂）與伊莎貝爾。她是很後來才加入與會名單的來賓，喬恩西幾乎只是順便邀請她，出於一種具責任感的善意。ETS發給與會者的會議資料附贈的鉛筆上，刻著她的名字。輪到她發言時，她用跑跳步的方式從麥金儂旁邊走向講台，這是她興奮時的習慣。「沒錯，她真的是用跑跳步，」一位編輯驚訝地說，「看見一位六十幾歲的女士跨大步俐落跑跳進辦公室，簡直就像發現世界第八大奇景。」[9]她站在台上，灰白的頭髮攏在頭頂，臉上戴著一副貓眼鏡框的眼鏡，聲音裡充滿一個發明人對作品的熱愛。她知道現場的許多男性對她的看法，這她早就習慣了，但是她並不在乎。她藏身幕後多年，從海伊、麥金儂到喬恩西，現在終於輪到她站在鎂光燈底下。

❖ ❖ ❖

一九五六年二月，喬恩西在華盛頓特區第一次聽朋友說起布里格斯－邁爾斯人格類型指標。他寫了一張筆記給下屬，標題是「MBTI值得發展的原因」。（伊莎貝爾正式與喬恩西合作之前，他就已經把直覺類型的縮寫從「I」改成「N」，做為跟內向類型的區別，這個改變沿用至今）。他在筆記裡列舉ETS應該納入MBTI測驗做為主打商品的原因：

- 它的基礎是**榮格理論**，許多主流心理學家都是榮格的信徒，而且榮格理論已屹立不搖三十年。
- **理論簡單易懂**，但是很基本，且能引起共鳴。
- 理論與正常人有關，而不是心理異常的人。
- 人格類型是利用幾個因素分類的結果，沒有引發反感的區分。每一種類型各不相同，各自有用。每一種類型都有優缺點。
- 測驗判定的人格類型似乎與受測者的工作種類有關，能預測職業上的成就。
- 測驗本身結構完整，已經歷十五年的開發與研究。[10]

跟科學效度比起來，喬恩西列舉的原因更看重這項測驗的平易近人（「理論簡單易懂」，「每一種人格類型各不相同，各自有用」），這當然會讓ETS的心理統計學專家在跟MBTI的發明人碰面之前，就已瞧不起她。一九五七年冬天，喬恩西邀請伊莎貝爾到普林斯頓大學向他的全男性班底介紹MBTI，他們對她嘲諷揶揄，這是喬恩西跟她都沒料到的情況。她挽起頭髮、戴著眼鏡，一條手臂袖子捲起、用吊帶吊著，因為她不久前剛手術切除手臂上一個可疑腫塊。二十幾年後她將死於轉移癌，這個腫塊是早期徵兆。ETS的邀約是「意外的天賜」，她告訴朋友，「就像天上掉下來的禮物」。[11] 工作人員打聽她的下落後努力找到她。她穿著那件綴粉紅小花的寶藍色洋裝，腳上是一雙不搭但好走的鞋子。在判斷她的年紀（他們猜測她五十幾歲）、聽她描述完自己做過的各種工作（懸疑小說家、家庭主婦、發明家、實業家）之後，他們連假裝對她的想法有興趣都做不到。

他們的冷淡並未使她失去冷靜，能力遭受質疑對她來說不是什麼新鮮事。只有喬恩西的意見才重要，因為他能決定ETS的研究內容與經費。她曾用同樣急促、激動的語氣描述寫懸疑小說或維持成功婚姻的訣竅，現在喬恩西也被她的故事吸引：她與凱薩琳全心全意改寫榮格的人格類型理論。她們的畢生職志超越其他個人與專業目標。她和家人像現代版的路易斯與克拉克*一樣，橫越美國宣揚人格類型福音。她沒有統計學訓練和嚴謹的理論，但是她說故事的熱情足以彌補缺失。她的任務神聖不可侵犯。

凱薩琳曾創造神話故事來教導伊莎貝爾認識大自然，現在伊莎貝爾也用理想人際關係的神話向喬恩西說明人格類型。在她的指導下，他開始討論這十六種人格類型，「把它們當成十六個不同的物種」，他在給下屬的筆記中寫道。相同類型的人之間似乎存在著天生的好感，就像兩隻飛來飛去的鳴鳥，或活蹦亂跳的猴子天生就會感到親近，開心地互相捉背上的蝨子。「每個人都跟相同或相近的類型最能相處融洽，」喬恩西寫道，「理論上，這是由於建構類似角色、發揮相同功能的人之間，存在著一種天生的、實際的同理心基礎。」伊莎貝爾把一九四〇年代史華斯摩幾個家庭的數據交給喬恩西，他發現「在夫妻身上最常見的情況是E/I、S/N、T/F類型相似，J/P類型相異。」[12]喬恩西認為，如果MBTI能對家庭和諧的心理基礎提供如此簡單又有力的洞察，或許對職場跟政治和諧能發揮更大的效果。例如指派相同或類似的類型合作？MBTI能否幫助預測兩個不同類型的人會如何處理職場紛爭，或甚至高風險的政治危機？

「說不定我們會碰巧想出不錯的作法，」喬恩西告訴伊莎貝爾。這幾年，他們已碰面多次。他認為自己很佩服她用索引卡幫親友評估人格類型，「建立某些模式的立論基礎」。「她似乎深具洞察力，」他說。但是他也有猶豫的理由。「她的樣本數太少，有時候只用一個樣本做為決定模式的部分基礎，太不周密。若要達成邁爾斯太太對MBTI

期許的某些目標，我們或許必須擴大並強化這項測驗。」[13]

擴大並強化這項測驗並不容易。伊莎貝爾抵達ETS之前，表格C問卷已擴充為兩百五十道題目的表格D。ETS必須成立「新的特殊測驗部門」（Office for Special Tests），這個部門的唯一任務就是以最先進的統計方法驗證MBTI，用社會科學的證據淡化伊莎貝爾的熱情與親友趣聞。這套人格類型的半神話詞彙，在ETS首次與形式化詞彙和統計方法產生碰撞。一九三〇年代，統計學強力滲入工業與政治領域。在一九四〇年代的全球動盪中，電腦使統計學默默經歷了劇烈轉變。如同陸海空三軍與美國人口調查局，ETS也買了一台RCA 501全電晶體電腦。它的銷售手冊說，這是「世上最先進的電子數據處理系統」。[14]這台機器令人望之生畏，它的外形像一台教堂風琴，鍵盤模仿蒙德里安風格上色，一條粗電線連接四排處理器，構成由一萬七千個電晶體組成的方陣。RCA 501以超越人類的速度計算測驗成績，計算一個測驗結果僅需九秒。這是一九五八年，也是ETS初次購買電腦的一年。ETS的統計學家還可以用這台電腦編寫程式，為大量受試者樣本做基本統計分析，包括計算方法與形式、關聯性與因果關係、判斷顯著性。

電腦不只是省時省力的工具。以伊莎貝爾與ETS運作的新規模來說，電腦也是不

＊ 譯註：十九世紀初，美國陸軍上尉路易斯（Meriwether Lewis）與克拉克少尉（William Clark）首次橫越美國大陸，進行考察。（source: wikipedia）

可或缺的技術。他們合作才短短數年，MBTI就從東岸紅到西岸，帶著瘋狂的能量席捲美國。ETS的首批測驗對象不光是企業與創意人士，它的客戶包括美國聖公會，向聖公會全國委員會申請宗教教育主任職位的七十二名女性，都被要求做表格C測驗。帕羅奧圖公立學校有兩千名學區學生接受測驗，篩選加入資優兒童計畫的人選。布朗大學讓一九五八年畢業班的九百五十名學生接受測驗。加州獄政司用這套測驗把瓦卡維爾市（Vacaville）監獄的受刑人區分成低風險組與高風險組。一九六〇年代早期，ETS打算檢驗伊莎貝爾寫的每一道題目的效度，因此以全美各地的青少年為實驗對象做了多次實驗。包括加州理工學院兩百人，阿默斯特學院（Amherst College）三百人，壬色列理工學院（Rensselaer Polytechnic Institute）九百人，羅格斯大學（Rutgers）九百人，以及麻薩諸塞州二十三所中學的十一跟十二年級生，共兩千兩百人（這些學校願意「為了測驗的效度獻出學生，」伊莎貝爾興奮地說）。[15]

伊莎貝爾終於不用再像過去那樣，向當地啤酒廠推銷測驗，一次賣出一、兩本測驗簿，賺個幾塊錢。她也無須再用孟羅計算器（Monroe calculator），夜裡苦苦記帳。這台計算器放在客廳，旁邊是一疊過去十年來累積的老舊答案卷。MBTI發展早期那種毫無章法、以身旁親友為對象的研究方法，終於結束了。伊莎貝爾過去幫親友評估人格時，並未控制能夠區分「內向與外向、實感與直覺、思考與感受、決斷與感知」以及「其他決定人格的因素」的混淆變項，例如年齡、性別、經濟地位、教育、政治取向。「兩位作者都沒受過正式的心理學訓練，因此她們為這套測驗建立的大量證據，心理學家幾乎無法立刻吸收，」[16]喬恩西請下屬開始驗證MBTI時如此提醒他們。「它使用的許多概念確實不同於心理學家的習慣，若沒有先細看一次，會讓人對整套方法感到抗拒。」[17]

崇拜實證與數據、t檢定與p值的人，對伊莎貝爾在餐桌上設計出來的實驗感到不耐煩，她對表格A、B、C、D的驗證熱情有餘、精確不足（「有時想到舊版測驗會令我嚇到發抖，因為題目真的很少，」[18]她曾經如此回憶）。伊莎貝爾戰時在合益顧問上班時自學了一些基礎統計法，但是ETS的員工都對她的自學成果暗自感到不屑。她的進取心對他們努力打造的制度權威來說，似乎是種侮辱。他們覺得她的事業心令他們蒙羞。「邁爾斯太太沒受過心理統計學訓練，」喬恩西的助理戴維斯（Junius "Jay" Davis）寫道。「讓伊莎貝爾與ETS員工維持一定程度的和平共存是他的任務。「她只是一個非常聰明又充滿熱情的女士，她的經驗使她相信自己無論想做什麼都辦得到。」這種消極對抗的語氣，在其他ETS編輯身上也看得到。他們抱怨喬恩西強迫心理統計學家「證實先入為主、討好大眾的素人想法，而且這些想法都很天真。」[19]「最難做到的是把這套測驗跟其他人格測驗一視同仁，」一位統計學家寫道，「疑慮揮之不去。它有一個非正統的起源，後來又與令人懷疑的理論結合。它在某些人心中激起的熱情，反而在其他人心中激起強烈反對。」[20]

至於伊莎貝爾，喬恩西正式雇用她為「ETS顧問」，提供專業指導，月薪高達兩百五十美元。ETS總部有些人覺得她是個人畜無害、身分特殊的老太太，她來了就迎合她，直到她累了離開為止。也有人覺得她嘮叨得令人難以忍受。她堅持ETS編輯都要接受測驗，但是她不但沒有把測驗結果回報給喬恩西，還規定她只跟某幾種人格類型共事（「做心理統計學研究的人似乎偏好以思考為主的內向角色，」喬恩西告訴下屬）。[21]她與ETS合作的頭五年裡，她拒絕把MBTI的答案卷交給統計學家。「她使用一套她堅決不肯透露的評分量表，原因是萬一俄國人拿到這套量表，美國與文明世界都會消失，」[22]戴維斯回憶道。她非常偏執，這種偏執只適合麥卡錫主義*與炸彈威脅的黑暗、焦躁年代。她在ETS的走廊上徘徊，散發口臭，因為她喝一種自己稱之為「虎奶」的自製能量飲品，原料是啤酒酵母混牛奶，再加入融化的巧克力棒。她請老大每個星期幫她送新鮮酵母、牛奶跟巧克力棒到普林斯頓，因為她的住處沒有果汁機能把原料打勻，所以她會先用拳頭把巧克力棒打碎，接著倒入牛奶，最後一鼓作氣吞進肚子裡。

她幾乎沒有記錄自己對ETS員工的印象，但你可以想像她對人格類型指標的占有欲，比他們所想的要理性得多。這是她的作品，她一生的心血。他們把它當成接受審查的普通工具，只要不符合複雜難懂的技術標準，就跟過去的其他測驗一樣棄之如敝屣。

當喬恩西在一九五九年的春天向她保證，ETS一定會在一九六〇年的秋天幫麻州的十一跟十二年級生做測驗時，她不相信他的員工會貫徹他的計畫。「我想要親自幫這些學生做測驗，」[23]她寫道。那年春天，在沒有告知喬恩西和他的團隊的情況下，她開車去費城附近五個郡的每一所法院，請事務官幫忙列出轄區內所有的高中。總共有三十所。她親自造訪每所高中三次。第一次是說服校長允許她為學生做人格測驗（「這麼做猶如在酷寒中行走，」她回憶道，「不過，教育測驗服務社的名號發揮神奇效用」），第二次送去測驗簿與答案卷，第三次是去接收戰利品。[24]夏天結束時，她已經收到一萬多份答案卷，她徒手計算分數後，把測驗結果送進ETS分析，這件事令喬恩西既驚訝又無言。為了慶祝這次勝利，她和老大跑去百慕達度假。除了一件保守的黑色泳裝，她也把電腦對測驗成績的統計結果列印出來，裝進行李箱。

她想要收集更多受試者、向年輕人散播人格類型福音的這份熱情，並不是為了擴大並強化測驗。雖然她相信ETS這個品牌與認可，但是基本上她並不信任ETS的驗證作法。他們讓受試者反覆接受測驗，檢查問卷上的每一道題目，她認為這些作法只是在拖累營運，浪費時間。麥金儂與海伊早就接受人格類型指標，也對它的成效很滿意。她

＊譯註：麥卡錫主義（McCarthyism），美國對共產主義的強烈反對、恐懼與懷疑，尤以一九五〇年代為甚。（source: wiktionary）

也不信任設計者與驗證者分工，因為這剝奪了她過去對作品的控制權。頑固的個人主義在ETS總部不太管用。她會要求編輯立刻停止手邊的工作，照顧她的職場需求，這增加了他們的負擔。幾個月後，有些編輯會在知道她要來的那一天要求休假。她相信統計學家聯手密謀對付她，他們故意用不合理的高標準阻止MBTI取得成功。

下班後，當所有人都回家陪伴家人時，她會留在辦公室連續工作好幾個小時。她命令戴維斯留下來陪她。他留下來只是為了不辜負喬恩西的託付。「伊莎貝爾，我必須回家至少睡兩、三個小時，」有天凌晨三點他忍不住央求。

她搖搖頭。「你去對面的會議室桌上睡一下，」她建議。「等一下我有些資料要請你審稿。」[25]

有時候她會趁辦公室沒人，偷翻其他人的檔案夾，因為她懷疑他們故意不把數據交給她。夜裡她喝了保溫瓶裡的虎奶保持體力，香甜黏膩的指紋成了偷看檔案的證據。

❖ ❖ ❖

在ETS工作期間，伊莎貝爾有很多「保姆」。喬恩西指派了幾位年輕人指導她，幫她脫離原本「土法煉鋼」的評估方式，也就是她承襲自母親的夢境分析索引卡、旋轉式計算器，以及她不肯接受社會科學方法的頑固。從表格D到表格E，指導她統計學的是理察・柯德瑞（Richard Cordray），畢業自加州大學奇科分校。柯德瑞是伊莎貝爾的兒子彼得的高中同學。從一九五九到一九六〇年，柯德瑞認真敬業，但個性也很衝。一九五九年春天，他陪伴伊莎貝爾開車去費城的法院與高中，那年夏天也是他陪伴她厚著臉皮無視ETS的協議。「邁爾斯太太表示，她對自己與ETS之間聯繫不夠密切感到不滿，」他在給喬恩西的筆記中沮喪地寫道。「我每週跟她至少碰面一次，都是在史華斯摩，除非她不在家。」（原因：她全職研究人格類型。ETS浪費我的時間開車去她家，好過浪費她的時間。）」[26]他造訪史華斯摩時，會請求她別再徒手計算分數。ETS的電腦技師已經幫RCA 501寫了新的計分程式，現在每四秒就能算完一份成績，每個小時可完成九百份。「這幾年我努力說服邁爾斯太太盡量別做事務型的工作，因為她應該把時間花在其他地方。但是她一直說她對精準度感到失望，」他向喬恩西抱怨。

他們幾乎大小事都能起爭執，例如在哪裡碰面、幾點碰面、接受人格評估的學生應該幾歲才能產出正確結果。他們為了發布人格類型最新研究的新聞稿而吵架（「我認為新聞稿不用如此正式，但我想邁爾斯太太應該不會同意，」柯德瑞預測）。他們為了是否應該在不顧效度的前提下，允許或甚至推廣MBTI而爭吵。ETS尚未建立MBTI的效度，儘管伊莎貝爾等得不耐煩，但她也擔心效度是MBTI在公諸於世之前必須完成的事。柯德瑞比喬恩西更早察覺到一件事，那就是人格類型的詞彙可能具有超出科學價值的心理用途。「跟其他人格測驗相比，它的題目一點也不可怕。同樣地，這套理論也幾乎不帶批判意味，」[27]柯德瑞說。雇主可以利用MBTI，透過一系列的認知與心理評估，賦予員工一個鼓舞人心的片面結果。不同於MBTI，許多認知與心理評估都非常明顯而嚴厲地批判受測者。「我記得有一家使用MBTI的保險公司給了這樣的意見，」他在信中告訴伊莎貝爾，「以前他們的員工做完測驗後，都會一直詢問自己的測驗結果，令公司深感困擾。因為那些測驗結果是機密，不能告訴受測者。」但是雇主、人資主管與職涯顧問，都能利用MBTI「建立融洽的關係與信心」，不會「那麼嚇人」。「這是MBTI的內建特質，」他說。幾個月後他離開了ETS，伊莎貝爾也返回加州。

不過，柯德瑞無意間啟發伊莎貝爾為問卷設計第二大題：詞組。他是ENTJ類型，「總是令我充滿挫敗感」，伊莎貝爾事後回憶道，因為「他不照我想要的方式答題」。[28]她在費城開車的時間很長，這是她的「最佳思考時間」，思考為什麼「他給的答案不符合他的人格類型，而且頻率高得令人喪志」。某天下午，她一邊開車一邊隨想時突然發現，要是只給他答案（a）和答案（b）的關鍵字，請他從兩個關鍵字中選一個，說不定他能回答得更好。就像凱薩琳曾與瑪莉．塔克曼玩過的榮格「意象」遊戲，她可以先在索引卡上寫兩個相反詞，把這些索引卡放在她家客廳沙發上，請柯德瑞選一個字，然後說出自己聯想到的畫面。他們給高中生做詞組測驗時，她請他們在答案卷背面寫下自己對人格測驗的感想。「有個男孩用反義詞組寫了『這些都是很好的字』，我認為這是一種致敬，」她說。

從表格E到表格F，指導她的是約翰．羅斯（John Ross），從西澳大學（University of Western Australia）來ETS拜訪研究的心理統計學家。羅斯對榮格的理論與應用都沒興趣，只對它們的真實性有興趣。「我認為邁爾斯太太比較有興趣的是證實自己的理論，以及不斷改進人格類型的應用，她對停下來評估人格類型本身沒有興趣，」[29]一九五九年十一月他告訴喬恩西。儘管羅斯已聲明自己對理論的論證沒有興趣，但是他對伊莎貝爾濫用榮格思想的方式充滿疑慮：她錯誤定義「內向」與「外向」，她堅持人格類型永遠不變。羅斯的疑慮延伸到人格類型本身使用的詞彙，他認為這套詞彙暗示人類的心理結構是基本的天生特質，你可以說一個人「就是」這種或那種類型，就像描述一隻動物是特定的物種一樣。「『類型』這個詞……或許會製造誤解與負面的初始反應，」[30]他在給喬恩西的訊息中寫道。他鼓勵伊莎貝爾把「類型」改成「偏好類型」（preference-type），藉此強調「類型功能的偏好裡含有自主（雖然是無意識的？）特性」。她斷然拒絕。個人選擇不符合榮格理論，她說。

他們兩個的關係一直不好。羅斯在伊莎貝爾的研究裡發現統計錯誤之後，更是雪上加霜。伊莎貝爾一直宣稱自己的人格類型指標，以及更廣義的榮格人格理論，是以雙峰分布的統計概念為前提。做表格F問卷的任何一個受試者，測驗結果很有可能會出現兩個不同的峰值或「模態」，對應每種組合的兩個相反人格類型，也就是外向與內向、實感與直覺、思考與感受、決斷與感知的平均分布。但是在測驗了上萬名高中生和大一生之後，幾乎沒有看見雙峰分布的證據。多數人似乎都在中間徘徊，他們的人格迷失在伊莎貝爾設定的兩個理想峰值之間。這是令人不安的發展。伊莎貝爾相信自己的理論和數據都正確無誤，這種不一致的情況是偶發的意外，是ETS的驗證過程出了問題。羅斯不同意。他們針對如何進行下一步爭吵了好幾個月。「我們意見相左，」羅斯告訴喬恩西，「首先是因為邁爾斯太太強調測驗的雙峰性與迴歸的劇烈變化，兩者都是為了證明這個理論在雙峰分布（或「兩極化趨勢」？）的前提下正確無誤。但我想知道的是MBTI做為預測工具的準確度，以及能否透過測驗結果窺見其他並行特質。第二，每當我們快要走到能夠停下來說：『這看起來滿有希望的。讓我們停下來檢驗一下』的時候……邁爾斯太太又會加入新的想法。」[31]

一個是焦急的業餘人士，一個是學院派統計學家，兩人之間的僵局沒有解決之道。雖然伊莎貝爾與羅斯持續合作修改問卷和答案卷，但兩人都暗自怨恨對方。羅斯只贊成ETS以實驗方式進行，不贊成商業銷售。「我會建議把它當成實驗性質的測驗來發表，」他告訴喬恩西，「同時附上一本說明手冊。我認為與這項測驗有關的任何主張都應謹慎。」[32]問題持續增加：E/I組合「過度偏重健談」，S/N組合的男性和女性似乎都反映出「智力與智力特性」，T/F與J/P組合在性別之間呈現截然不同的分布。那一年年底羅斯返回澳洲，伊莎貝爾非常開心。她還不知道喬恩西請來幫她寫MBTI說明手冊的人，日後會變成她最大的敵人。

這個人叫做勞倫斯．史垂克（Lawrence Stricker）。她將會從不喜歡這個人，演變成痛恨他。她對他的厭惡程度嚴重到在史華斯摩的自宅辦公室，有個用來記錄他行為的祕密檔案，這個檔案叫「可惡的史垂克」（Larry Stricker, Damn Him）。[33]史垂克才二十七歲，是個瘦小的男孩，彼得和安的年紀都比他大。他剛從紐約大學取得統計學博士學位，是ETS一九六〇年的最新成員。他很喜歡「研究部門的老頭們」提供的支持與保護，但是從戴維斯的角度來說可不一樣。在伊莎貝爾與ETS之間協調溝通已經很累，史垂克讓這份工作變得更加艱辛。「整整一年，他不斷批評MBTI在心理統計學上毫無價值，」戴維斯回憶道，「邁爾斯太太當然氣炸了。」[34]

戴維斯在自傳中用「戲劇化」來形容這段故事，但是他寫的濃縮版本遠比不上實際過程來得精采。戴維斯照看的這位灰髮、動作靈活、偏執的老太太，槓上一個對統計分析充滿熱情的年輕人。據說只要數據不符預期，他就會發怒到面紅耳赤。這兩個不可能合作寫說明手冊的人從一九六〇年十一月到一九六一年四月，合作了整整半年。伊莎貝爾把從未給別人看過的資料交給他。「我出於方便寫的一些東西，都是初稿，」她說。[35] 伊莎貝爾不知道的是，史垂克偷偷準備了另一份人格類型指標的文件，那是一份要交給研究部門「老頭子們」的筆記，因為他們打算「概述評估ＭＢＴＩ時發現的重大問題，」史垂克寫道。[36]

他說自己站在最客觀的立場上，對邁爾斯太太沒有任何私人恩怨或喜好。他的意見出於理性，能看穿圍繞著ＭＢＴＩ的非理性爭議，包括正面與負面爭議。「我嘗試以不贊成也不反對的態度，當個冷靜公正的評估者，」他堅稱，「我也想從這項測驗受到的真實讚美與批評中，篩選出積極熱情與充滿敵意的陳述。」為了達成這個目標，他的筆記裡提出三個簡單的問題。ＭＢＴＩ的理論基礎有多穩固？ＭＢＴＩ衡量這個理論的準確度有多高？若不看ＭＢＴＩ衡量理論的準確度，ＭＢＴＩ預測人類行為的用處有多大？

史垂克逐項拆解ＭＢＴＩ，摧毀它在理論觀點與實證效度的主張。它使用的理論「有榮格的特色，」他說，「但內容大多是虛構的。」來自伊莎貝爾與凱薩琳對人類本質神話般的想像。「它使用了內向／外向，跟榮格一樣。它使用了思考、感受、實感與直覺，也就是榮格所說的四個基本心理功能。但是它加入了決斷與感知，榮格非但從未使用過，他的類型學系統也從未見過。就算它使用的詞彙與榮格大量重疊，但這些詞彙並未保留原本的意義。這個系統把榮格理論的主要特色揉合成複雜的類型組合，但是它與榮格幾乎毫無關聯。」伊莎貝爾跟母親所做的，是把人類主觀性的複雜哲學解釋，面目全非地壓縮成心理學理論的拙劣模仿版本。自我縮減成四個字母，世界被壓縮成四乘四的人格類型表。至於人格類型指標，史垂克認為它毫無用處。就算把榮格的理論稀釋再稀釋，問卷上的題目還是無法反映出他的理論。四種組合衡量的項目要不是不太重要（「E/I只衡量是否健談，」他寫道），就是更適合用別的量表（「S/N就是保守主義跟自由主義」）。

這是一份殘酷又傷人的文件。「他對人格類型指標的批評遵循自己在研究所的訓練傳統，也就是從作品中挑出愈多錯誤，就代表批評的功力愈高，」伊莎貝爾憤怒地說。[37]不只如此，這還是一場背叛。史垂克公開譴責MBTI令她措手不及。喬恩西發現她「受到驚嚇」，而且「對她視為錯誤解讀、扭曲和斷章取義的攻擊相當惱怒」。[38]她不再腳步輕快地跑跳進辦公室。她不再想進辦公室，面對年輕與年長男性人前假笑，人後卻嘲笑她的服裝跟髮型。這群男人一直催促喬恩西把她趕走，不要在她愚蠢的計畫上浪費更多時間或金錢。「我猜你覺得自己一直在等待騎士來救你，沒想到騎士來了之後卻開始攻擊你，」ETS的副社長威廉·特恩布爾（William Turnbull）如此安慰她。伊莎貝爾說特恩布爾是她在ETS「唯一的朋友」。[39]

在特恩布爾的堅持下，她回到ETS。她刻意不展露真正的情緒。跟喬恩西私下開會時，她情緒平穩、態度和藹。「她肯定對整件事充滿情緒，但是她在討論的過程中保持理性，也沒有把她的負面感受概括怪罪到ETS身上，」[40]喬恩西說。伊莎貝爾沒有大吵大鬧，他覺得鬆了一口氣。但是回到家之後，在人格類型發源的實驗室裡，她咒罵史垂克對她與她的畢生職志的攻擊，他絲毫沒有考慮到MBTI對她的意義、她過去二十年來的努力，或是為了讓人們（像他這樣的男性）瞧得起她，她曾經犧牲了人生裡的哪些東西。她工作的步調變慢了。新的疑慮成為負擔，她無法鼓起勇氣完成說明手冊，或是她原本打算寫的那本與人格類型有關的書。「她有點像是現代版的聖女貞德，她的事業是神聖的，」戴維斯在給喬恩西的信中，提及他觀察到伊莎貝爾的變化。「她沒料到自己會跌入陷阱，然後被綁在木樁上。」[41]

喬恩西稱這次事件為「史垂克騙局」，它令伊莎貝爾在ETS的地位變得岌岌可危。[42]一方面，驗證MBTI效度的可能性愈來愈低；另一方面，不願放棄MBTI的喬恩西開始思考如果MBTI不能成為有效的人格評估工具，它能否以別的方式派上用場。他曾經把它當成一套既簡單又有系統的詞彙，能在自我陰影與各種偏好之間發揮調解作用。現在MBTI變成更鬆散、更自由的自我描述詞彙，比他原本的想像更吸引人，也更平易近人。「就算你不想在討論假設的階段，就把它們當成理論，也應該想想這個理論可能帶來的好處，」喬恩西試著向心存懷疑的史垂克說明，「這四種組合的系統相對簡單、容易理解。它能用門外漢也覺得有意義的詞彙描述，沒有複雜或少見的字眼，使人們覺得自己聽不懂就決定放棄。」他所說的詞彙不是伊莎貝爾對MBTI的技術性描述，而是她母親一九二六年用輕鬆的方式為《新共和》讀者介紹的榮格理論，那篇文章叫做〈認識自己〉。「事實上，」喬恩西繼續說，「在稍微認識理論之後，人們通常覺得用這種方式來形容一個人很便利。人們經常用J/P、S/N或E/I來為第三者介紹某個人。」儘管他也承認這樣「採用理論的基礎有點危險」，但是他相信「考慮到這項測驗的實用性，如果它能符合其他要求，這麼做就很有意義」。無論是否科學，MBTI總是能夠讓受測者因為突然覺察到自我認識而欣喜不已，而且不分年齡、性別、職業或政治傾向，也無論他們最初是否抱持著懷疑。「布丁好不好吃，還得吃了才知道，」喬恩西熱情地告訴史垂克。「MBTI的理論或分數，以及其他測驗成績，有沒有提供一個平台，使我們有能力再稍微多理解一點點？」[43]

伊莎貝爾在ETS的工作得以持續完全奠基於信念，而非科學。但是她不願意接受MBTI被降格，不再受寵。「她容易在最困難和最可疑的情況下挺身奮鬥，」[44]喬恩西不禁擔心。她走不出史垂克的批評。他可以質疑人格類型指標設計的技術問題、個別的題目等等，但是他不能不尊重背後的理論，因為這個理論帶來自我發現的希望，感動了她所愛的人的靈魂。他帶著刻意的、毀滅性的殘酷，用他的筆記推翻她對自己的理解，也推翻她一輩子的心血。她只寫過一封憤怒的信給他，她在信中說他試圖「趁狗不注意時切斷牠的尾巴」[45]。但是她警告他應該謹慎行事。「這條狗或許才是贏家。」

❖ ❖ ❖

一九六三年，她終於完成了說明手冊，但此時她與ETS的關係已跌到谷底。她的決心也是。那一年稍早，她的父親萊曼過世了，她成為母親的照顧者。世上沒有一個女兒能完全準備好這種角色轉換。凱薩琳曾為伊莎貝爾的童年設計了宇宙實驗室，也曾對榮格、宗教、婚姻與母親的角色寫過數千頁文章，但是她的心智正在衰退。凱薩琳的日常起居成了伊莎貝爾的責任，她放下工作專心照顧母親。

兩個孩子對她的需求，也達到三十年來的高峰。安和彼得的婚姻都有問題，瀕臨離婚邊緣。彼得即將離開結髮二十年的妻子貝蒂（Betty）。內向類型的安嫁給外向類型的吉姆（Jim），他需要安一直把愛說出口，才相信她真的愛他。「我不認為我必須這麼做，」[46]她向母親坦言。她跟伊莎貝爾一樣全心育兒，但現在她也想當個教育者，設計更好的方法教幼童閱讀。這項計畫給伊莎貝爾一個不去思考ETS的好機會。二十年前伊莎貝爾和母親在她家廚房討論人格類型指標，現在換她坐在女兒家的廚房裡，為幼兒園課程設計遊戲和寫詩。後來安帶著她跟母親聯手創作的教材，去伊利諾州參加研討會。她在那裡認識一位心理學教授，兩人後來成為合作夥伴，而且令母親大感沮喪的是，他們也成為戀人。伊莎貝爾用人格類型打造的這個家，似乎正在逐漸崩壞。

但是伊莎貝爾私人生活裡的不幸，除非影響工作，否則ETS一點也不在乎。他們看著她挺過「史垂克騙局」，她的自尊心與職業道德雖然受到損傷，卻沒有崩潰。他們相信人格類型指標是她生命中最重要的東西，甚至超越照顧垂死的母親。此外，她從未想過要向喬恩西和下屬追討ETS賣出數千份測驗的權利金，MBTI的獲利全數進入ETS的戶頭。「雖然她無論如何都一定會設法繼續這項工作，雖然照顧年邁母親的責任大幅減緩了工作步調，但這筆研究經費花得很值得，」[47]喬恩西說。

然而到了一九六〇年代中期，研究部門的重心不再是她與MBTI。「有段時間，我們對任何測驗開發活動都抱持著敵意，」戴維斯回憶道，「或許是因為冒險開發MBTI留下了創傷。」[48]一九六四年，戴維斯寄了一份筆記給喬恩西，標題是〈伊莎貝爾・邁爾斯最近的生活與時代〉。他在文中提出伊莎貝爾人生裡的這一章，也就是她與ETS漫長的愛恨情仇，是否已經到了尾聲。「還會持續多少年？」他問喬恩西。「你對目前我們跟她之間的關係，大致上有何看法？」[49]一方面，這段夥伴關係的經濟效益並不樂觀。雖然ETS的發行範圍很大，但是他們花了太多錢驗證效度。這是失敗的商業投資，尤其是跟SAT每年兩百萬美元的營收相比。兩年來，銷售MBTI的總收益只有一萬五百九十四美元，遠低於ETS的預期。一九六〇年中期的人格測驗使用者，大多是小型消費者（「顧問與人事主管，」戴維斯說）。[50]至於ETS一九五六年垂涎的大型客戶，例如大學、企業、教會和政府單位，數量一直沒有增加。回頭看起來，喬恩西決定付給伊莎貝爾顧問費而不是權利金，似乎是個錯誤決定。「一九六二到六三年的權利金是六百四十二美元，一九六三到六四年不超過五百美元，」戴維斯指出，「兩年來，她的顧問費將高達現金收益（銷售與服務收入）的一半左右。這項計畫正在嚴重虧損。」光從數字看來，終止合作似乎很合理。「技術性問題可以也一直都是由ETS來處理，這方面不需要她，」戴維斯說。

雖然伊莎貝爾如此古怪，但她不是一個容易動搖的女人。她可能永遠都不知道，其實ETS的工作人員都很景仰她，儘管這份景仰可能心不甘情不願。「她的工作，」戴維斯回憶道，「總是及時、適當、完整而負責。她個人似乎重視ETS顧問的頭銜，超越她對薪酬的重視，但是她從未濫用這個頭銜。」（他可能不知道一九五九年春天，她曾經偷偷造訪賓州的高中）。雖然他不認同她堅信的理論，但是她的一心一意令他驚訝。她「為人格類型的觀念獻出自己與家人的人生。她相信這是影響深遠、極度重要的社會發現，」他說，「只要能夠促進人格類型指標的發展與散播，以及專業大眾的接受度，這比任何行為準則都更加重要。」例如職場禮貌或遵從專業意見。他相信這個決定端視ETS未來對這項測驗的投資。「儘管虧損，我們是否想要保留這項測驗，是否要在後續的工作中扮演正式的角色？」他問喬恩西。

答案是肯定的。不過只多撐了一年，他們後來還是開除了這位顧問。那一年生意很好，或許是他們合作期間最好的一年。她跟戴維斯一起前往洛杉磯，參加美國心理學協會的研討會。在曾經讓舅舅伯特迷醉的豔陽與乾爽的風裡，她邂逅了一群西岸的榮格心理學分析師，他們都急切地想認識人格類型指標。西岸之旅猶如「一劑強心針」，戴維斯告訴喬恩西。她在研討會上碰到一群護士，他們說服她找護士當下一批受試者。「邁爾斯太太躍躍欲試，她想用人格類型說明或預測護士的專業表現，」戴維斯說，「再怎麼提醒她謹慎或要求她三思，都不可能阻擋她回家前先拜訪幾所護校，了解讓他們接受MBTI測驗的可能性。」[51]她對新計畫的前景充滿信心，回程時從洛杉磯出發，先去了帕羅奧圖與奧克蘭（去跟麥金儂和他的下屬打聲招呼），接著去了丹佛、芝加哥、史華斯摩。回到普林斯頓時，她才突然得知一個驚愕的消息：ETS已不再需要她的服務。

她從容面對這個消息。她早就知道自己與ETS的合作即將結束。她在西岸碰到的那些人沒有電腦與演算法的負擔，他們都以更開放的心態接受榮格理論。她在西岸聽見自我照顧的大聲呼喚。加州沿岸從南到北都對身心成長充滿渴望，冥想靜修營與健康機構如雨後春筍般出現，人們在這些地方吃特殊飲食、運動、淨化、做自我發現的測驗。她在西岸看見人格類型的未來，西岸用一種無法撼動的堅持呼喚她離開東岸。她在加州探望了孫子強納森・布里格斯・邁爾斯（Jonathan Briggs Myers），她寫信告訴朋友，他們「聊人格類型聊得很暢快」。[52]強納森向她保證，她的研究「非常重要，不應如此低調。」

她不想思考ETS對她造成的致命打擊。在缺少證據支持理論與實驗結果的情況下，MBTI在心理統計學家眼中其實跟星座差不多，而伊莎貝爾只是一個又老又固執的江湖郎中。但是她知道人格類型不只是數字與發行量這麼簡單。她對榮格理論與自我發現的前景充滿信心，這些都不可能簡化成統計學上的顯著性。她不願回顧過去，她只想向前看，等待跟她一樣出於直覺相信MBTI的人重振人格類型指標。

註釋

1 Junius A. Davis, *Diary of a Curable Romantic* (Bloomington; Xlibris, 2008), 150.
2 Saunders, *Katharine and Isabel,* 155.
3 Henry Chauncey, "A Center for Research on Human Abilities and Personality," Folder 267, Box 24, Henry Chauncey Paper, Educational Testing Service, Princeton, New Jersey. Hereafter HCP.
4 Henry Chauncey to Dael Wolfe, May 15, 1953, Folder 267, Box 24, HCP.
5 Chauncey, "A Center for Research on Human Abilities and Personality."
6 同前。
7 同前。
8 "Conference on Proposed Personality Research Center," April 7, 1953, Folder 267, Box 24, HCP.
9 Davis, *Diary of a Curable Romanti,* 152.
10 Henry Chauncey, "Reasons Why the MBTI Seems Promising and Particularly Useful in Connection with the Sloan Study," July 17, 1957, Folder 642. Box 61, HCP.
11 "An Appreciation of Isabel Briggs Myers," PGP.
12 Henry Chauncey, "A Description of the Myers-Briggs Type Indicator," September 1957, Folder 642, Box 61. HCP.
13 Henry Chauncey to John Ross, "Conference with Mrs. Myers," February 10, 1960, Box 61, Folder 642, Box 61. HCP.
14 Association for Computing Machinery, *Communications of the Association for Computing Machinery,* 2, no.1 (1959): 108.
15 Myers, "IBM MBTI history 74."
16 Chauncey, "A Description of the Myers-Briggs Type Indicator."
17 同前。
18 Myers, "IBM MBTI history 74."
19 Davis, *Diary of a Curable Romanti,* 163.
20 Larry Stricker, "Evaluation of the Myers-Briggs Type Indicator," Folder 642, Box 61, HCP.
21 Chauncey, "A Description of the Myers-Briggs Type Indicator."

22 Davis, *Diary of a Curable Romanti,* 152.
23 Myers, "IBM MBTI history 74."
24 Isabel Briggs Myers, "Reflections on the History of the Type Indicator," PGP.
25 Davis, *Diary of a Curable Romanti,* 152.
26 R.E. Cordray to H. Chauncey, "Re: Myers-Briggs," August 5, 1959, Folder 642, Box 61, HCP.
27 R.E. Cordray to Isabel Briggs Myers, "Memorandum," August 21, 1959, Folder 642, Box 61, HCP.
28 Myers, "IBM MBTI history 74."
29 John Ross to Henry Chauncey, "Myers-Briggs Type Indicator: Progress Report," November 5, 1959, Folder 642, Box 61, HCP.
30 同前。
31 John Ross to Henry Chauncey, "Myers-Briggs Type Indicator," November 5, 1959, Folder 642, Box 61, HCP.
32 John Ross to Henry Chauncey, "Meeting on Friday, November 9," September 8, 1960, Folder 642, Box 61, HCP.
33 Saunders, *Katharine and Isabel,* 135.
34 Davis, *Diary of a Curable Romanti,* 151.
35 Myers, "IBM construction."
36 Stricker, "Evaluation of the Myers-Briggs Type Indicator."
37 Myers, "IBM construction."
38 Henry Chauncey, "Memorandum of Conference with Mrs. Myers," June 26, 1961, Folder 642, Box 61, HCP.
39 Myers, "IBM construction."
40 Henry Chauncey, "Memorandum of Conference with Mrs. Myers."
41 Saunders, *Katharine and Isabel,* 137.
42 Henry Chauncey, "Memorandum of Conference with Mrs. Myers," October 11, 1961, ETS, Princeton, N.J.
43 Henry Chauncey, "Memorandum of Conference with Mrs. Myers," May 3, 1961, Folder 642, Box 61, HCP.
44 同前。

45 Saunders, *Katharine and Isabel,* 135.
46 McCaulley, "Person Behind the MBTI 1988."
47 Henry Chauncey to William Turnbull, "Mrs. Myers' consultantship," July 14, 1964, Folder 642, Box 61, HCP.
48 Davis, *Diary of an Incurable Romantic,* 156.
49 Junius Davis to Henry Chauncey, "The Recent Life and Times of Isabel Myers," May 19, 1964, Folder 642, Box 61, HCP.
50 Junius Davis to Henry Chauncey, "Mrs. Myers' Consultanship," May 22, 1964, Folder 642, Box 61, HCP.
51 Junius Davis to Henry Chauncey, "West Coast Trip," September 16, 1964, HCP.
52 Isabel Briggs Myers to Mary McCaulley, August 25, 1970, PGP.

第三篇

13 生與死的共時性 The Synchronicity of Life and Death

一九六八年，羅患癡呆症多年的凱薩琳·布里格斯在位於費城米迪亞（Media）的畢夏普養老院過世。她晚年寫過一篇從未發表過的文章，標題是〈死亡與復活：世界末日〉（Death and Resurrection—The End of the World），她在文中抒發對人生心滿意足，她已「實現成年人的人格重新融合，這是耶穌對全人類的期望」。雖然她「沮喪的創造者」，讓她的心智「因為一種痛苦、致殘的心因性疾病而停止運作」，但是大致而言，她已隨心所欲度過精彩的一生。儘管她的「世俗活動已走到尾聲」，不過她很欣慰自己的精神和名字將透過女兒與她們的共同作品延續下去。[1]

母親過世，七十歲的伊莎貝爾哀傷之餘，反而更加奮發向上。雖然ETS扼殺了MBTI，但這並不代表沒有重生的機會，或是如凱薩琳在最後的文章中所寫的「復活」，且是藉由一種「光明燦爛的新形式」。接下來的十二年，是伊莎貝爾人生中最後一段發熱發光的歲月，她將努力保存自己與母親的共同作品。她與一位較年輕的女士愈走愈近，這位女士將把ＭＢＴＩ變成全球現象。伊莎貝爾跟她情同母女，她承襲的不是伊莎貝爾的血緣，而是哲學信念。這名女子叫瑪麗・霍利・麥考利（Mary Hawley McCaulley），重振ＭＢＴＩ與創立心理學人格類型應用中心（CAPT）就是她的命運。伊莎貝爾的信件和日記，以及ＭＢＴＩ從「Ａ」到「Ｍ」的所有初稿，都在ＣＡＰＴ保存至今。

在了解瑪麗的生命歷程時，伊莎貝爾的腦海中必然閃過自己的人生片段。受到呵護的快樂童年，在東岸富裕的郊區長大。進入羅徹斯特大學（University of Rochester）之前，已透過自學能說流利的法語、西班牙語、拉丁語和希臘語。早婚，丈夫是她念高中時的古代史老師。跟丈夫在同一所學校任教，直到校長請她離職，原因是「裙帶關係規則」，也就是「夫妻不應在同一所學校任教」[2]。接著二次大戰爆發，瑪麗重回職場。一開始是陸軍的志願裁縫，接著是紅十字會的生活環境調查員，最後在費城的普洛維登壽險公司（Provident Mutual）人事部擔任分析師。「於是我就這樣離開人文領域，我一直認為商業是世上最無聊的東西，但我工作的職場環境很好，上至總裁下至新進人員，我全都認識，」談及ＭＢＴＩ的發展過程，她用一種不耐煩的冷淡語氣回憶道，「我在那裡工作了十年。但身為女性，我顯然沒有什麼晉升機會。」

她在普洛維登的人事部工作時養成分類思考的習慣，但不是很細緻的分類。雖然從新進人員到總裁她都認識，但是她對他們的了解僅限於職務編號。「我記得自己曾經對同事說……『我知道你是誰，你是四二〇。你是四二〇。』我心想：『天啊，這真是太糟糕了。』」她不知道在二十分鐘車程以外的史華斯摩，伊莎貝爾與海伊正在為普洛維登壽險公司提供幾十份人格測驗，瑪麗每天都將測驗結果放進公司的人事檔案裡。這個祕書雜務激起她對人格研究這個新興領域的興趣。一九六〇年代初，她決定去念心理學研究所之後，她對人格研究更加感到好奇。「我查了一下賓州大學，他們只對大腦行為有興趣，臨床心理學家看起來都很慘，似乎不適合我，」她回憶道，「接著我考慮哥倫比亞大學。我老公說：『拜託，你不可能通勤去紐約上課！太誇張了！』所以我最後選了天普大學（Temple University）。」瑪麗在天普大學認識了皮奧楚斯基博士（Zygmunt Piotrowski），他是把羅夏克墨跡測驗引進美國的心理學家。看到墨跡圖形逼迫精神病患面對自己不肯承認、也從未與人分享過的記憶，瑪麗非常震撼。但她也發現要管理與評估大量受試者，花費的時間實在太長。莫雷的TAT測驗、湯姆金斯的圖片評估測驗，以及市面上的每一種投射型人格測驗，都有這個問題。她需要一個能讓她同時管理多位受試者，而且評分時間不超過五分鐘的測驗。

她念研究所的時候並未找到心目中的測驗。由於她的丈夫堅持要在氣候溫暖的地方退休，所以他們舉家搬去佛羅里達州的根茲維（Gainesville）。搬家後，她依然沒有找到這樣的測驗。瑪麗還沒打算跟丈夫一起退休，因此她在佛州大學醫院的產科找到一份工作，儘管她經常不諱言自己對產婦跟幼兒都沒興趣。「這是家有趣的醫院，因為根茲維的居民是非常純樸的鄉下人，」她說。她遇到的當地人，使她想起瑪喬麗·勞林斯（Marjorie Rawlings）一九三八年的小說《鹿苑長春》（*The Yearling*）裡的角色：貧窮、單純的黑人，對世界了解有限，以致於無法對世界產生惡意或善意。她用一種逗趣的愉悅回想自己跟病患的第一次邂逅。「第一位跟我交談的病患是個十五歲的黑人孕婦，她說：『聽說你們會把我們綁在分娩檯上，這是白人對黑人生孩子的一種處罰。』」

她漸漸對自己治療的女性產生興趣，但不是那種「女性解放主義的『職場女性』的興趣，」她說。她從來不隱藏自己鄙視第二波女性主義，以及那些「月經、懷孕、分娩、生產、育兒與育兒階段」行動劇。女性的人格在月經期間有何變化？初次、二次、三次生產之後，又有何變化？我們能否以有系統的方式評估這些變化？在象徵意義上，她發現人格類型也呼應了凱薩琳與伊莎貝爾走出家庭機構，走出日常的育兒與家務，步入類型學蓬勃發展的公共機構，例如大學、醫院、實驗室。或許一切只是巧合，但或許有更深層的意義。瑪麗自己則相信，這是命運。

❖ ❖ ❖

瑪麗在向朋友轉述自己跟伊莎貝爾如何相識的時候，最喜歡用的詞是榮格心理學提到的「共時性」（synchronicity）。榮格一九五〇年代提出這個觀念時，說這是一種「有意義的巧合」。[3]榮格以共時性來解釋那些不太可能同時發生、沒有因果關係和理性關係的快樂意外。這種人際關係的原則，據稱能解釋靈魂伴侶的存在、同卵雙胞胎之間的感應以及各種超自然現象，包括幽靈、超感知覺與飛碟。「我的生命就是共時性的結果，」瑪麗被問到如何發現人格類型的詞彙時如此回答。她會成為普羅維登壽險公司的人事部分析師，是透過一個不熟的朋友介紹。這位朋友是她以前每天搭火車去紅十字會上班，同車的一位女士。這就是共時性。因緣際會，她受邀跟一群行為科學家一起工作，他們正在為高中性教育撰寫第一份課綱。他們對男女性別差異的興趣，引領她認識榮格理論。這也是共時性。在詳讀提及榮格的近年出版品時，她發現了一份一九六〇年代的ETS型錄，裡面有MBTI測驗的廣告：以《榮格人格類型》為基礎的測驗。「我看見『榮格』，然後湊巧，真的完全是湊巧，」她回憶道，「我買了一本測驗簿，請ETS寄給我。你必須簽一份同意書，承諾測驗不會用於實際或應用用途，因為這是一種研究工具，他們希望你能寄回答案卷。」她回家後自己先做了測驗，然後讓丈夫也做一次。「我可憐的老公，」她哀嘆，「我自己忙著學心理學，他還得配合我做測驗。他是INFP，我也是INFP。」發現型錄、訂購測驗簿、瑪麗跟伊莎貝爾一樣都是INFP類型，這些都是共時性。

起初，她對「這個叫ＭＢＴＩ的東西」感到懷疑。但是她把ＭＢＴＩ介紹給病患，聆聽他們在了解自己的人格類型後的心得，心中的疑慮漸漸消失。「他們說：『這說明得好清楚！我就是這樣的人，好嗎？從小到大，身邊的人都一直說我跟別人不一樣。』」她不斷見證ＭＢＴＩ帶來自我發現，於是她心想：「ＭＢＴＩ比我所想的更有深度。我還沒看過有其他工具能做到這一點！」這個測驗不只能讓受測者認識自己，也給他們救贖自己的機會，把他們從心理學定義的異常裡拉回來，接受自己的與眾不同，同時保有彼此之間的共通點。她寫了一封信去ＥＴＳ，收件人是伊莎貝爾，但她已不再是那裡的顧問。於是「共時性再度發揮作用。」瑪麗受邀去賓州大學參加性別教育研究中心（Center for the Study of Sex Education Matters）的會議，她寫信去伊莎貝爾的家，安排兩人在她下榻的飯店大廳碰面。時間是一九六九年八月，頭髮灰白、腳步略緩的伊莎貝爾抵達飯店，她緊握瑪麗的手說：「每個還不了解ＭＢＴＩ就愛上ＭＢＴＩ的人都是ＩＮＦＰ類型。我自己就是ＩＮＦＰ類型。」

當時沒發生什麼值得記錄的事，但這將是瑪麗人生中最重要的一場會面。她們在大廳兜圈，稍微聊了一下人格類型。伊莎貝爾離開時，瑪麗對她們的談話內容感到失望，她認為伊莎貝爾充其量只是一個業餘人士。「她沒受過心理學教育，也沒被心理學家愛用的陳腔濫調汙染，」她說。但是不知道為什麼，她決定再次約伊莎貝爾碰面。這次她們在史華斯摩見面。尼克森當選總統、冷戰開始瓦解之後，老大把邁爾斯家以前的避難室改造成伊莎貝爾存放人格類型資料的儲藏室，她們就在這裡碰面。瑪麗在他們家住了一週，這裡有成疊的答案卷、老式手搖計算器，伊莎貝爾的書桌和檔案櫃上放了十幾個擦得發亮的大象雕塑。瑪麗覺得待在這裡很自在。伊莎貝爾很喜歡這些大象，每天擦拭它們。事實上，瑪麗發現這個儀式很有趣、也很浪漫，因為這房子的其他地方都很雜亂。瑪麗回去後告訴朋友，女主人伊莎貝爾不擅長家務，廚藝普通，而且七十幾歲的她對衣著不太在意。伊莎貝爾開門迎接瑪麗時，身上穿著她最喜歡的寶藍色洋裝，就是上面有粉紅小花的那一件，她初次造訪ETS也是穿這件洋裝。但現在洋裝已褪色，小花已下垂，手肘的地方還磨出一個洞。

對伊莎貝爾來說，這種感覺很像女兒回娘家多住幾天。看見瑪麗跟在伊莎貝爾後頭轉，自然而然地使用人格類型詞彙，老大告訴太太：「她讓我想起安。」[4]這次造訪意外地以一場交接儀式收尾。伊莎貝爾不但讓瑪麗看她拒絕給ETS那些男人看的評分標準（因為怕它們落在俄國人手上），還複製了一份「特殊標準」給瑪麗，這樣瑪麗回到根茲維之後，也能自己為測驗評分。「這真的非常、非常、非常貼心，」[5]瑪麗回憶道。她很驚訝伊莎貝爾這麼快就信任她，伊莎貝爾當初設計人格類型的慷慨本意也令她訝異。「你們心理學家總是想找出哪裡有問題，」伊莎貝爾告訴她，用一種她在抱怨自己最景仰的專業時才有的嫉妒、關愛的口吻。「人格類型不一樣。人格類型要幫人們達到屬於自己的卓越。這項研究只是一種方式，幫助我們了解人們碰到問題時，可以如何幫助他們。」

瑪麗回到佛羅里達之後，下定決心要完成ETS半途而廢的任務：為人格類型成立一所研究中心。一開始，她只有一間小小的產科實驗室與系上提供的一千美元自由支配資金。除了協助根茲維的待產婦女處理陣痛之外，她也開始照顧精神科病患，他們之中有很多是窮人、黑人，而且並不充分明白她的工作內容。她讓這些病患接受MBTI測驗，評分的時間完全符合她的預期，改一份測驗不到五分鐘。她隔壁辦公室的醫生正好在大學的美式足球隊當顧問，他主動提出要幫她增加樣本數，讓「每個隊員都做測驗」。「他們最好都是實感類型！」瑪麗跟伊莎貝爾開玩笑說，「他也一直在幫助黑人學生，或許能從他們身上取得數據。」6

瑪麗準備好成疊的答案卷，在佛州大學經費較充足的科系遊蕩，請求他們讓她暫時借用電腦。她想知道特定的人格類型是否在特定族裔中比較常見，以及根據J/P二分法，不同族裔是否對責任感採取不同的態度。她在黑人受試者身上發現「非常令人不樂見的逃避責任態度」。伊莎貝爾告訴她「以少數族群來說」，這「可能意味著長大碰到種族問題之前，人生比較美好。必定是如此。」她和瑪麗都沒有想過，一個人不會突然碰到「種族問題」。對黑人受試者來說，種族問題一直都存在。她們也沒想過這樣的結論助長了少數族裔學生既不負責任又懶散的偏見，因為這是一種心理學上的宿命。這兩位女士似乎過度沉浸在自己的研究裡，沒有思索研究對受試者的影響。

每隔幾個月，伊莎貝爾會從史華斯摩搭火車到根茲維協助瑪麗整理數據，她稱這位門徒為「親愛的冒險夥伴」。[7]跟二戰期間投入職場的時候一樣，她無償和瑪麗一起工作。「我不喜歡收顧問費，」她想起在ETS不愉快的處境，以及為了讓他們心安理得地用她的發明獲利，她必須跳過許多障礙、忍受許多傷害。她對人格類型的期望，比任何企業利益都更加仁慈、民主。「我寧願自己做研究，製作民眾隨處都能買到與使用的材料，而且能依照自己想要的方式使用這些材料，」她寫道，「如果我的材料很好，觸及的人數會比我當『顧問』來得更多。更棒的是，這些材料少了我也能獨立運作，沒有時空限制。」[8]為了省錢，伊莎貝爾住學生會的宿舍，在學生餐廳吃早餐。她喜歡站在回收托盤的地方，一邊微笑一邊看著學生把托盤放在輸送帶上，讓輸送帶把托盤拐個彎送進廚房，接受洗碗機的清洗。靈感特別豐富的早上，她會站在髒盤子旁邊禱告。「她如孩子般欣賞那些小事情，」[9]瑪麗回憶道。伊莎貝爾的腦袋很複雜，世俗欲望卻很單純，這種反差令瑪麗深受感動。「她確實是我認識的人之中，少數的真實天才，」她說。但她不知道伊莎貝爾的母親肯定不會同意。

一開始，瑪麗和伊莎貝爾把這項共同事業稱為「類型學實驗室」（Typology Laboratory），它的配置跟伊莎貝爾本身一樣樸實無華：「一台用口香糖跟細繩拼湊而成的複雜機械，」瑪麗如此形容。[10]為了幫類型學實驗室打開知名度，她們會「暫時放下ＭＢＴＩ」，老大用這個說法來形容她們的冒險。她們會一起參加研討會，從根茲維出發，搭夜車前往史華斯摩、普林斯頓與芝加哥，伊莎貝爾睡下鋪，瑪麗睡上鋪。她們認真討論人格類型，無暇注意窗外看看火車現在到了哪一州。參加研討會時，她們會睡同一間飯店客房。因為她們都是ＩＮＦＰ，容易忽略細節，所以她們說好一個規定：出門前提醒對方檢查皮包，確定至少有一人帶了鑰匙。她們不去伊莎貝爾嗤之為「高級」的餐廳，就是那種需要三、四盞桌燈才能看清楚菜單的地方。她們只去酒吧吃點心，至於早餐，伊莎貝爾最喜歡去麥當勞。[11]她們拒絕申請經費資助旅行或研究，因為她們認為沒有一個贊助單位或研究委員會能理解（或贊同）她們正在做的事。「你跟我太像了。這個計畫本身的意義超越金錢，」瑪麗曾告訴伊莎貝爾，「男人比較現實。」[12]

由於瑪麗在根茲維最容易接觸到的病患是孕婦和年輕夫妻，她們的研究很快就從精神疾患轉變成家庭治療。整整一年，她們請在瑪麗的婦產科生產的孕婦都做了人格測驗，觀察是否有特定的人格類型更容易罹患產後精神病。在三位心理學研究生的協助下，她們開始進行一項「婚姻生活」調查，利用ＭＢＴＩ預測夫妻之間的爭吵（結果其中一位研究生跟接受調查的一位丈夫私奔，爆發醜聞。瑪麗寫給伊莎貝爾的報告中說，這位研究生是ENFJ類型）。[13] 她們經常在醫院社工與醫生陪同下，給住院的精神病患和配偶提供建議，她們稱這項服務為「諮詢計畫」。她們的建議並非總是受到歡迎。有位年輕女性被精神科醫師診斷出「偽精神官能型精神分裂症」（pseudo-neurotic schizophrenic），醫生建議她接受深層催眠，或許能減緩她對丈夫大發雷霆的情況。瑪麗跟伊莎貝爾堅稱，她不需要這麼嚴重的診斷或治療。這位女性是情感類型，她丈夫是思考類型，所以他們才會碰到這麼多問題。「F類型無法透過誇張的情緒來說服T類型，偏偏她一直這麼做，」瑪麗告訴這位病患，並建議她啟動自己的思考功能，在一旁的精神科醫師覺得難以理解。她責怪醫生對丈夫處置不當，丈夫是ISTJ類型，他表示「治療師一味地叫他學習感受，令他苦惱」。[14]

她們的合作超過十年，累積了三萬份來自夫妻與家庭的答案卷。她們開始分析數據後，發現夫妻雙方最有可能擁有兩、三個相同的類型偏好。跟完全相同的類型結婚很少見，跟每個類型組合都完全相反的人結婚同樣少見（她們沒有考慮到的是，如果人格類型平均分布，光靠機率就能說明夫妻雙方為什麼平均會有兩個相同的類型組合）。她們相信，知道特定類型組合容易導致婚姻問題很重要。外向的妻子與內向的丈夫，直覺的妻子與實感的丈夫。「如果妻子是外向類型，但丈夫需要平靜祥和的生活，就會出大問題，」[15]伊莎貝爾在早期的類型與婚姻文章中寫道。她和瑪麗為一對類型不合的夫妻提供諮詢，幫他們度過婚姻危機。這對夫妻的丈夫是內向類型，妻子是外向類型，兩人有五個孩子，妻子有工作。妻子不滿丈夫下班回家後，不想花時間陪她跟孩子。丈夫覺得壓力很大、很煩。伊莎貝爾建議妻子不要理會丈夫，等他有心情時再說。「他回到家之後，不要用陪伴的形式提供他任何東西……等他在書房裡恢復平靜，並且表明他已準備好跟家人相處時再說，」她命令這位妻子。

直覺類型的妻子與實感類型的丈夫也有類似的摩擦。妻子覺得丈夫「很掃興」，每當她提議做一些浪漫、隨興的活動，為婚姻增添活力，都會被他澆冷水。他則是討厭她的不切實際。有工作的人平日晚上怎會有空去跳舞？她說「我們開車出去兜一兜！」這是什麼意思？「實感類型的配偶覺得自己總是很掃興，這種情況很常見，因為直覺類型不斷丟出一些很棒的新點子，但實感類型會說出殘酷的現實與事實，」伊莎貝爾告訴他們，「如果你想要告訴長官、上司或配偶一個超棒的新主意……你必須把它包裝成一個問題，一件需要改正、解決的事。」她和瑪麗夢想有一天能為各種類型組合的夫妻提供明確的婚姻指南。

一九七〇年代中期，她們的類型學實驗室成為該州最早的婚姻諮詢中心之一。這兩位女士之間的感情，似乎也超越了她們與丈夫之間的感情。「寄上幾張你的照片，當然不是因為你不知道自己的長相！」[16]某年冬天，瑪麗在給伊莎貝爾的信中寫道。這一年伊莎貝爾七十三歲，瑪麗深情描述自己的導師是「一個類型、一個美好的人類自我實現的最佳範例」。基於伊莎貝爾以人格類型鑑賞人類心靈的願景，她和瑪麗把類型實驗室正式更名為「心理學人格類型應用中心，有建設性地運用人類差異」（Center for the Applications of Psychological Type, Concerned with the Constructive use of Differences），簡稱CAPT。「CAPT是瑪麗的夢想，」[17]伊莎貝爾後來在一張紙上寫道，寫完幾個月後她就過世了。其實CAPT也是她的夢想，而且她請瑪麗使用她設計的標誌：一張小小的、完全對稱的人格類型表，代表她對世上美好微小事物的欣賞。

❖ ❖ ❖

伊莎貝爾剛滿七十五歲沒多久，有天晚上在她女兒家的浴室裡，發現女兒倒臥在地上，死因是為胃部栓塞，安前一天剛做完腹部拉皮手術。她在麻薩諸塞州劍橋附近的私人醫療機構接受手術，術後既蒼白又衰弱。這一年夏天，她與情人卡爾．貝萊特（Carl Bereiter）一起住在劍橋。貝萊特是一位教育學的教授，幾年前她離開丈夫吉姆與卡爾雙宿雙飛。在丈夫與兒子都不知情的情況下，伊莎貝爾偷偷幫女兒安排離婚的事，還從史華斯摩飛過去照顧身心俱疲的女兒。那天晚上她第一次與卡爾見面，這也是唯一的一次，歷時八個小時。他們彼此交換了幾句客套話之後，卡爾就告辭走回客廳，把房間讓給這對疲憊又脆弱的母女，讓她們好好睡一覺。

那天黎明之前，她聽見浴室傳來急切的敲門聲，打開門看見垂死的女兒躺在地上時，她在想什麼？她是否想到外孫凱西（Kathy）與道格（Doug），慶幸他們不會看見母親的屍體？她是否想到逃去巴西工作的吉姆，或是想到聽見伊莎貝爾的叫喊、衝進浴室幫安做心肺復甦術直到救護車抵達的吉姆？她是否想到老大（安都叫父親「唯一的老大」）？[18]安寫信通知父母自己要離開丈夫，跟卡爾在一起的時候，父女倆大吵一架。卡爾已婚，而且有兩個孩子。「為什麼一個有尊嚴的人，會決定放棄一段美好的婚姻，讓每個愛她的人痛苦，並且在四十二歲的時候決定離鄉背井，切斷大部分的『根』，把孩子帶走？」在寫給女兒的信中，他極度失望到難以保持理性。「這聽起來像惡俗的電影情節！難以置信！」[19]更難以置信也更可怕的是，一九七二年八月二十四日，黎明剛破曉，老大接到伊莎貝爾的電話。「我不知道怎麼告訴你這件事，」她對著話筒啜泣，「她死了。」隔天早上老大抵達劍橋，行為舉止出奇鎮定。他用「律師的態度」處理一切。卡爾回想起這件事的時候，依然無法相信。伊莎貝爾有想到他是在故作堅強嗎？她看出來了嗎？

她是否跟每個白髮人送黑髮人的父母有一樣的想法？不應該發生這種事。這樣不對。

四年前她才送走母親。但伊莎貝爾哀悼女兒的逝去，也承襲了凱薩琳悲傷時的習慣。她開始寫長長的宗教文章，從聖經與〈天路歷程〉裡汲取靈感，為苦難和忍耐進行正統冥想。「迷惘的時候，上帝與撒旦爭奪人類靈魂的舊觀念能夠提供撫慰，」她寫道，「因為它給我們在走出迷霧前選邊站的機會。『不要因我的遭遇而高興，我的仇敵！我雖然跌倒了，卻必起來』。*」[20]她開始在半夜玩接龍。她洗牌、發牌，一次又一次，直到進入催眠狀態：所有的想法都消失，包括最悲傷的想法。她用盡全力去遺忘。她把女兒的骨灰罈藏在一個朋友家裡。她跟老大把孫女凱西做的、很像母親的黏土半身像溶化在水裡。短短幾分鐘，一個童年時期無用的慰藉，在外公外婆顫抖的手指間分解消融。最驚人，也最像她母親失去襁褓中的兒子之後全心投入嬰幼兒培訓宇宙實驗室的是，她開始沉浸在一種強烈的決心裡，這種決心僅在人格類型發展之初出現過。那時候她跟安和安的高中同學一起坐在餐桌旁好幾個小時，伊莎貝爾評估她們的人格類型時，她們驚訝得哈哈大笑。安也是ＩＮＦＰ類型，跟母親和瑪麗一樣。自力更生的完美主義者，人生最大的目標是為他人帶來希望與幸福。

＊譯註：出自〈彌迦書〉七：八（source: https://cnbible.com/cnvt/micah/7.htm）。

安過世後，瑪麗對人格類型的奉獻給了伊莎貝爾活下去的理由。她非常需要，她的母親跟女兒都死了。一九五六年出現在她右臂淋巴節的癌症，十五年後再度復發，這次是兩顆腫瘤，一顆在右臂上方，一顆在手肘下方。醫生切除腫瘤之後，她覺得疤痕令人難以忍受。身體被切除的部分「有點嚇人」，瑪麗說。[21]她不再穿最喜歡的那件寶藍色洋裝，事實上她再也不穿洋裝，她不喜歡袖子掛在被挖空的手臂上。她開始穿以前從來不穿的寬鬆上衣跟長褲，而且她會使用吊褲帶，因為她喜歡那種感覺。一九七五年，腫瘤科醫師告訴她最近一次的掃描發現，她所有的重要器官都出現了腫瘤。她開始「一邊應付，一邊希望」能為MBTI找到永久出版商。她心想幸運的話，自己還有一年或兩年的時間。

一九六〇年代中期開除伊莎貝爾顧問職務的ETS仍持續出版MBTI測驗，一方面是因為他們對測驗結果確實有興趣，另一個原因則是官僚慣性。但現在ETS想要全面退出人格測驗市場，對MBTI來說，這個決定的象徵意義大於實質意義，因為ETS發行的MBTI測驗數量幾乎是零。在伊莎貝爾跟腫瘤科醫師碰面的這一週，ETS通知她，他們要終止與她及MBTI的所有關係。「這封信的目的是做為您與教育測驗服務社的正式協議，終止一九五九年二月三日簽訂、一九六〇年十二月二日與一九六二年九月一日修改，與邁爾斯-布里格斯人格類型指標有關的合作協議，」信中三言兩語說完她與ETS十六年來的愛恨情仇。「由於ETS計畫關閉特殊測驗部門，亦即負責出版MBTI的部門，而且ETS並無其他部門能夠處理這些材料的出版與散播，因此ETS在此同意前述協議將於一九七五年十二月三十一日失效。」[22]

「自大的渾蛋！」老大看完這封信之後發出怒吼，但他很快就把自己的驚訝理解為思考者的觀點。「不要為了自己無能為力的事難過，」他告訴妻子。[23]幾個月前瑪麗曾寫信給ETS，告訴他們「MBTI真是個搖錢樹」。[24]但是她對ETS的決定沒那麼驚訝，她早已料到ETS切斷合作是不可避免的結局，因為她的那封信石沉大海。然而，她很擔心未來。雖然一九七五年銷售測驗的權利金幾乎是零，但少了聲譽良好的出版商支持，MBTI會從人格心理學的歷史中永遠消失。「我們有很好的工具，但作者不是心理學家，它也從未成為正式出版品，」她告訴伊莎貝爾，「若不想出辦法解決，它一定會消失！」伊莎貝爾面臨雙重的死亡威脅，一個是一、兩年後將奪走她性命的淋巴癌，一個是被ETS提早宣告死亡的畢生心血。她後來稱它們為兩個「死敵」，而它們將把她的存在永遠抹除。「每個人〔頭上〕都有一把達摩克利斯之劍*，」她告訴瑪麗，「只是大家並未察覺。」[25]

* 譯註：達摩克利斯之劍（Sword of Damocles），古希臘的一則傳說，比喻即使位高權重，危險仍可能隨時降臨。（source: wikipedia）

就在這個時候，共時性再度發揮作用。被特殊測驗部門一腳踢開的研究者不只伊莎貝爾一個。喬恩西邀請伊莎貝爾加入ETS的兩年前，他問IPAR的高夫ETS能否檢驗他設計的加州心理學問卷（CPI）。這份問卷有四百三十四道是非題，用十八個項目評估人格。雖然ETS的心理統計學家認為CPI「大有可為」，但是ETS認為需要「進一步的證據」才能決定出版。[26]這讓高夫非常不開心。喬恩西的心理統計學家認為高夫是「超驗主義的叛逆分子」，瑞雯娜・赫爾森則說他傲慢無理。[27]「CPI不需要額外的名聲或地位象徵來加持，」[28]他在寫給喬恩西的信中，對ETS的懷疑大發雷霆。「它已經完成多數問卷尷尬又做不到的事。」[29]喬恩西拒絕承受來自高夫的壓力，因此高夫在一九五六年與ETS斷絕往來。在朋友布萊克博士（John Black）的支持下（布萊克是臨床心理學家，即將成為史丹佛大學學生諮詢中心的主任），一九五七年高夫成立了一家測驗出版公司，總部位於奧克蘭，這家公司叫諮詢心理學家出版社（CPP）。

令高夫與布萊克大感失望的是，CPP成立了二十年規模依然很小，主要的營運地點是布萊克家的車庫。CPI在一九五〇年代中期有段時間聲名狼藉，加州好幾個學區的家長投訴：讓他們的孩子接受測驗違反隱私權。一九六〇年代晚期再度惹議，憤怒的第二波女性主義倡議者，寫信抗議CPI有一個測驗項目叫「男性化與女性化」，涉及性別歧視。不過，CPI有多達四百三十四道題目，評估項目也有十八個，既龐大也不夠平易近人，難以在測驗市場上長期站穩腳步。一九七五年瑪麗與布萊克及高夫聯絡，這已是她的最後一招。MBTI已被測驗界的龍頭PsychCorp和幾家規模較小、聲譽良好的測驗出版商拒絕。她是從幾個ETS的盟友口中得知CPP的存在，這些盟友都很生氣ETS的員工用殘酷和性別歧視的方式對待伊莎貝爾與她的研究，他們也記得高夫的事，所以猜想CPP或許會同情她的處境。「有一位史丹佛教授兼差開了一間測驗公司，叫諮詢心理學家出版社，」他們告訴瑪麗，「或許你可以打給他。」[30]

瑪麗表達帶MBTI靠行CPP的興趣時，高夫想起自己在IPAR接觸過布里格斯－邁爾斯人格類型指標，是很有潛力的測驗。麥金儂在他剛抵達IPAR的兄弟會舊宿舍時給他做過測驗。「我在一九五〇年代早期做了第一次測驗，結果顯示我是ENTP類型，」他回憶道。一九七〇年代他再度為自己做了評估，結果是INTJ（「這二十五年來，我做過老師、期刊編輯與行政管理，我想我的決斷功能確實變強了，」這是他對自己的再測信度這麼低的解釋）。[31]負責業務策劃的布萊克，對這兩位新夥伴的態度比較謹慎。他告訴伊莎貝爾他願意接受MBTI，但是有幾個條件。她必須縮短問卷，以免受測者感到無聊。依照ETS心理統計學家的指示「擴大並加強」的表格F將變成表格D，從必選題（「你要選（a）或（b）？」）與反義詞組（「選出每對詞組中，你較喜歡的詞。」）中，挑出一百二十六道題目。此外，她必須修改人格類型的說明內容，「不要那麼武斷」，使受測者跟任何一種類型都能產生認同感。[32]她必須把答案卷和測驗簿的美編設計全權交給布萊克，他想把測驗變得「更有吸引力，更容易看懂」。當她批評他的美編選擇時，他措辭嚴厲、態度高傲地回了一封信。「我想指出在這樣的一家企業裡，我認為各方都必須尊重彼此的能力，」他寫道，「你既獨特又無可取代的貢獻，是靠直覺創造了或許能定義人格類型的題目……我認為我們對設計、格式、字體選擇、版面配置、紙質和墨水的選擇，了解都在你之上。此外，你必須記得，拓展MBTI市場對我的影響不亞於你，我也不打算製造會危害這個目標的其他產品。」[33]

伊莎貝爾從未想要拓展市場或獲利，她擔心跟CPP合作的前提是必須接受MBTI「以商品的方式」散播出去。儘管如此，她還是在一九七五年把她的心血交給了CPP。[34]她的病肯定影響了她的決定。她一直擔心CPP看中的是人格類型指標的產品價值，是一種簡單、好玩、充滿吸引力的商品，而不願理解榮格人格理論的錯綜複雜，或是人際關係的親密互動。但是沒人想要MBTI，她又能怎麼辦？一九七七年，伊莎貝爾住院治療加劇的疼痛。出院後，瑪麗來探望她。瑪麗發現：「她依然思想敏捷，但她有點懼怕布萊克（以及彼得）。」[35]伊莎貝爾的兒子彼得與第二任妻子（也叫凱西，是合益顧問公司的前員工）在發現伊莎貝爾來日無多之後，也開始幫忙尋找出版商。「我們是她的學徒，」[36]凱西後來宣稱。他們積極鼓勵她與CPP合作，除了允許布萊克對人格類型說明的修改，也堅持她必須把說明改得簡單一些。伊莎貝爾沒有想到，死亡代表的不只是交出控制權，它也為更簡短、更吸引人的MBTI，設定了能夠成長茁壯的條件。

CPP發行MBTI的流程不像ETS那麼綁手綁腳。布萊克和高夫都非常樂意推銷自家產品，只要給錢就好，客戶包括心理學家、醫生、宗教領袖、高中老師、大學生涯顧問、人資經理、企業主管、占星師、藝術家、作家。他們確實都付了錢購買未經驗證、更簡短的表格G測驗簿，顏色是淺淺的綠色跟藍色，封面是一個立體的人格類型表。把答案卷寄回CPP用電腦計分，或是請受過訓練的心理學家詮釋測驗結果，都既費時又費事。布萊克與高夫很快就推出一個自主評分版本的表格G。消費者（他們喜歡稱購買測驗的人為「客戶」）自己就能評估與詮釋測驗結果，「可以告訴客戶，在說明清楚的測驗簿裡加入自主評分版本會讓測驗更加安全，」他們在行銷筆記裡寫道，「就算口頭說明是錯誤的，正確的詮釋仍握在客戶手裡……當然，MBTI無論以任何形式呈現，都會獲得更適當的應用。」[37]

CPP成功平息了銷售MBTI的道德異議與阻礙之後，營收開始一路攀升。從一九七五年的一萬美元，上升到一九七九年的十萬美元，布萊克在第三屆MBTI國際研討會上驕傲地說，這是一條「銳不可擋的強勁成長曲線，看不到盡頭」。[38]這場研討會在費城舉辦，那天是伊莎貝爾八十二歲生日，幾個月後她就過世了。這位貴賓也出席了研討會，只是她太過虛弱，無法自己站立或發表演說。她只能靜靜聆聽。「重點不是伊莎貝爾看起來不像八十二歲，」布萊克說，「而是她的行動力不像八十二歲。」[39]短短一年前，他回憶道，他覺得出版商「想跟八十幾歲的作者打交道肯定是瘋了」。但伊莎貝爾證明他錯了。就像伊莎貝爾常說的，「布丁好不好吃，還得吃了才知道」。一九七九年底，CPP已賣出一百多萬份答案卷。「想像一下！有一百萬人已認識了人格類型！」布萊克興奮地把這個好消息告訴伊莎貝爾。坐在宴會桌旁的伊莎貝爾一邊忍受疼痛一邊微笑，什麼也沒說。

瑪麗最後一次跟伊莎貝爾見面是一九八〇年，她過世的前兩週。癌症治療令她水腫，「她看起來像懷孕九個月，」瑪麗回憶道。但是她依然很有力氣，她會觸碰腫脹的腳踝、手腕、肚子，然後說：「敵人就在這裡。」[40]但是敵人不再像過去那樣使她疼痛。MBTI雖然改變了原貌，但至少安全無虞。她做好離開的準備。一九八〇年五月五日早晨，她僅存的家人（彼得與妻子、孫子、老大）齊聚在床邊，她身上蓋著最喜歡的鬆絨線毯，毯子上的圖案是行走的印度象跟老虎。一個孫子為她念祈禱文，卻錯誤引用了她最喜歡的詩句。她深吸一口氣，糾正他，不久後就長眠辭世了。她的遺體幾天後火化，她的丈夫把安的骨灰從鄰居家取回，然後把妻子跟女兒的骨灰一起撒向風中。

註釋

1 "Death and Resurrection," Folder 15, Box 4334, KCB.

2 Peter Geyer, "Why is the future that's so clear to me so opaque to you? … and other issues. Mary McCaulley in conversation with Peter Geyer." PGP.

3 Carl Jung, *Synchronicity: An Acausal Connecting Principle* (New York: Routledge, 2006).

4 Saunders, *Katharine and Isabel,* 158.

5 Geyer, "Why is the future…Mary McCaulley in conversation with Peter Geyer."

6 Mary McCaulley to Isabel Briggs Myers, September 19, 1970, PGP.

7 Isabel Briggs Myers to Mary McCaulley, March 16, 1972, PGP.

8 Isabel Briggs Myers to Mary McCaulley, July 4, 1970, PGP.

9 McCaulley, "Person Behind the MBTI 1988."

10 Geyer, "Why is the future…Mary McCaulley in conversation with Peter Geyer."

11 McCaulley, "Person Behind the MBTI 1988."

12 Mary McCaulley to Isabel Briggs Myers, April 4, 1970, PGP.

13 Mary McCaulley to Isabel Briggs Myers, September 19, 1970, PGP.

14 Mary McCaulley to Isabel Briggs Myers, December 11, 1970, PGP.

15 McCaulley, "Person Behind the MBTI 1988."

16 Mary McCaulley to Isabel Briggs Myers, December 11, 1970, PGP.

17 Isabel Briggs Myers and Mary McCaulley, "CAPT—It's Mary's Dream," January 7, 1978.

18 Carl Bereiter, Author interview with author, June 3, 2017.

19 Saunders, *Katharine and Isabel,* 147.

20 同前。

21 Mary McCaulley, "Person Behind the MBTI 1988."

22 Educational Testing Services to Isabel Briggs Myers, April 17, 1975, Box 61, Folder 642. HCP.

23 Saunders, *Katharine and Isabel,* 163.
24 Mary McCaulley, "Person Behind the MBTI 1988."
25 Mary McCaulley, "Visit to IBM at Swarthmore," August 22, 1977, PGP.
26 Memo from Henry Dyer to Henry Chauncey, March 8, 1955, Folder 432, Box 24, HCP.
27 同前。
28 Memo from Henry Dyer to Henry Chauncey, February 14, 1955, Folder 432, Box 24, HCP.
29 同前。
30 Geyer, "Why is the future⋯Mary McCaulley in conversation with Peter Geyer."
31 Harrison Gough, "Studies of the Myers-Briggs Type Indicator in a Personality Assessment Research Institute," PGP.
32 Mary McCaulley, "Telephone Call with Isabel," December 7, 1975, PGP.
33 Saunders, *Katharine and Isabel,* 165.
34 Isabel Briggs Myers to Mary McCaulley, November 25, 1979, PGP.
35 McCaulley, "Visit to IBM at Swarthmore."
36 Walter Joseph Geldart, "Katharine Downing Myers and the Whole MBTI Type—*an Interview,*" *The Enneagram and the MBTI: An Electronic Journal,* February 1998.
37 "APT Meeting Minutes," November 21, 1982, PGP.
38 ""An Appreciation of Isabel Briggs Myers," MBTI News 2.no.4 (July 1980).
39 "An Appreciation of Isabel Briggs Myers."
40 "Mary McCaulley, "Person Behind the MBTI 1988."

14 百萬分之一

The Cosmic Laboratory of Baby Training

有些人死後才真正發光發熱，有些人永遠沒沒無聞，辛苦的成果消失在時間長河裡。這兩種情況在伊莎貝爾・布里格斯・邁爾斯身上都成立。ＭＢＴＩ成為世上最受歡迎的人格測驗。伊莎貝爾的娘家姓氏與夫家姓氏的第一個字母，跟人格測驗這個奇特的產業結合在一起。但是與ＭＢＴＩ邂逅的人之中，了解伊莎貝爾、凱薩琳或ＭＢＴＩ起源的人極少。若被問到ＭＢＴＩ的由來，多數人會以為邁爾斯與布里格斯是兩位心理學家，而且都是男性。他們在支持莫雷、麥金儂、海伊、喬恩西與高夫的相同機構裡，建立了長期獲利的事業。伊莎貝爾本人與她的各種身分（女兒、家庭主婦、母親、作家、發明家、實業家）彷彿必須消失，才能讓她作品繼續活下去。

根據布萊克的說法，一九八〇年已有一百萬人認識了人格類型指標。一百萬當然是個很大的數字，但它也是個抽象概念，而且沒有考慮到後續發展。他們在哪裡邂逅ＭＢＴＩ？知道自己的人格類型，對這一百萬人來說有何作用？它肯定對每個人都發揮了不同的、無法比較的作用（「你不是十六分之一，而是百萬分之一。」這是CAPT一九九〇年的廣告詞）。但是從十個、二十個、一百個認識MBTI的不同描述裡，可以看出幾個明顯的特定模式：自我發現的第一波流行，接受自我的心靈平靜，萬眾一心的撫慰。你或許是百萬分之一，但MBTI的部分魅力在於想像世上也有跟你一樣的人，他們雖然在不同的人生時刻接納了MBTI，卻都得到了自我理解與肯定。

想像一下，一個聰明又敏感的小男孩或小女孩，進入芝加哥、洛杉磯或紐約富人區的學校就讀，這個學校的家長在自我成長研討會或身心健康靜修營學會了人格類型的詞彙，急切地想把整套觀念傳授給下一代。一九八二年六月，《洛杉磯時報》觀察了正在爾灣（Irvine）綠樹小學禮堂裡進行的社會思考與推理計畫（Social Thinking and Reasoning program）。美國教育部提供了八十萬美元，補助這個以MBTI為基礎的教育實驗。九歲與十歲的孩子，一隻手套著亮片襪子玩偶，另一隻手拿著提示卡，穿著高筒鞋的腳緊張地動來動去，手裡的玩偶用假音說出：

「我是內向類型。我必須獨處才能充電。人們必須像了解其他人一樣了解內向類型。」

「我是NT類型。我們NT類型強烈渴望累積知識與智慧。有時我看起來很冷漠。但我不喜歡表達情感。那使我覺得失去掌控。」

「我是NF類型。我們是理想主義者。我們喜歡有意義的關係。」[1]

想像一下三、四年之後，這些孩子丟棄了玩偶，也忘了那些台詞。他們在中學上家政課，不過一九八五年家政課的名稱比較現代一點，例如「工作與家庭研究」或「家庭與消費科學」。老師在課堂上發了MBTI問卷與答案卷，她告訴學生，認識自己的人格類型對困難的討論有幫助，例如毒品與婚前性行為等主題（學生發出傻笑跟哀號），還有沒那麼淫亂的主題，例如約會、婚姻、工作人際關係和教養子女。維吉尼亞州費爾法克斯的一位中學老師告訴《華盛頓郵報》的記者，這個測驗「是為了滿足今日兒童的需求，幫助他們做好未來成家立業的準備」。[2]了解每一種人格類型的正面與負面特質，有助於建立家庭是一個複雜行為／經濟單位的「現代觀」。「父母雙方都要工作，也都試著在事業與個人生活之間取得平衡」，只是兩人的方式不一樣，或甚至不相容。有些孩子仰賴課外輔導或青少女雜誌學習生活的基本技能。這些孩子得靠人格類型才能活得健康又完整。[3]

五年後，這些利用自己對人格類型的了解向毒品和酒精說不、與適當對象交往的青少年申請進入大學。錄取之後，他們得知很多學校的學務長與輔導員會用MBTI幫大一新生做室友配對，希望藉此為校園「減少奇怪的情侶」。[4]「自我發現是教育過程重要的一環，」南卡羅來納大學輔導中心的輔導員辛蒂．克羅（Cindy Crowe）說。她警告學生，這個過程可能「極度辛苦」，但是MBTI提供了「無痛」、「輕鬆」、「平易近人」、「心理上愛國」的人格評量工具。[5]她是在一九八〇年代晚期的某個夏天發現MBTI，並對此心懷感恩。只要回答簡單的問題，例如「你喜歡（a）小型派對，還是（b）大型聚會？」，或是「若說實話有失禮儀，你會說（a）善意謊言，還是（b）無禮的實話？」，學生就能釐清他們的自我感受（這對選擇主修科系以及未來的選擇工作都有好處），也能解決跟室友之間的緊張關係。聖本篤學院（College of Saint Benedict）是一所小型的中西部女子學院，住宿組長蘇珊修女（Susan Randolph）表示，她用MBTI幫百分之六十的學生找到「理想室友」。在人格類型的四種組合中，有三種組合相配的室友。「大學生本來就壓力很大，若碰到難以接受的室友會令人受不了，」她說。[6]威斯康辛大學的輔導組比蘇珊修女更加信任MBTI，他們為同宿舍的室友安排為期一個月的MBTI夏季課程，名稱叫：「我走我的路，你走你的路，如何才能殊途同歸？」[7]

四年後，透過MBTI展開無痛自我發現之旅的大一生，無論如何也到了步入成年階段，渴望找到白領工作。他們很快就發現，就業市場已跟父母的年代不同。「世界不一樣了，」一九九一年《芝加哥論壇報》的一篇文章寫道。[8]美國人不再製造產品，他們自己就是產品，他們「可以也應該被行銷，就像肥皂、名車跟傳真機一樣，」一位人格顧問告訴《華爾街日報》。X世代的求職者面試時必須打扮得像個菁英，文章作者建議男性使用吊褲帶、戴金屬框眼鏡，女性穿有墊肩的西裝外套，並且準備好接受「MBTI測驗，它將決定你的優勢和興趣，你的行事風格以及臨場反應。」[9]若你想行銷自己，人格類型是最佳的行銷技巧之一。這四個字母像一個品牌，那些受過良好教育、從事他們嚮往的工作的白人專業人士，只看一眼就能明白。「辦公室人格類型多得就像是『蛋頭先生』(Mr. Potato Head)的角色。你知道自己是哪種嗎？」《時代瑣聞報》(*The Times-Picayune*)這麼問。[10]

他們也必須做好心理準備，他們可能會因為人格類型失去工作機會。「你是否曾經因為某些員工連碰到簡單的問題也無法快速決定，所以把這些腦袋不清楚的人放進『無能』名單？」一位ENTJ專欄作家兼科技實業家在《華爾街日報》上問道。就他所知，要避免煩心的招聘失誤，MBTI是最好的方法。「MBTI提供的深刻理解非常有用，成年人進入職場之後應該經常接受測驗，」他激動地說。[11]《財星》百大企業的人資團隊與CPP都贊同他的想法。CPP最近遭受嚴厲批評，原因是心理學研究發現，重複接受測驗的人（甚至只相隔幾週）得到不同測驗結果的情況高達百分之五十。MBTI的再測信度遠遠未達統計顯著性。「有百分之八十的經理人，屬於MBTI十六種人格類型中的其中四種，」CPP主管羅林・勒坦德(Lorin Letendre)提出CPP做過的「大量研究」

做為反擊。「這是極高的統計顯著性。」[12]

但是對我們的求職者來說，統計顯著性的爭議幾乎無關緊要。今天是他們第一天上班，他們走進自己的小隔間。他們不知道設計這間辦公室的是賀曼・米勒設計公司（Herman Miller），這是全球知名的辦公室家具設計業者，而且他們的設計軟體使用一個修改版的MBTI來分析上班族的人格類型，幫助工程師、設計師與建築師規劃辦公室空間、人體工學家具與技術。「我們發現只有百分之八的工作站符合工作者的人格類型，」[13]賀曼・米勒的媒體主任貝瑞（John Berry）說，不過他沒有說明他們是怎麼算出如此精確的數字。這家公司的設計軟體內含一百道題目的問卷，判斷出受測者屬於四種人格類型的哪一種：夢想者（「看見全貌」）、促成者（「長袖善舞，領導人」）、穩定者（「有效率的機器」）、合作者（「個性友善」）。接著賀曼・米勒會根據使用者對隱私與社交、專注與分心等各方面的偏好，把可替換使用的家具零件送到受測者的辦公室。例如，夢想者「酷愛書籍，喜歡有窗戶與有趣窗景的辦公空間」，最適合他的辦公室有深色書架、充足的展示空間，而且最好位於角落。穩定者的辦公室「很像駕駛艙」，乾淨、簡約、安靜。

就算他們在工作了幾年之後，決定去念法學院，成為企業律師或訴訟律師，也不會對缺乏實證的MBTI心生猶豫。一九九三年，美國律師學會（American Bar Association）讓三千多名律師接受MBTI測驗，目的是了解不同人格類型的律師如何與同事和客戶相處。進行這項研究的是理查茲（Larry Richards），他以前是辯護律師，後來成為管理顧問。理查茲說，百分之五十的律師屬於思考和決斷類型，「好鬥、善辯、注重時間，不喜歡拐彎抹角」。[14] 理查茲幾年前做了MBTI測驗，發現自己屬於情感與感知類型，所以就離開了律師這個行業。他渴望冒險，隨心所欲，不喜歡在辦公室裡熬夜「追趕截止日期，被迫循規蹈矩」。他看過像他一樣的「情感類型」在大事務所裡「惹上麻煩」。他說百分之七十七的大事務所律師屬於思考類型。在他的受試者之中，軍方律師在思考量表上的分數最高，其次是勞工、專利、稅務、房地產和離婚律師。情感類型的受試者都是女性律師，她們的專門領域是法律援助與公共權益，理查茲意有所指地說，都是「沒那麼傳統的領域」。有一位女性受試者是金融機構主管的辯護律師，得知自己有「豐富的同理心，但不足以干擾與政府打交道時必須拿出的強硬態度」，鬆了一口氣。另一位女性律師正在經歷「輕微中年危機」，她渴望MBTI測驗說她不適合當律師，這樣她就能名正言順地離職。當她的人格類型說她是個「相當優秀的律師」時，她非常苦惱。後來她沒有離職。

讓我們回頭看一下最初的那些孩子。現在他們已在如同駕駛艙的辦公室裡當了十年律師，想要做一些新的嘗試。但哪些事情適合自己呢？如何找到答案？如果他們住在紐約，就能報名紐約新學院（New School）的「用人格類型尋找正確工作」課程，三個小時，六十五美元。學員先做MBTI測驗，再接受一對一諮詢。他們將在那裡碰到蘇珊，她一九七〇年代晚期開始在華爾街當交易員。她是ESFJ類型，課程主任說這是「供應者類型」，競爭激烈的高級金融業不符合她的人格類型。[15]她或許會跟蓋瑞一起抽菸，他想成為小說家，在發現自己是「高度理性」、「有創業精神」的ENTJ類型之後，他又回去當管理顧問。他原本希望人生能「澈底改變」，但現在必須再等等。如果他們想得到比蘇珊跟蓋瑞更深入、更客製化的人格與前景分析，就必須付更多錢。紐約新學院的課程是非常低階的MBTI諮詢服務。許多人格顧問公司一堂課要價至少五千美元，讓客戶做完測驗之後，再幫客戶籌劃如何根據人格類型把自己行銷給雇主。一九九〇年代MBTI扮演的角色，已非一九四三年合益顧問公司所能想像。但是他們不會知道這件事。就如同他們不會知道自己的人生方向是由兩位女士決定的，他們人生故事的作者。

他們行銷自己，轉換工作跑道，接下來努力工作二十年或更久，鮮少回顧過去。退休時，他們決定好好照顧自己，重新檢視內在，思考如何度過餘生。他們知道幾乎在任何一座城市、任何一個週末，基督教、猶太教堂或「心靈生活中心」都會透過MBTI舉辦「生活與愛」工作坊。[16]他們可以參加食宿全包的豪華靜修營或是「個人發展課程」，早上做人格測驗，下午學習如何照顧老化的頭髮、皮膚、指甲跟衣著[17]（「你寧死不穿花花綠綠的夏威夷衫嗎？你可能是ISTJ類型。你是否曾經輟學或坐牢？你可能是

ISFP類型，」課程主辦人說。[18]有的課程根據MBTI人格類型幫知名客戶配對適合的運動，例如澳洲名模艾拉・麥克法森（Elle Macpherson）和美國女演員凱拉・塞吉維克（Kyra Sedgwick）[19]）。他們可以去外地參加這些課程，例如佛羅倫斯（CAPT的「國家人格類型研究」指出，「義大利是一個外向的國家」[20]）或巴黎（「法國人對觀光客不友善，立法充滿爭議，法國是笛卡兒的故鄉，因此我們可以說『法國是思考類型的國家』」）。他們也可以報名參加美國的「尋根課程」（identity quest），付幾千美元在新墨西哥州的沙漠或科羅拉多州的深山裡接受測驗。在月光下擊鼓跳舞，「增強他們的實感自我」。他們可以親手做一個陶碗，用來盛裝「新發現的自我」，或許也能用來裝自己的骨灰。壽終正寢時雖然疲累但心滿意足，結束自我發現的一生。[21]

❖ ❖ ❖

伊莎貝爾死後，再也沒有一顆跳動的心、一位孜孜不倦又嚴格的智者，能在一九八○和九○年代MBTI成為大眾文化現象時施加約束。CPP把MBTI送到大多未受過訓練的熱切民眾面前，橫掃成千上萬的中小學、大學、職場、醫院與教會，以及廣大的榮格愛好者。人們像伊莎貝爾跟凱薩琳一樣，開始稱自己是「人格類型觀察家」。人格類型觀察家在世界各地的認證課程與訓練課程集合，有些活動獲得CAPT授權，有些則是在自家地下室或是在後院烤肉的私人活動。他們在健康照顧與教育研討會把手言歡，討論如何照顧情感類型的病患，或是討論在外向學生主導的教室裡，如何鼓勵內向的學生。他們在身心健康和療癒課程中擁抱彼此，討論S與N類型、J與P類型的性愛、情緒和心靈上的相容性。他們為CAPT的通訊寫文章。報導MBTI最新消息的CAPT通訊從佛羅里達州的根茲維寄往澳洲墨爾本。最虔誠的人格類型觀察家，是人格類型協會（APT，Association for Psychological Type）的九千名付費會員。APT是CAPT的姊妹組織，伊莎貝爾過世前不久，由彼得的第二任妻子凱西．邁爾斯接手掌管。

人格類型的愛好者快速增加，有些愛好者成為最慷慨激昂的代言人。「我相信在心理學理論的領域，一九八〇年代將是榮格的年代，」[22]克勞格（Otto Kroeger）如此預言。這個身材豐滿、臉色紅潤、充滿活力的路德會傳教士，在一九七〇年代離開教會，奉獻一生傳播人格類型福音。克勞格在華盛頓特區的稱號是「MBTI先生」，他的顧問公司奧圖克．勞格協會（OKA，Otto Kroeger Association）提供世上最受歡迎的MBTI認證課程。這是一間「家庭企業」，致力於「幫助個人突破大大小小的瓶頸」。說到傳授人格類型，「第一件要做的事是自我洞察」，克勞格在一九八一年的訪問中說道。第二件事是「自我管理」。一九八八年他與妻子珍奈特．圖森（Janet Thuesen）合著《性格透視：十六種類型決定你的生活、愛與工作》（*Type Talk: The 16 Personality Types That Determine How We Live, Love, and Work*），珍奈特是美國教育部的一位副主任。他們在書中指出，人格類型的「基本好處」在於「更完整地了解任何情境裡的自我，藉此培養有效管理自我的能力」。這些情境包括日常生活，例如：

- 你在超市的快速結帳區排隊，標示上寫著「十件以下」，但排在你前面的人顯然不懂算數。
- 另一半當初最吸引你的特質，現在令你們漸行漸遠。
- 上司指派你合作或聽命的對象，行事風格有時令人輕微惱怒，有時令人勃然大怒。[23]

自我洞察加上自我管理，是一個高獲利的組合，直搗創業精神的觀念核心。在創業精神底下，人格是能夠登錄、調整、行銷，以及在多種領域販售的產品，例如教會、政府、職場，以及婚姻市場。克勞格的客戶包括神職人員與陸軍、尋求婚姻諮詢的華盛頓富裕夫妻，還有國家戰爭學院（National War College），這裡有很多美國「菁英戰士」。國家戰爭學院的學生大多是ＩＳＴＪ類型，克勞格態度莊嚴地說他們「守護歷史悠久的制度，如果要用一個形容詞來形容他們，那一定是『可靠』。」還有些學生屬於ＥＳＴＪ，「擅長組織按部就班的程序，以及詳細說明規則條文。」[24]

自我洞察與自我管理這種半心靈的結合，主要吸引的對象是「美國企業界」。克勞格與珍奈特宣稱，美國企業需要「更敏感、靈活、不執著於獲利與生產力的主管」。[25] 一九七〇年代服務業快速起飛，令許多企業措手不及，服務業重視暫時且非物質的勞動形式（「軟性的」或「可轉移的」技術，例如建立人脈與打造團隊士氣、領導力與溝通），迫使企業必須處理、甚至讚揚員工在社交與情緒方面的表現。克勞格與珍奈特指出，這不是因為對美國企業來說，獲利和生產力不如靈活度或敏感度來得重要，而是為公司帶來獲利的正是工作內容與員工的靈活度。「工作是有彈性的，」[26] 芭芭拉・摩西（Barbara Moses）說。她是《上班族成功法則》*的作者。隨著職場「愈來愈常為暫時的計畫組成團隊，目標達成後，團隊立刻解散」，每個人都在不穩定的條件下工作，也都在計畫完成後感受到有必要「行銷自己」。外向的人能成功「建立人脈，參與最好的計畫」，而內向的人擅長「在家或在路上工作」，摩西認為這再好不過，因為企業正在把更多工作外包給獨立作業的顧問。

許多企業都很樂意花錢請ＯＫＡ這樣的顧問公司，透過了解人格類型幫助員工提升自己。他們對「投資人才」充滿信心。一九九六年《紐約時報》刊登了一篇文章，叫做〈贏得愛戴：個人教練教你溝通技巧〉（Earning It: Personal Trainers to Buff the Boss's People Skills）。文章中描述有幾名中階主管在公司的要求下，接受以MBTI為基礎的職涯諮詢，原因是他們的人格特質開始干擾他們管理氣氛愉快的高功能團隊。「一開始我很生氣，感覺受到羞辱，」一名女性主管說。她的同事形容她是「討厭鬼」。她說：「但我保持開放態度。我說如果公司願意出錢讓我接受指導當然好，對我來說這跟上電腦課沒兩樣。」她的教練請她先做測驗。「我們聊得愈多，警告燈號亮起的次數也愈多，」她在得知自己的人格類型後說道，但她不願意透露自己是哪個人格類型。「老闆要求我做事的時候，我應該說『當然，沒問題』。有人問我笨問題時，我可能還是會生氣，但現在我會隱藏情緒。這是我學到的技巧。」[27] 通常受測者最好的形象是對現狀感到滿意，熱衷於取悅上司與下屬。「我的溝通技巧需要磨鍊，」一位女士說。她的下屬抱怨她的行為「像個獨裁者，不像導師」。學習如何當個導師，意味著不要那麼尖銳，讓自己更平易近人，更適應公司的需求。

人格測驗與訓練不只是值得的人才投資，隨著職場多元化與包容被當成獲利方式，這也是很好的公關手段。「許多顧問會先做『企業體檢』，」一九九二年《紐約時報》的一篇文章寫道，主題是提升職場的多元性。「他們會訪談員工，詢問公司的企業文化，例

* 譯註：《上班族成功法則》（*Career Intelligence: Mastering the New Work and Personal Realities*），繁體中文版一九九八年由商周出版。

如公司怎麼挑選員工、怎麼指派工作，以及升遷制度是怎麼樣，外向的人是否比內向的人更受重視，公司是否經常聽取員工的意見……有些顧問會讓經理人與員工做人格測驗（例如MBTI測驗），幫忙判斷特定人格特質如何導致種族或性別的刻板印象。」[28]一九九七年，平等機會組織（Equal Opportunities）發布了性騷擾事件處理指南，建議企業雇用人事顧問評估員工的人格類型，讓他們有機會學習「理解職場的各種溝通風格」，避免與性別或種族有關的「笑話」或「輕鬆開玩笑」引發尷尬誤解（甚至法律訴訟）。[29]OKA的產品有文章，也有工作坊，名稱包括「誤會剖析：性騷擾與人格類型」、「銀行業面貌的轉變」、「高階管理層的情感功能」，以及「山姆大叔各種人格類型都想要」。

克勞格與珍奈特的願景，是人們不論是在工作上還是工作之餘，都能透過自我洞察來提升自我管理。人格類型在職場跟家庭一體適用。他們合著的第二本書叫《相愛的十六種方式》（*16 Ways to Love Your Lover*），以自身的婚姻為例，說明了解彼此的人格類型如何幫助夫妻駕馭彼此，讓兩人的行為一起達成雙方都滿意的結果。他們說自己是典型的「懶散妻子加潔癖丈夫」組合，一個P嫁給一個J。雖然克勞格是「強烈的N」，但他也承認自己有時「在某些地方非常注重細節」。[30]身為J的他喜歡井然有序的生活，如果珍奈特忘記擦亮浴室的水龍頭、沒把電話簿放回原位，或是早上起床後沒鋪床，他會感到特別不舒服。

「我無法想像床沒有鋪好，」他抱怨道。

珍奈特承認自己「不拘小節」。她說她不介意配合克勞格的挑剔。「我可以在洗澡後擦拭水龍頭，讓它們維持光亮、沒有汙點，」她說，「雖然我不在乎，但是他在乎，所以我願意配合。一點點讓步，就能使他的人生更舒適，我也不用抱怨他神經質。」

有些夫妻晚上會在家聊聊當天發生的事，有些會出門喝酒吃飯。克勞格與珍奈特承認他們會坐在電視機前，「以觀察人格類型為樂」。「我們忍不住，」他們異口同聲。珍奈特還說：「我們會評估每個角色的人格類型。」[31]他們喜歡評估情境喜劇裡的人物，因為很多編劇會用人格類型發展平衡的角色關係，尤其是廣告。「比如現代汽車的廣告，」珍奈特解釋道，「他們以實感類型為目標，這是高招，因為美國有百分之七十的人屬於實感類型。」

於公於私，他們似乎都是服務業經濟的最佳拍檔：包容、靈活、願意妥協，更重要的是，管得住自己。

❖ ❖ ❖

「想像一下！每年有超過兩百萬人做人格測驗。」如果布萊克博士與伊莎貝爾都能活到二十一世紀，他或許會這麼告訴她。MBTI是當今全球最受歡迎的人格測驗。在克勞格與珍奈特等人格類型觀察家的支持下，MBTI慢慢成長茁壯，不知道伊莎貝爾在天之靈會怎麼想。透過自我管理與商業心理學日趨普及，MBTI的擴散途徑林林總總、令人眼花撩亂，影響範圍愈來愈大的同時，也稀釋了伊莎貝爾的本意，導致人格評估比過去更容易遭受批評。她是個嚴格又有抱負的人，決心要贏得他人重視。因此雖然有些產品使MBTI變得家喻戶曉，但伊莎貝爾肯定不會同意CAPT、CPP、OKA與一些顧問公司販售這些低俗的東西，例如人格類型T恤（「ENFP會多抱緊生命一下！「INTJ能讓這件T恤變得更棒！」）、徽章、滑鼠墊、撲克牌、歌本。當他們把發掘自我的過程寫成愚蠢的標語，或是用《我最喜歡的東西》*這首歌的旋律，填入押韻亂七八糟的歌詞時，伊莎貝爾哪可能接受？

季節的風味與色彩與聲音
摸一摸，嘗一嘗，肯定開心
若想知道更多，請來音信
我們的記憶力你可放心

喔，感受力真是美好
你為生命添加香料
除非你加強「S」才能知道
存在竟可以如此美妙[32]

不過在二〇〇〇年以前，似乎仍可以不帶一絲諷刺地唱出諸如此類的歌詞，就像凱薩琳獻給榮格的讚美歌。或許一九八〇和一九九〇年代的人格類型觀察家還有其他模樣，但他們確實堅定不移地支持MBTI及其背後的理論。然而隨著MBTI的能見度與影響力逐漸擴大，支持這種文化的熱忱將難以維持。「知名度會帶來挑戰，」一九八七年瑪麗・麥考利提出告誡，「MBTI的假設與結構受到愈來愈多挑戰……我們必須持續建設性的工作，才能保護和擴充這個正在改善世人生活的工具。」[33]十年後，凱西・邁爾斯在一九九八年的一場訪談中呼應了瑪麗的告誡。「MBTI享有驚人成長，因此它被草率利用的風險也愈來愈高，」她說，「我們必須保有一批關鍵人力，維持這個系統的完整性，以及榮格、凱薩琳・布里格斯與伊莎貝爾・邁爾斯鼓舞人心的願景。」[34]

＊ 譯註：〈我最喜歡的東西〉（*My Favorite Things*），電影《真善美》（*Sound of Music*）的插曲。

進入二十一世紀短短兩年後，她們的擔心經證明並非空穴來風。

請再次想像一個孩子，但這次是不同世代：千禧世代。她不需要測驗來鼓勵她發現和欣賞真實的自我。她所受的教育，包括一系列客製化課程與創意計畫、量身打造的應用程式和課後活動，早就以真實自我為主軸。她出生在Web 2.0*的世界，九年級就有臉書帳號，十年級開始用Instagram。她跟傑・蓋茨比一樣，是由「一連串成功的姿態」建構而成，只不過她的姿態會被記錄在每一次點擊、發文、按讚和分享之中，任何人都能瀏覽、搜尋或拼湊數據，從她策畫展出的身分裡推斷出她的人格。她知道傳統教育很重要，她屬於有史以來教育最豐富的世代，但是她也知道，在探索與發展人生故事的時候，教育無法取代經驗。

她跟X世代不一樣，她似乎天生就能把服務業的詞彙說得很流利。但是大學畢業後，比父母背了更多債務的她開始務實地談論「銷售自己」、「讓工作與生活達到最佳平衡」，以及「保持靈活」。由於她在景氣特別慘淡的時刻進入職場，這些詞彙對她來說都是生存關鍵。二〇〇八年以後，零散的兼差取代了穩定的終生雇用制，她必須一次又一次地銷售自己，才付得起房租與餐費。她對行銷自己的人格一點也不陌生。她的生計仰賴於此。「你的履歷表上最大的資產就是你自己，」《紐約時報》的一篇文章這樣寫道，並且要讀者接受人格測驗，「把你的人力資本發揮到極致」。[35]她接受建議，而且這麼做的人多的是。職場人格評估現在的市場利潤已經高達二十億美元。根據臉書最近的一份報告，線上聊天提及MBTI與人格等詞彙的頻率大幅增加。[36]

她與自身人格之間的關係既扭曲又自我諷刺。她知道自己是個產品，就像她知道除了溫柔嘲笑自己的生產條件之外，她無能為力。她上網時除了找工作，就是在做BuzzFeed那些標題拙劣的小測驗，例如「你的動物人格類型是什麼？」，或是「選幾頂帽子，我們就能猜出你的人格類型」。她最喜歡的人格類型量表，都是在猜測流行文化偶像或虛擬人物的人格類型。（「你是誰？冰與火之歌MBTI」「你是誰？哈利波特人格量表」）如果她單身，就會讀《她》（*Elle*）和《青少年時尚》（*Teen Vogue*）雜誌裡那些糟糕又俗氣的約會建議，告訴她不同的人格類型如何談戀愛。「ENTJ：你喜歡讓你神魂顛倒的人。」「ENFJ：你想要跟特別的人分享一切。」[37]她沒有錢去做真正的MBTI測驗，於是便在網路上找山寨版來做，例如16Personalities網站的「免費人格測驗」，或是Psych Central網站的「MBTI／榮格人格測驗」。她將測驗結果發布在臉書、OkCupid與Tinder的個人簡介裡，希望有人發現並對她感興趣。「你是哪一型人？」她想像自己在第一次約會時，半開玩笑地這樣問對方。

＊ 譯註：Web 2.0是網路運用的新時代，網路內容因為每位使用者的參與而產生，有別於傳統由網站雇員主導生成內容。（source: wikipedia）

伊莎貝爾在看見大眾文化掏空她的作品之前就已死去，這是歷史的一個小小諷刺，至於這個諷刺是悲哀的還是仁慈的，那就見仁見智了。淪為資本主義時代末期愚蠢、膚淺的文化產物之一，有可能就是人格類型的最終下場。畢竟，類型本身會在追求普世性的過程中，逐漸僵化和標準化，這正是類型學思維的合理推演。當人格類型隨著山寨測驗與建議專欄快速散播，它對人格的描述就會愈來愈簡陋，變成簡短版的四不像。「市場上充斥著自我評估工具，」《隨機應變領導力》（*The Versatile Leader: Making the Most of Your Strengths Without Overdoing It*）一書的作者、領導力顧問卡普蘭（Bob Kaplan）說道，「阿貓阿狗都能推出有點根據、或幾乎毫無根據的評估工具。」[38]（這種情況不限網路版的人格類型指標，還包括據稱認真製作的後續版本。例如一九八四年克爾西（David Kerisey）與貝慈（Marilyn Bates）的暢銷書《請理解我》（*Please Understand Me*）書中介紹的類型解說：「小學老師（ENFJ）」，「作家（INFJ）」，「記者（ENFP）」，「財務官吏（INFP）」，「陸軍元帥（ENTJ）」，「科學家（INTJ）」，「發明家（ENTP）」，「建築師（INTP）」。）[39]曲解人格類型，是驟然地去脈絡後無可避免的第一個後果。人格類型的早期使用者瑪蒂・愛爾蘭（Mardy Ireland）是OKA的客戶，也是喬治華盛頓大學輔導中心的心理學家，她曾說MBTI是「使用得愈多，它就愈豐富。永遠沒有竭盡的一天。」[40]。二十一世紀才進入第一個十年，這句話就已不再成立。

於是，人格類型指標再也無法把分類的衝動，藏在個人主義的意識形態背後。進入新的千禧年，CAPT一九九〇年的廣告詞「你不是十六分之一，而是百萬分之一」這種天真爛漫的話，只會讓人心生懷疑，甚至大翻白眼。在個人獨特性與社會秩序之間取得平衡，這個容易破滅的幻想已無法再靠人格類型存續下去。對於人格類型指標的文化邏輯崩潰，伊莎貝爾是否會感到絕望？還是會秉持不屈不撓的樂觀，認為這套新語言證明人格類型的吸引力超乎她的預料？

有件事倒是無庸置疑。倘若她能聽見成千上萬的見證人說，人格類型不但幫助他們了解自己，也讓他們知道自己想成為怎樣的人，而且甚至直到今天也不受他人嘲諷所影響，她肯定會非常興奮。「許多人告訴我，他們本來承受來自父母和家人的壓力，試著變成某一種人。偶然接觸到人格類型指標後，他們就此解脫，決定不再壓抑自己，而要成為自己的主人，」[41]伊莎貝爾在佛羅里達大學最後的某次演講中說道。當她對人格類型指標的信心減弱，當銷售衰退，當山寨版橫行，當APT會員人數在二十一世紀初開始下滑，她一定會在這些人身上尋求力量。若是她看見人格類型觀察家漸漸脫離MBTI的監護機構，MBTI也成了自身的嘲諷版本，她肯定會躲進人格類型發展過程中一路支持她的人群裡，因為他們是真正的信徒。

註釋

1 Lynn Smith, "Adult-Type Training for Schoolchildren," *Los Angeles Times*, June 24, 1982.
2 Tara Mack, "A Lot More is Cooking in Home Ec: Updated Classes Reflect Changing Roles, Social Issues," *Washington Post*, December 15, 1996.
3 同前。
4 "UA hoping to decrease odd couples," *Mobile Register*, August 27, 1989.
5 Carolyn Haines, "'Painless tests provide info about 'deeper' self," *Mobile Press Register*, September 11, 1983.
6 "The perfect roommate? Just fill out this test," *Argust-Leader*, September 1, 1985.
7 Sally Nelson, "It's unlikely you're just one personality type," *The Post-Crescent*, July 5, 1981.
8 Diane Lewis, "New rule on interviews is to expect unexpected," *Chicago Tribune*, September 8, 1991.
9 Elizabeth MacDonald, "Is There a Party Animal Lurking Beneath All Those Spreadsheets?" *Wall Street Journal*, January 24, 1997.
10 Katy Koontz, "Know Your Work Personality," *Times Picayune*, September 11, 1987.
11 Ernest Auerbach, "Not Your Type, but Right for the Job," *Wall Street Journal*, January 6, 1992.
12 Diane Goldner, "Fill in the Blank: Wondering what to do with your life? The first step: Take a test," *Wall Street Journal*, February 27, 1995.
13 "Visionary, Catalyst, Stabilizer, Cooperator: Which Type Are You?" *The Washington Post*, November 7, 1991.
14 "Saundra Tory, "Thinker or Feeler? Test Offers Personality Insights," *The Washington Post*, October 25, 1993.
15 "Hilary Rosner, "Natural Aptitude: Testing for the Perfect Job," *The Village Voice*, August 12, 1997.
16 "Living-Loving Workshop for Couples Scheduled," *Los Angeles Times*, September 23, 1985.
17 "Image Two: Personal Development Seminar," *The Oregonian*, March 6, 1986.
18 Laura Ost, "Tomorrow: Health and Medicine: There's a system for describing your traits to a T," *Chicago Tribune*, August 16, 1987.
19 Ellen Tien, "Pulse; Shrink Your Thighs," *New York Times*, August 30, 1998.

20 Mary McCaulley, "Does a Country or a Culture Have a Type?" PGP.
21 Otto Kroeger Associates, "1998 Training Programs," PGP.
22 Susan Scanlon, "Trends: The Way You Were," *Washington Post,* May 23, 1983.
23 Otto Kroeger and Janet Thuesen, *Type Talk: The 16 Personality Types that Determine How We Live, Love, and Work* (New York: Dial Press, 1988).
24 Emily Yoffe, "The National War College," *The Courier,* December 16, 1984.
25 "Study: U.S. needs new executive type," *Trenton Times,* February 9, 1992.
26 Barbara Moses, "Introverts break out in the new workplace," *Globe and Mail,* October 3, 1997.
27 Trip Gabriel, "Personal Trainers to Buff the Boss's People Skills," *New York Times,* April 28, 1996.
28 Lena Williams, "Companies Capitalizing on Workplace Diversity," *New York Times,* December 15, 1992.
29 Jeanne Maes and Robert Shearer, "Dealing with Sexual Harassment in the Workplace," *Equal Opportunities International* 16. no.1, 1997.
30 Marta Vogel, "Tidying Up," *Washington Post,* September 14, 1989.
31 Jim Fuller, "Know thy type: Are you an ESTJ, an INFP, an INTP? Give up?" *Chicago Tribune,* June 19, 1988.
32 "From the Local Chapters of APT," *MBTI News 7,* no.2 (Spring 1985), PGP.
33 Mary McCaulley, "Relationship between CAPT and APT," PGP.
34 Geldart, "Katharine Downing Myers and the Whole MBTI Type—an Interview."
35 John Wask, "The Biggest Financial Asset in Your Portfolio Is Your," *New York Times,* February 11, 2013.
36 John Wask, "The Biggest Financial Asset in Your Portfolio Is Your," *New York Times,* February 11, 2013.
37 Jenna Birch, "Your Dating Style, Based on Your Myers-Briggs Personality Type," *Teen Vogue,* August 28, 2017.
38 Kelley Holland, "What a Test Can Say About Your Style," *New York Times,* April 21, 2017.
39 David Keirsey and Marilyn Bates, *Please Understand Me* (New York: Prometheus Nemesis Book Company, 1984).
40 Scanlon, "Trends: The Way You Were."
41 Myers, "IBM construction."

結語　真正的信徒
True Believers

表格MBTI的最新版問卷，若想取得一份紙本，你必須花二〇九五美元，參加CAPT的姊妹機構「邁爾斯&布里格斯基金會」（Myers & Briggs Foundation）為期一週的認證課程。二〇一五年，紐約、帕沙第納、明尼亞波利斯、波特蘭與休士頓等各大城市，舉辦了將近一百場認證課程。CAPT的家鄉根茲維的居民若要南下參加課程，可以獲得三百美元折扣。認證課程的名額提早幾個月銷售一空是司空見慣的事。全球各地都有人想要取得認證。

我為了進入伊莎貝爾．布里格斯．邁爾斯的檔案庫，也參加了認證課程，因此踏上了認識MBTI之路。二〇一五年四月我在紐約上課，課堂上有二十五位期待成為MBTI講師的學員，包括：圓滑的英國石油公司主管，他在實施戒嚴令的赤道幾內亞住了半年；來自澳洲的金髮美女天文學家，她說她的美國簽證快到期了，所以決定「投資自己」；國防部的行政人員，最近剛離婚，午休時跑去百貨公司血拚，買了很多輕薄的花裙跟圖案大膽的上衣；活潑的高中籃球教練，最近在IBM當經理。此外還有三個紐約市公立學校的大學輔導員，五個人資代表，六個來自《財星》五百大企業的「人才執行經理」(executive talent manager)。我們五、六個人坐一桌，每個人身上都掛著名牌，上面有完整姓名與四個正楷大寫字母的人格類型。學員用人格類型自我介紹的情況很常見。

我跟坐在我旁邊的女士打招呼。她的名牌上寫著ENFJ。

她看著我的名牌（ENTJ），呼了口氣說：「我們都是E，我們一定合得來。」

老師派翠莎幫我們複習了「把人格類型說得琅琅上口」的三大原則後，一週課程就此展開。（三大原則是：人格類型是有根據的榮格自我發現觀念，人格類型不是一種測驗，人格類型是天生的。）她試圖說服我們，無論我們出身怎樣的背景，例如性別、種族、階級、年齡、語言、教育，凱薩琳與伊莎貝爾的簡單思維系統，幾乎能解釋所有的個人與人際關係，也超越任何現代社會的情境差異。她表示，人格類型具有強烈民主化的世界觀，致力於消除人們之間的歧異，目的是在自我周圍建立想像的新邊界。一切聽起來既古怪又美好。派翠莎說：「只要具備七年級的閱讀能力，就算是個『正常』人。（她的意思是，你沒有心理疾病）可以學會使用人格類型的詞彙。」畢竟，MBTI只有一個衡量成功的標準，那就是測驗結果有多符合你認知中的自己。你是否同意這就是你的人格類型？如果不同意，那麼有問題的是你，不是MBTI。「或許你答題時，腦袋處於工作模式，」派翠莎說。又或者你很擅長「隱藏自己的偏好」，這樣才能取悅別人（例如配偶、孩子、同事），但這麼做會導致你無法與真實的自我聯繫。

在「指標」和「工具」等層層的偽科學詞令底下，其實是個單純而微妙的事實：這張問卷反映出你期待的任何版本的自己，無論你是不是有意識地這麼做。你很快就能適應這些題目的模式，那些社交能力、創意、理性、衝動性的基本術語。無論你認為自己是個奇特、有獨創性的人，還是注重事實、直來直往，答題時只要發揮一點想像力，就能把答案推往你想要的方向。我指的不是刻意捏造答案。人們想要誠實作答，因為說謊會使得MBTI無法做到它承諾的發掘自我。為了實現這個承諾，MBTI必須引導受測者看見他偏好的自我版本，並宣稱這就是他的「真實自我」：永遠不變，永遠完整。唯有如此，才能在簡單甚至老掉牙的問題（「你通常（a）重視感受勝於邏輯，還是（b）重視邏輯勝於感受？」）與認識完整的、淨化的自我這件事之間建立關聯。

培訓過程中，同樣明顯的是那股將人格視為「完整和天生」的衝動。這股衝動是一種方便的手段，能在高功能與高生產力的社會秩序中，把人放進特定框架裡。這也是一種幻想，而且在我看來是反烏托邦式的幻想，當代人格測驗持續用這種幻想做生意。這種幻想就是：合理化的組織勞力。那幾個大學輔導員拿了一張職涯評估的傳單給其他學員看，上面寫著「MBTI會讓你的人格發揮作用！」那個星期，派翠莎引用的許多領導力指南與自我成長書籍，也都呼應這個承諾。「對今日的企業來說，參與式管理才是關鍵，」她說，「舊式的命令與控制方法已經不管用。你必須帶入情感。」相信一個人適合這份工作，依然意味著他能把工作做好，也願意做這份工作——也就是說，各人會因為相信每個人都適得其所，而接受自己的工作。或者，正如某位學員在練習過程中大聲說的：「團隊合作使夢想成真！」五十年前，阿多諾與懷特都曾嚴詞批評人格類型與現代工業之間的關係。五十年後，由人格類型詞彙延續的虛假意識依然近乎牢不可破。

派翠莎發現幾十種方法，能把「真實自我」與「快樂、勤勞的團隊」這兩種幻想結合在一起。我們跟相同類型的學員組隊，講師鼓勵我們分享人生經歷，然後我們因為彼此的「溝通方式」、「領導風格」與「決策模式」相同而嘖嘖稱奇。一開始我試著盡量保持安靜，遠遠地作筆記，畢竟我來上課只是為了取得檔案。但是他們邀請我談談自己，拆解自己，然後由教室裡的陌生人以理性、有系統的方式把我拼湊回去，這種機會連內向類型的人都很難放棄，更何況我絕對不是內向的人。有時我誠懇回答問題，對方會主動想跟我做朋友。其他學員似乎都很積極想跟相同類型的人培養感情，因為彼此互相了解。有時我扮演極端的ENTJ自我：傲慢、勢利、不耐煩、自以為是，十足討人厭。我想看看我能惹毛哪些人，更重要的是，我想知道自己跟相同類型的人發生衝突時，將如何解決。

我的角色扮演在培訓第三天達到臨界點。這一天，派翠莎給我們一人一支馬克筆跟一大張紙，要我們把自己的人格特質畫成空間。「怎樣的空間最能代表你？請發揮想像力！」她笑著說。這項任務令我厭惡，不只是因為它很幼稚，也因為我已預見它會產出粗糙的詮釋原則。(「你畫了一間客廳，因為你是外向類型，這符合你的社交性格，」我能想像派翠莎會這麼說。) 我原本考慮畫《格雷的五十道陰影》裡的「紅色刑房」，一大堆皮鞭、索具跟裸男。但轉念一想，裸體畫可能會害我被踢出教室。於是我畫了一個頭髮像麵條的火柴人，眼睛是兩個X，他跳降落傘落在野外的一頂帳篷上，帳篷被一群餓狼包圍，只是餓狼被我畫得像有鋸齒的胖胖倉鼠。我唯一的目標是創作一幅無法詮釋的畫。

我竟以為詭計能得逞，實在太蠢了。派翠莎帶著令我充滿希望的懷疑態度，一邊在我的畫上畫圈，一邊請我解釋。我努力有什麼只說什麼：這是降落傘，這是帳篷，這些是狼，這是我。解釋完之後，派翠莎的懷疑隨之消失。她露出笑容並用力點頭。「這非常合理，」她說，「ENTJ是領導者，CEO類型。你跟這個跳降落傘的女人一樣，由上而下掌握所有決策權。你喜歡冒險。」

我決定順著她的邏輯走。「這些狼代表想要阻撓我的人，」我刻意用略帶威脅的語氣說。其他學員緊張的看著我，彷彿第一次認識我，真正的我。我的畫使他們萬分確定，我沒有「團隊精神」。

下一幅畫與人格類型屬於英國的人才執行經理麥可（Michael），我們兩人可說完全相反。麥可是人格類型的鐵粉，口音清脆高雅，有一口（我壞心眼地想）太小的牙齒。根據那天他分享的故事，他非常擅長管理人力，有一次遭他開除的人甚至感謝他提供了這個「自我實現」的意外機會。麥可為此感到得意，因為他最討厭那些「扮演受害者」的人，他們拒絕為自己的人生承擔責任。那天早上，麥可用很細、很精緻的線條，畫了一幅十九世紀的會客室，裡面有布面的椅子、白蘭地醒酒器，牆上掛滿尊貴的男人肖像。

派翠莎欣賞他的畫作時，麥可指向最大的那幅迷你肖像，他看起來高傲又英俊，站在一張閱讀椅旁邊。「這是道林·格雷的肖像，」他說。道林·格雷是王爾德（Oscar Wilde）筆下的一個永恆的浪子，他為了追求美與永恆的感官體驗而出賣靈魂。「我把這幅畫放在這裡，是因為道林的肖像留下他最完美的身影。」麥可接著說，「但我想提醒自己，當他的自我意識阻擋他欣賞不同類型的人，他就變得愈來愈醜陋。」這不完全正確，應該說是完全錯誤，但在場的人似乎都不在意麥可錯誤解讀了王爾德的作品。其他學員眉開眼笑，為他的基本論點喝采。儘管麥可的肖像畫練習很愚蠢、很容易嘲笑，我們必須記住人格類型生而平等。麥可承襲凱薩琳·布里格斯的人格顏料盒比喻，他退出表面的自我，認識他的ＥＳＦＪ自我。這也難怪他如此滿意自己的作品。

麥可發表完之後，我決定向衛斯理（Wesley）透露我其實不信任人格測驗（我堅持叫它測驗，這是我小小的叛逆），衛斯理三十歲，是貝塞爾大學（Bethel University）的職涯輔導員。這所大學位於明尼蘇達州阿登丘（Arden Hills），是福音派基督教大學。衛斯理勇敢地在課堂上提出MBTI的偏見問題。令人敬佩的是，畫畫練習結束後，他簡短地指出，人格類型指標與它的人格側寫只能「代表美國的白人男性領袖」。這不適合像貝薩爾這樣的機構，衛斯理的學生有百分之七十是女性、國際學生、少數族群和家族裡的第一代大學生，他們之中有許多人經歷過「管理其他人」這種行為中固有的危險。他問派翠莎，MBTI或其他人格測驗如何滿足他的學生的經驗與夢想？

派翠莎顯然不喜歡這個問題。「那是他們必須面對的人生，」她語帶緊張地打發掉衛斯理的質疑。

「職場上常用內向之類的特質歧視女性，這又該怎麼辦呢？」喉嚨發炎的顧問賴瑞莎（Larissa）問道。

「如果你想要從根本改變系統，該怎麼辦？」愛旭麗（Ashley）問道。培訓課程只有兩位黑人女性，她是其中一位。

「我不想討論這些，」派翠莎說。

❖ ❖ ❖

ＭＢＴＩ是個笑話嗎？還是一場騙局？差不多每隔半年，就會有聲譽良好的新聞媒體辛辣批評人格類型指標。近幾年的標題包括〈毫無意義的ＭＢＴＩ測驗為何會流行〉、〈非關個人：可疑的ＭＢＴＩ測驗〉、〈向打不死的ＭＢＴＩ道別〉。此類文章的作者通常只是重複相同論調。他們說這種工具並不可靠，經常有人相隔一週做測驗就得到不同結果。他們說人格類型描述的內容模糊籠統，任何人都覺得是在說自己。這完全符合馬戲團團長巴納姆（P. T. Barnum）所說的，最厲害的詐術是「人人都有共鳴」的詐術。儘管這些文章的作者對ＭＢＴＩ的歷史似乎所知極為有限，他們還是嘲笑ＭＢＴＩ源自兩個素人婦女的嗜好。由於完全不相信人格類型，他們解釋不了為何人格類型會對受測者產生驚人的影響。

培訓的最後一天，我跟成為真正信徒的學員們坐在一起，親眼見證了非常真實的頓悟乍現。我看見他們漸漸領悟。那名國防部代表向我坦言，這個課程幫助她理解離婚這件事，理解五年前丈夫離家後，她至今揮之不去的痛苦。傑夫（Geoff）是溫和安靜的資訊業主管，他跟兩個愛嬉鬧的同事一起來上課。他輕聲說，他從人格類型學到的詞彙能用來向同事說明，他為什麼不喜歡聊辦公室八卦。他們是E，他是I，他喜歡獨來獨往。金髮占星師跟我在排隊等廁所時聊了榮格。「榮格是我的菜！」她興奮地說完後約我去喝咖啡，我們都是「強烈的E」，應該繼續「保持聯繫」。後來那個星期我們碰了一面，她告訴我認證課程賦予她找新工作的信心。她現在知道自己適合做顧客關係，而不是產品管理。叫莎拉（Sarah）的顧問告訴大家，她突然明白自己跟母親（N）為什麼衝突不斷。「我向母親要食譜時，她會說『這個放一點，那個放一點』，」莎拉說，「但我會說：『媽，一點是多少？給我精確的數字。』」提到婚姻關係的時候（這個主題一定會出現），許多J類型的女性學員都談到了跟P類型丈夫一起規劃旅行的經驗。「我剛從迪士尼樂園回來，我發現我跟老公真的很不一樣，」坐在我正對面的喬蒂（Jody）說，「我們到了迪士尼，他把一切都計畫好了，就像我平常幫孩子安排時間那樣。」另一個人插嘴附和：「我們去迪士尼的時候，我強迫自己盡量表現得像個J。這樣才能在那個地方存活下來。」大家都笑了，包括我。在這一刻，我們都是信徒。

比起凱薩琳設立嬰幼兒培訓宇宙實驗室的年代，這個世界已經大不相同，但是藉由人格類型詞彙在自我發現與自我創造之間建立的連結，至今仍未消失。無論目的是什麼，自我覺察仍舊是珍貴的心理學貢獻。相較於那些更複雜的自我發掘過程，也就是那些四乘四類型表、或四個英文字母盛裝不了的知識，人格類型指標販售的淺顯知識似乎更吸引人。許多學員認為，學習人格類型詞彙的那五天是個難得的機會，可以直接面對自己，用陌生卻有用的詞彙說出真實的想法。對另一些人來說，人格類型則提供了一個框架讓他們向別人證明，現在與未來的自己都具有存在意義。包括他們做過或沒做過的決定，解決或沒解決的衝突，追求或放棄過的事業、愛人與夢想。儘管效度與信度都遭到質疑，儘管起源和用途受到批評，儘管它的各種山寨版既愚蠢又諷刺，在二十一世紀輪迴重生後的ＭＢＴＩ仍以強大的自我技術之姿，持續運作。

「隨著人格類型散播全球，我發現它的影響力可能遠遠超過我對心理測驗的期待，」一九九六年，瑪麗・麥考利在南非的一場人格類型研討會上說道。「人格類型甚至可能具有破壞性，如果用正面意義來解釋（破壞性）這個詞的話。它是本世紀兩個偉人留下的精神，是人類如何在地球上用更好的方式安穩生活的願景，也是需要我們保護與發展的傳統。」[1]當然，這些話有些浮誇。但是對過去五十年來仔細聆聽並使用人格類型詞彙的人，這些話承諾的不只是個人有可能發現和培養真實自我，也不只是有可能成為（套用榮格的話）「更完美的類型」。這些話承諾的是一個更完美的世界，一個由像他們這樣的真實信徒打造與生活的世界。

註釋

1 Mary McCaulley, "Building Harmony for a New Century: Jung's Typology and the Myers- Briggs Type Indicator," International Type Users Organization Conference, South Africa, 1996.

致謝
Acknowledgment

我能完成這本書，要感謝艾莉雅・涵娜・哈畢伯（Alia Hanna Habib）與安娜・杜班柯（Anna Dubenko）的鼓勵，她們是我最想感謝的兩個人。此外，我無比感謝亞尼夫・索哈（Yaniv Soha）、安・柯林斯（Anne Collins）、莎拉・波特（Sarah Porter）與湯姆・基林貝克（Tom Killingbeck）認真的編輯協助，感謝丹尼爾・諾瓦克（Daniel Novack）與娜塔莉・瑟雷斯托（Natalie Cereseto）珍貴的法律建議和好脾氣。謝謝Doubleday U.S. Random House Canada與HarperCollins U.K. 出版社全力協助，使我的文字得以具體呈現在世人面前。

非常感激我最早的讀者兼朋友：莎拉・奇哈亞（Sarah Chihaya）、米雪兒・周（Michelle Cho）、朱明齊（Ming-Qi Chu，音譯）、蓋布莉艾拉・科曼（Gabriella Coleman）、瑪姬・多賀提（Maggie Doherty）、伊娃・范恩（Eve Fine）、葛羅莉亞・費斯克（Gloria Fisk）、珊儂・費茨派翠克（Shanon Fitzpatrick）、藍・古特金（Len Gutkin）、艾咪・亨格佛（Amy Hungerford）、艾凡・金德利（Evan Kindley）、尚恩・麥肯（Sean McCann）、瑪西爾・波金姆辛斯基（Marcel

Przymusinski）、莎拉・羅斯（Sarah Rose）、魯拉米・洛伊查烏德里（Roulami Roychowdhury）、瑞秋・葛林沃・史密斯（Rachel Greenwald Smith）、理查・金恩・蘇（Richard Jean So）與瑞秋・華生（Rachel Watson）。凱薩伊・馮・沙依克（Kaisai van Schaik）多次幫忙閱讀草稿，慷慨提供嚴格的意見。謝謝你們把我的作品變得更好，也謝謝你們把審稿過程變得那麼有趣。

當然，我最要感謝的人是克里斯欽・納卡拉多（Christian Nakarado），他扮演的身分包括：丈夫、父親、讀者、編輯、週末保姆，以及「必須跟髒亂女人較勁的潔癖男人」。艾丁・柏克・納卡拉多（Aydin Berk Nakarado）與艾爾坦・安姆瑞・納卡拉多（Altan Emre Nakarado）在寫作與思考方面，為我帶來許多超乎想像的啟發。這本書上到處是他們髒兮兮的指紋。感謝葛如絲・安姆瑞（Gulus Emre）、梅莉絲・安姆瑞（Melis Emre）與蘇庫魯・安姆瑞（Sukru Emre），他們雖然與我相隔甚遠，卻使我感到幸福，也為我帶來動力。

倘若真如凱薩琳和依莎貝爾所相信的，每個新生兒都是一場實驗，那麼母親肯定是實驗結果的最大功臣。這本書獻給我的母親烏密特・安姆瑞（Umit Emre），她是我的靈感、我的典範、我的朋友。我運氣很好，能在她的宇宙實驗室裡長大。

關於資料來源
A Note on Sources

這本書得以問世，必須感謝許多敬業的圖書館員、檔案保管員與研究助理，他們散居世界各地。這些人包括：珍妮・羅素（Jennie Russel）與凱瑟琳・葛萊姆斯（Katherine Grimes），她們幫忙翻拍凱薩琳・庫克文檔（Katharine Cook Papers）。瑞士蘇黎世聯邦理工學院主圖書館（ETH-Bibliothek）的宜凡・沃格利（Yvonne Voegeli），她幫助我搜尋榮格的信件。艾瑪・阿德勒（Emma Adler）翻拍了哈佛大學保存的亨利・莫雷文件。派翠西亞・席翁（Patrizia Sione）掃描了保存於康乃爾大學基爾勞工管理文件與檔案中心（Kheel Center for Labor Management Documentation and Archives）的艾德華・海伊文檔（Edward N. Hay Papers）。加州大學柏克萊分校，人格與社會研究中心（Institute of Personality and Social Research，前身是IPAR）的伊莉莎白・皮爾（Elizabeth Peele），麥金儂、拜倫與創意作家的資料都收藏在那裡。哥倫比亞大學珍本與手稿圖書館（Rare Book and Manuscript Library）的珍・科民斯（Jen Comins），她指引我搜尋卡內基公司的文件。尼可拉斯・特利帕克（Nicholas Telepak）與ETS的法律團隊，他們提供我與喬恩西有關的文件。米雪兒・葛史密斯（Michelle Goldsmith）與彼得・蓋爾（Peter Geyer），有了他們在澳洲墨爾本收集的ＭＢＴＩ資料，我才得以完成本書的後三分之一。

❖ ❖ ❖

由於上述機構與人士慷慨協助，我取得了豐富、多樣與極度雜亂的素材。我仔細爬梳並整合這些資料，勾勒出凱薩琳與伊莎貝爾的人生樣貌，盡量用她們自己的聲音呈現她們的人生。只有一所機構沒有善意回應我查閱檔案的要求，那就是ＣＡＰＴ，他們控制了依莎貝爾一大部分的個人紀錄。不過，在法蘭西絲・萊特・桑德斯（Frances Wright Saunders）寫的授權傳記《凱薩琳與伊莎貝爾》（*Katharine and Isabel*）中，摘錄了許多伊莎貝爾的信件，也提供伊莎貝爾青春期和成年早期的有用資訊。這本傳記由ＣＡＰＴ於一九九一年出版，很適合用來認識伊莎貝爾筆下特殊的散文，但缺點是它會選擇性呈現內容，內容也多有錯誤。我盡量減少參考它的頻率，從其他資料來源重現事件與先後順序。

圖片來源

頁九一　參考《新共和》雜誌（一九二六年十二月廿二日）改製中文版
頁一二八　密西根州立大學，凱薩琳．庫克文檔
頁二一五　（上圖與下圖）康乃爾大學基爾勞工管理文件與檔案中心，艾德華．海伊文檔

INSIDE 27

你是哪一型人？最受歡迎的人格測驗MBTI大揭密

THE PERSONALITY BROKERS

The Strange History of Myers-Briggs and the Birth of Personality Testing

作　　者　莫薇．安姆瑞（Merve Emre）
譯　　者　駱香潔
責任編輯　林慧雯、賴譽夫
封面設計　萬勝安
特別說明　本書第一版書名為《「性格」販子：最受歡迎的人格測驗MBTI大揭密》，
本版（第二版）主要再行修潤與校對，內容沒有增加，建議毋須重複購買。

編輯出版　行路／遠足文化事業股份有限公司
總 編 輯　林慧雯
社　　長　郭重興
發行人兼出版總監　曾大福
發　　行　遠足文化事業股份有限公司
23141新北市新店區民權路108之4號8樓
代表號：（02）2218-1417　客服專線：0800-221-029　傳真：（02）8667-1065
郵政劃撥帳號：19504465　戶名：遠足文化事業股份有限公司
歡迎團體訂購，另有優惠，請洽業務部（02）2218-1417分機1124、1135
法律顧問　華洋法律事務所　蘇文生律師
特別聲明　本書中的言論內容不代表本公司／出版集團的立場及意見，由作者自行承擔文責。

印　　製　韋懋實業有限公司
地　　址　23584新北市中和區立德街11號4樓
電　　話　（02）2225-1132

二版一刷　2022年3月

定　　價　480元

國家圖書館預行編目資料

你是哪一型人？最受歡迎的人格測驗MBTI大揭密
莫薇．安姆瑞（Merve Emre）著；駱香潔譯
二版一新北市：行路出版，
遠足文化事業股份有限公司發行，2022.03
譯自：The Personality Brokers: The Strange History of Myers-Briggs and the Birth of Personality Testing
ISBN 978-626-95376-7-9（平裝）
1. CST：人格測驗與評鑑　2. CST：性格
179.6　111000018

THE PERSONALITY BROKERS by Merve Emre
Chinese translation rights in complex characters
arranged with The Gernert Company, Inc.
through Bardon-Chinese Media Agency